大学化学实验系列教材

有机化学实验

海南师范大学化学与化工学院　组编

陈文豪　吴禄勇　农旭华　南旭莹　编

科学出版社

北京

内 容 简 介

本书涵盖了教育部对国家级化学实验教学示范中心建设内容中对有机化学实验课的基本要求。本书共5章，包括64个实验项目。第1章介绍有机化学实验的一般知识；第2章介绍有机化合物的物理性质及其结构测定；第3章介绍有机化合物的分离和提纯；第4章介绍有机化合物的制备和测定，涉及常见7种类型有机化合物的制备及18种典型有机反应和天然产物的制备提取，共50个实验；第5章提供了14个研究型开放实验，可鼓励本科生自主选题开展实验工作。附录列出部分实验常用数据，便于读者查阅使用。

本书可作为高等学校化学、化工、材料、药学、生物及相关专业本科生的有机化学实验教材，也可供化学与化工相关专业的学生及教师使用。

图书在版编目（CIP）数据

有机化学实验/陈文豪等编；海南师范大学化学与化工学院组编. —北京：科学出版社，2019.4

大学化学实验系列教材

ISBN 978-7-03-059326-9

Ⅰ. ①有… Ⅱ. ①陈… ②海… Ⅲ. ①有机化学-化学实验-高等学校-教材 Ⅳ. ①O62-33

中国版本图书馆CIP数据核字（2018）第249256号

责任编辑：丁 里 / 责任校对：何艳萍

责任印制：张 伟 / 封面设计：迷底书装

科 学 出 版 社 出版

北京东黄城根北街16号

邮政编码：100717

http://www.sciencep.com

北京九州迅驰传媒文化有限公司 印刷

科学出版社发行 各地新华书店经销

*

2019年4月第 一 版 开本：720×1000 1/16

2022年1月第三次印刷 印张：14

字数：315 000

定价：49.00元

（如有印装质量问题，我社负责调换）

“大学化学实验系列教材”

编写委员会

前　　言

有机化学是一门实践性很强的学科。通过有机化学实验教学，学生可以掌握各种有机化学的相关知识和操作技能，更好地理解理论教学的内容；同时，学会科学的学习方法和思维，并在实验中培养独立分析问题和解决问题的能力；还可培养严谨、认真、求是、敬业的科学精神。为了适应广大本科院校的实验条件与化学、化工及制药等专业的教学要求，并配合有机化学教学，编者按照大学化学实验教学大纲的要求，在参考国内优秀有机化学实验教材的基础上，结合多年来从事有机化学实验教学的经验，编写了本书。

本书以不同类型有机化合物的制备等实验为主线编写，基本内容涵盖有机化学实验的基本原理、基本方法、基本仪器、注意事项，并增加综合型、研究型开放实验项目，以满足现代高等教育发展的需要。

本书在编写方面有以下几个特点：

(1) 密切配合有机化学的理论教学，既注重与理论内容的衔接，又具备实验教材的完整性和独立性。

(2) 精选实验，将经典的合成化学与基本仪器分析相结合，收录多种常规有机化合物性质分析的仪器使用方法与注意事项，既可满足学生的学习需要，又可作为有机化学相关工作者的参考书。

(3) 顺应现代有机化学发展趋势，编写了针对本科生的基础型、综合型、研究型开放实验，兼具实用性、先进性和趣味性。有助于培养学生思考科研问题、解决实际问题的能力和意识，为培养高素质人才奠定基础。

本书总策划为海南师范大学化学与化工学院院长、博士生导师孙振范教授，以及副院长、博士生导师孙伟教授。参加本书编写的有海南师范大学化学与化工学院教师陈文豪(第 1、2 章和实验 44～53、61～64)、吴禄勇(第 3 章和实验 56～60)、农旭华(第 4 章中实验 1～27，第 5 章中实验 54 及附录)、南旭莹(第 4 章中实验 28～43，第 5 章中实验 55)。本书的出版得到了海南省高等学校教育教学改革研究项目(Hnjg2014-21、Hnjg2015-40、Hnjg2019-37)的支持，同时得到科学出版社的指导和帮助，在此一并表示感谢。

由于编者水平有限，书中难免有疏漏和不妥之处，敬请读者批评指正。

编　者

2018 年 10 月

目　　录

第1章　有机化学实验的一般知识

1.1　实 验 须 知

有机化学实验是对有机化学的基础理论知识加深理解的重要环节。实验教学的目的是培养学生正确掌握有机化学实验的基本操作技能，正确、熟练地进行制备实验和性质鉴定实验，掌握分离和鉴定所制备产品的方法，使课堂讲授的重要理论和概念得到验证、巩固、充实和提高。有机化学实验不仅能使理论知识形象化，并且能说明这些理论和规律在应用时的条件、范围和方法，较全面地反映有机化学现象的复杂性和多样性，进而培养学生独立思考、分析问题、解决问题和创新的能力，以及实事求是和严谨认真的科学态度。学生应忠实于所观察到的客观现象，养成安排合理、操作正确、观察细致、如实记录、分析准确及推断符合逻辑的良好学习习惯。

为了保证有机化学实验正常进行，培养良好的实验方法和操作技能，并保证实验室的安全，学生必须严格遵守有机化学实验室的规则。

(1) 做好实验前的准备工作。包括预习，准备好所需要的器材，自主利用网络及工具书查清楚操作实验所用仪器注意事项、试剂的物理化学性质和毒性等，做到心中有数。如何预习见本章 1.7 节。如果准备工作做得好，不仅可以保证实验顺利进行，还可从实验中获得更多的知识。

(2) 进入实验室时，应熟悉实验室灭火器材、急救药箱的放置地点和使用方法。穿戴好实验服装，严格遵守实验室的安全守则和每个具体实验操作中的安全注意事项。若发生意外事故，应保持镇静，及时采取应急措施，并报请教师进一步处理。

(3) 实验时应遵守纪律，保持安静。要集中精神，认真操作，细致观察，积极思考，如实记录实验过程、现象及结果，实验期间不得擅自离开。

(4) 遵从教师的指导，按照实验教材所规定的步骤、仪器及试剂的规格和用量进行实验。若要更改，须征求教师同意后，才可进行调整。

(5) 保持实验室的整洁。暂时不用的器材，不要放在桌面上。污水、污物、残渣、火柴梗、废纸、塞芯和玻璃碎片等应分别放在指定的地点，不得乱放，更不得丢入水槽；废酸和废碱应分别倒入指定的容器中；废溶剂要倒入指定的密封容器中统一处理。

(6) 爱护公共仪器和工具，应在指定的地点使用，并保持整洁。节约用水、电、煤气和药品。如损坏仪器要办理登记换领手续。

(7) 离开实验室前，应关闭水、电和煤气开关。值日生应打扫实验室，把废物容器倒净，关好门、窗方可离开。

1.2 实验室安全及事故的预防和处理

有机化学实验所用的药品多数是易挥发、有毒、可(易)燃、有腐蚀性或爆炸性的，且所用的仪器大部分是玻璃制品。所以，在有机化学实验室工作，若粗心大意，就容易发生事故，如割伤、烧伤，甚至火灾、中毒或爆炸等，必须时刻意识到化学实验室是潜在的危险场所。只要时刻重视安全问题，保持警惕，实验时严格遵守操作规程，加强安全措施，事故是可以避免的。下面介绍实验室的安全守则以及实验室事故的预防和处理。

1.2.1 实验室的安全守则

(1) 实验开始前，检查仪器是否完整无损，装置安装是否正确牢固，在征得指导教师同意之后，方可进行实验。

(2) 实验进行时，不得擅自离开岗位，要注意观察反应进行的情况和装置有无漏气、破裂等现象。

(3) 当进行有可能发生危险的实验时，要根据实验情况采取必要的安全措施，如戴防护眼镜、面罩或橡皮手套等。

(4) 使用易燃、易爆药品时，应远离火源。严禁在实验室内吸烟或饮食。实验结束后仔细洗手。

(5) 熟悉安全用具如灭火器材、沙箱及急救药箱的放置地点和使用方法，并妥善保管。安全用具和急救药品不准移作他用。

1.2.2 实验室事故的预防

1. 火灾的预防

实验室中使用的有机溶剂大多数是易燃的，着火是化学实验室常见的事故之一，因此应尽可能避免使用明火。防火的基本原则有下列几点：

(1) 在操作易燃的溶剂时要特别注意：

a. 远离火源。

b. 勿将易燃液体放在敞口容器(如烧杯)中明火加热。

c. 加热必须在水浴中进行，切勿使容器密闭，否则会造成爆炸。当附近有露置的易燃溶剂时，切勿点火。

(2) 进行易燃物质实验时，应养成先将乙醇等易燃物移开的习惯。

(3) 蒸馏装置不能漏气，如发现漏气，应立即停止加热，检查原因。若因塞子被腐蚀，则待冷却后，才能换掉塞子。接收瓶不宜用敞口容器如广口瓶、烧杯等，而应采用窄口容器如三角烧瓶、圆底烧瓶等。从蒸馏装置接收瓶出来的尾气须经尾气吸收装置处理，或者出口应远离火源，用橡皮管引入下水道、抽风口或室外。

(4) 回流或蒸馏低沸点易燃液体时应注意：

a. 应放数粒沸石、素烧瓷片或一端封口的毛细管，以防止暴沸。若在加热后才发现未放这类物质，绝不能急躁，不能立即揭开瓶塞补放，而应停止加热，待被蒸馏的液体冷却(低于溶液沸点)后方能加入。否则，会因暴沸而发生事故。

b. 严禁直接加热。

c. 瓶内液量不能超过瓶容积的 2/3。

d. 加热速度宜慢，不能快，避免局部过热。

总之，蒸馏或回流易燃低沸点的液体时，一定要谨慎操作，不能粗心大意。

(5) 用油浴加热蒸馏或回流时，注意避免由于冷凝用水溅入热油浴中导致油外溅到热源上而引起火灾的危险。通常发生危险的原因，主要是橡皮管套进冷凝管侧管不紧密，开动水阀开关过快，水流过猛把橡皮管冲出来，或者套不紧漏水。所以，橡皮管套入侧管时要紧密，开动水阀时动作要慢，使水流缓慢通入冷凝管内。

(6) 处理大量的可燃性液体时，应在通风橱中或在指定地方进行，室内应无火源。

(7) 不得把燃着或带有火星的火柴梗或纸条等乱抛，也不得丢入废物缸中，否则容易发生危险。

2. 爆炸的预防

有机化学实验中，一般预防爆炸的措施如下：

(1) 蒸馏装置必须正确，不能造成密闭体系，应使装置与大气相通；减压蒸馏时，要用圆底烧瓶作接收器，不可用三角烧瓶，否则容易发生爆炸。

(2) 切勿使易燃、易爆的气体接近火源，有机溶剂如醚类和汽油等的蒸气与空气相混时极为危险，可能会由一个热的表面或火星、电火花而引起爆炸。

(3) 使用乙醚等醚类时，必须检查有无过氧化物存在，如果发现有过氧化物存在，应立即用硫酸亚铁除去过氧化物后才能使用。同时，使用乙醚时应在通风较好的地方或通风橱内进行。

(4) 易爆炸的固体，如重金属乙炔化物、苦味酸金属盐、三硝基甲苯等，都不能重压或碰撞，以免引起爆炸，这些危险物的残渣必须小心销毁。例如，重金属乙炔化物可用浓盐酸或浓硝酸使其分解，重氮化合物可加水煮沸使其分解等。

(5) 卤代烷勿与金属钠接触，因反应剧烈易发生爆炸。钠屑须放于指定的地方。

3. 中毒的预防

(1) 剧毒药品应妥善保管，不许乱放，实验中所用的剧毒物质应有专人负责收发，并向使用毒物者提出必须遵守的操作规程。实验后的有毒残渣必须进行妥善而有效的处理，禁止乱丢。

(2) 有些剧毒物质会渗入皮肤，因此接触这些物质时必须戴橡皮手套，操作结束后应立即洗手，切勿让毒物沾及五官或伤口。例如，氰化钠沾及伤口后会随血液循环至全身，严重的会造成中毒死亡事故。

(3) 在反应过程中可能生成有毒或腐蚀性气体的实验应在通风橱内进行，注意安装气体吸收装置，使用后的器皿应及时清洗。

4. 触电的预防

使用电器时，应防止人体与电器导电部分直接接触，不能用湿手或用手握湿的物体接触电插头。为了防止触电，装置和设备的金属外壳等都应连接地线，实验后应切断电源，再将连接电源插头拔下。

1.2.3 事故的处理和急救

1. 火灾的处理

实验室一旦失火，室内全体人员应积极、有序地参加灭火，一般采取如下措施：一方面防止火势扩大，立即关闭煤气灯，熄灭其他火源，关闭室内总电闸，移开易燃物质；另一方面立即灭火。有机化学实验室灭火，常采用使燃着的物质隔绝空气的办法，通常不能用水，否则反而会引起更大的火灾。在失火初期，不能用嘴吹，必须使用灭火器、沙子、毛毡等。若火势小，可用数层湿布把着火的仪器包裹起来。如在小器皿(如烧杯或烧瓶)内着火，可盖上石棉板或瓷片等，使其隔绝空气而灭火。

如果油类着火，要用沙子或灭火器灭火，也可撒上干燥的固体碳酸氢钠粉末。

如果电器着火，首先应切断电源，然后用二氧化碳灭火器或四氯化碳灭火器灭火(注意：四氯化碳蒸气有毒，在空气不流通的地方使用有危险!)，因为这些灭火剂不导电，不会使人触电。绝不能用水和泡沫灭火器灭火，因为水能导电，会使人触电甚至死亡，而泡沫灭火器会产生大量固体残留，直接造成精密仪器损坏。

如果衣服着火，切勿奔跑，应立即在地上打滚，邻近人员可用毛毡或棉被等盖在其身上，使之隔绝空气而灭火。

总之，失火时应根据起火的原因和火场周围的情况，采取不同的方法灭火。无论使用哪一种灭火器材，都应把灭火器的喷出口对准火焰的底部，从火的四周开始向中心扑灭。

2. 玻璃割伤

玻璃割伤是常见的事故，受伤后要仔细观察伤口有没有玻璃碎片，如有，应先把伤口处的玻璃碎片取出。若伤势不重，先进行简单的急救处理，如涂上万花油，再用纱布包扎；若伤口严重、流血不止时，可在伤口上部约 10 cm 处用纱布扎紧，减慢流血，压迫止血，并立即到医院就诊。

3. 药品灼伤

1) 酸灼伤

(1) 皮肤：立即用大量水冲洗，然后用 5%碳酸氢钠溶液洗涤，再涂上油膏，并包扎好。

(2) 眼睛：抹去溅在眼睛外面的酸，立即用水冲洗，用洗眼杯或将橡皮管套上水龙头用慢水对准眼睛冲洗后，立即到医院就诊，或者再用稀碳酸氢钠溶液洗涤，最后滴入少许蓖麻油。

(3) 衣服：依次用水、稀氨水和水冲洗。

(4) 地板：撒上石灰粉，再用水冲洗。

2) 碱灼伤

(1) 皮肤：先用水冲洗，然后用饱和硼酸溶液或 1%乙酸溶液洗涤，再涂上油膏，并包扎好。

(2) 眼睛：抹去溅在眼睛外面的碱，先用水冲洗，再用饱和硼酸溶液洗涤，最后滴入蓖麻油。

(3) 衣服：先用水洗，然后用 10%乙酸溶液洗涤，再用氨水中和多余的乙酸，最后用水冲洗。

3) 溴灼伤

如溴滴到皮肤上，应立即用水冲洗，涂上甘油，敷上烫伤油膏，将伤处包好。如眼睛受到溴的蒸气刺激，暂时不能睁开，可对着盛有乙醇的瓶口注视片刻。

上述各种急救法仅为暂时减轻疼痛的措施。若伤势较重，在急救之后应立即送医院诊治。

4. 烫伤

轻伤者涂以玉树油或鞣酸油膏，重伤者涂以烫伤油膏后立即送医务室诊治。

5. 中毒

溅入口中而尚未咽下的毒物应立即吐出来，用大量水冲洗口腔；如已吞下，应根据毒物的性质服解毒剂，并立即送医院急救。

1) 腐蚀性毒物

对于强酸，先饮大量的水，再服氢氧化铝膏、鸡蛋白；对于强碱，也要先饮大量的水，然后服用醋、酸果汁、鸡蛋白。无论酸或碱中毒都需灌注牛奶，不要吃呕吐剂。

2) 刺激性及神经性中毒

先服牛奶或鸡蛋白缓和，再服用硫酸铜溶液(约 30 g 溶于 500 mL 水中)催吐，有时也可以用手指伸入喉部催吐，然后立即送医院诊治。

3) 吸入气体中毒

将中毒者移至室外，解开衣领及纽扣，吸入少量氯气或溴气者可用碳酸氢钠溶液漱口。

1.2.4　急救用具

消防器材：泡沫灭火器、四氯化碳灭火器(弹)、二氧化碳灭火器、沙子、石棉布、毛毡、棉被和淋浴用的水龙头。

急救药箱：碘酒、双氧水、饱和硼酸溶液、1%乙酸溶液、5%碳酸氢钠溶液、70%乙醇溶液、玉树油、烫伤油膏、万花油、药用蓖麻油、硼酸膏或凡士林、磺胺药粉、洗眼杯、消毒棉花、纱布、胶布、绷带、剪刀、镊子、橡皮管等。

注意：乙醚长期存放在空气中时，醚中的碳氢键由于生成过氧键而形成有机过氧化物，过氧化物很不稳定，经加热或强烈撞击时易发生爆炸，存在安全隐患。因此，久置醚类使用前必须检验是否有过氧化物存在，以免出现危险。方法：将少量的醚用湿润的 KI-淀粉溶液试纸检验，试纸变蓝说明有过氧化物生成，可用硫酸亚铁或亚硫酸钠溶液洗涤，反复振荡除去；若 KI-淀粉溶液试纸不变蓝，则说明无过氧化物或过氧化物已被除尽。凡是在使用醚类时，都应该注意这个问题。

1.3　有机化学实验常用仪器和装置

1.3.1　有机化学实验常用标准接口玻璃仪器

1. 标准接口玻璃仪器

标准接口玻璃仪器是具有标准磨口或磨塞的玻璃仪器。由于口塞尺寸的标准化、系统化，磨砂密合，凡属于同类规格的接口均可任意互换，各部件能组装成各种配套仪器。当不同规格的部件无法直接组装时，可使用变径接头将其连接。使用标准接口玻璃仪器既可免去配塞子的步骤，又能避免反应物或产物被塞子沾污的问题；口塞磨砂性能良好，可使密合性达较高真空度，对蒸馏尤其减压蒸馏有利，对于毒物或挥发性液体的实验较为安全。

标准接口玻璃仪器均按国际通用的技术标准制造。当某个部件损坏时，可以选购。

标准接口玻璃仪器的每个部件在其口塞的上或下显著部位均有烤印的白色标志标明规格。常用的有 10、12、14、16、19、24、29、34、40 等。

表 1-1 是标准接口玻璃仪器的编号与大端直径。

表 1-1　标准接口玻璃仪器的编号与大端直径

编号	10	12	14	16	19	24	29	34	40
大端直径/mm	10	12.5	14.5	16	18.8	24	29.2	34.5	40

有的标准接口玻璃仪器有两个数字，如 19/32，19 表示磨口大端的直径为 19 mm，32 表示磨口的高度为 32 mm。

2. 有机化学实验常用的标准接口玻璃仪器

图 1-1 为有机化学实验常用的标准接口玻璃仪器。

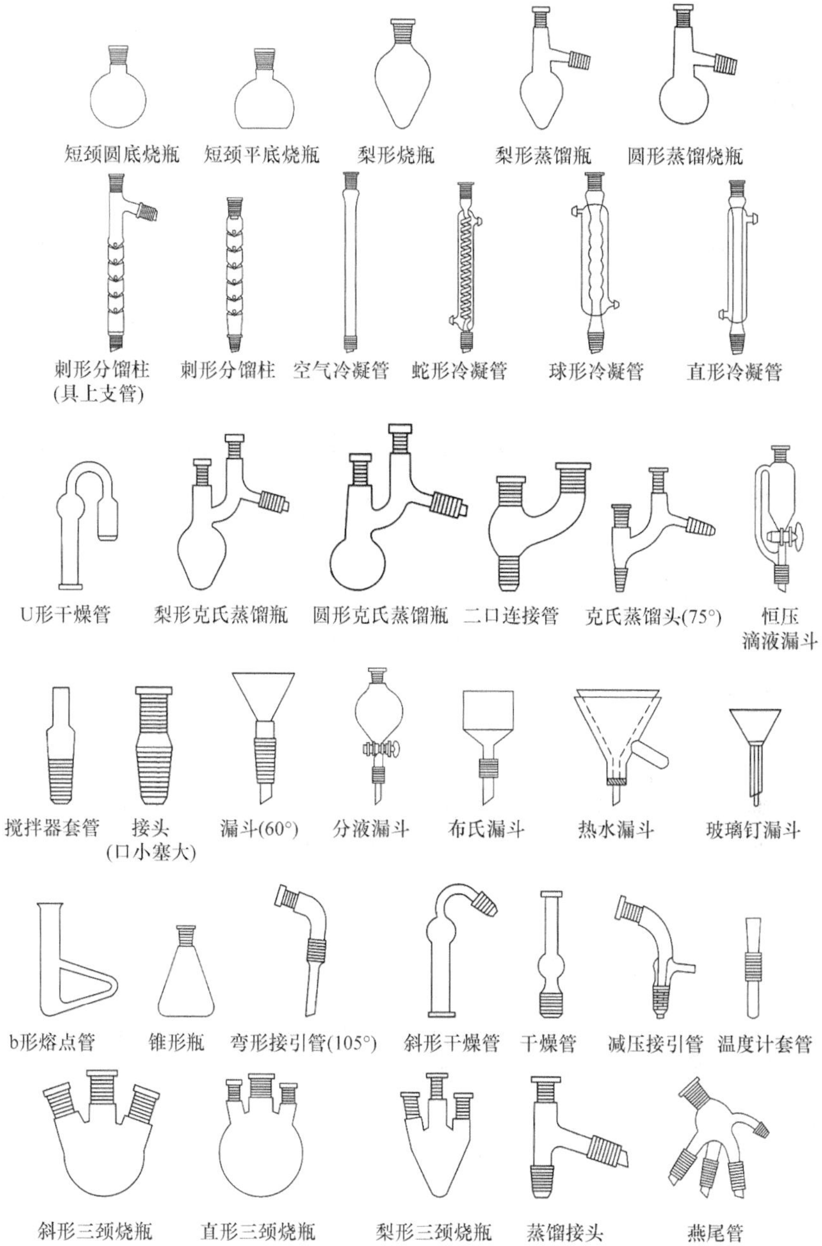

图 1-1　有机化学实验常用的标准接口玻璃仪器

3. 使用标准接口玻璃仪器注意事项

(1) 标准口塞应保持清洁，使用前宜用软布揩拭干净，但不能粘上纤维。

(2) 使用前在磨砂口塞表面涂以少量真空油脂或凡士林，以增强磨砂接口的密合性，避免磨面相互磨损，同时也便于接口的装拆。涂抹凡士林的方法如图 1-2 所示。

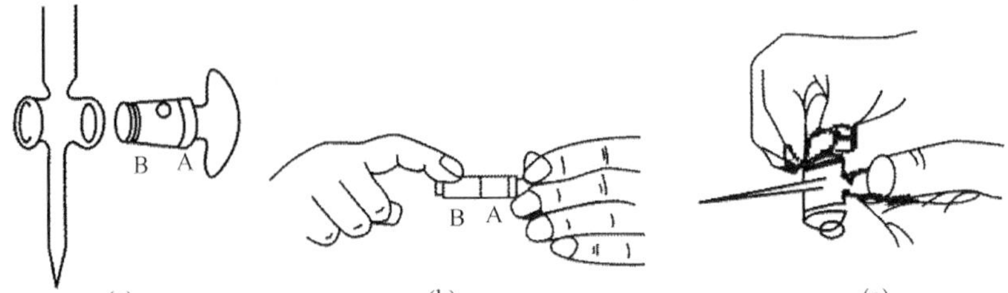

(a) (b) (c)

图 1-2 涂抹凡士林的方法

(3) 装配时，把磨口和磨塞轻轻对旋连接，不能用力过猛，也不能装得太紧，只要达到润滑密闭要求即可。

(4) 用后应立即拆卸洗净。否则，对接处常会粘牢，以致拆卸困难。

(5) 装拆时应注意相对的角度，不能在角度偏差时进行硬性装拆，否则极易造成破损。

(6) 磨口套管和磨塞应该是由同种玻璃制成的，迫不得已时，才用膨胀系数较大的磨口套管。

1.3.2 有机化学实验常用装置

进行有机合成实验时，通常需要将多种玻璃仪器组装成一定的装置。常用的几种装置有：回流装置、蒸馏装置、分馏装置、气体吸收装置、搅拌装置等。

1. 回流装置

当有机化学反应需要在反应体系的溶剂或反应物的沸点附近进行时需用回流装置，如图 1-3 所示。其中，图 1-3(a)适用于需要干燥的反应体系；如不需要干燥，可去掉干燥管[图 1-3(b)]；图 1-3(c)适用于产生有害气体(如溴化氢、氯化氢、二氧化硫等)的反应体系；图 1-3(d)增加油水分离器，可用于转移反应过程生成的水等副产物，促进反应进行，有必要的话可增加温度计，监测反应温度变化[图 1-3(e)]；图 1-3(f)适用于边滴加边回流的反应体系，若需监控反应温度，可增加温度计[图 1-3(g)]。

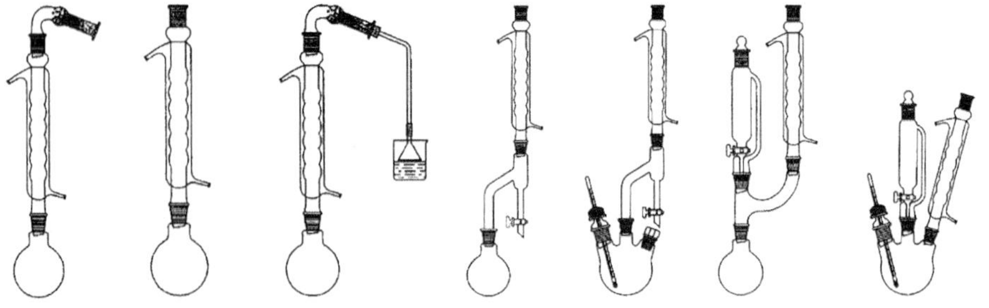
(a) (b) (c) (d) (e) (f) (g)

图 1-3 回流装置

2. 蒸馏装置

用蒸馏法分离和提纯液体有机化合物时要使用蒸馏装置，图 1-4 是最常用的一种。它适用于低沸点物质的蒸馏[沸点(b.p.)＜140 ℃]，既可在尾部侧管处连接干燥管，用作防潮蒸馏，也可连上橡皮管把易挥发的低沸点馏出物(如乙醚)的尾气导向水槽或室外。蒸馏高沸点物质(b.p.＞140 ℃)时，要换用空气冷凝管。

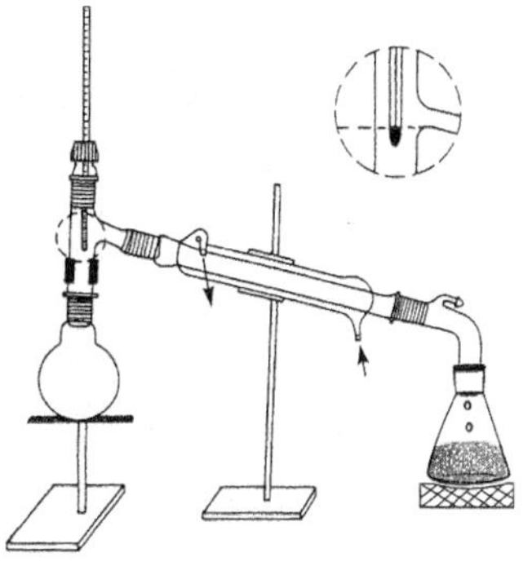

图 1-4　蒸馏装置

3. 分馏装置

当物质的沸点十分接近，约相差 15 ℃时，则无法使用简单蒸馏法，可改用分馏法(图 1-5)。分馏实际上是多次蒸馏，分馏柱(刺形、蛇形和填充式)的小柱可提供一个大表面积使蒸气凝结，因此更适合分离、提纯沸点相差不大的液体有机混合物，如煤焦油的分馏、石油的分馏等。

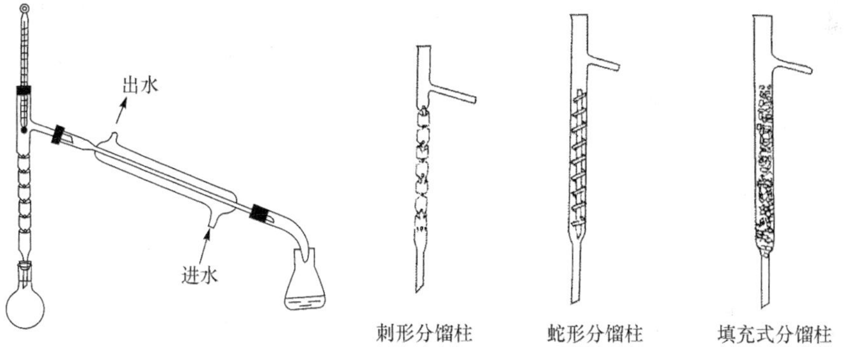

图 1-5　分馏装置及常见分馏柱

4. 气体吸收装置

当反应体系中有毒性气体产生时，要用气体吸收装置，以减少环境污染，如图 1-6 所示，其中图 1-6(a)和(b)适用于少量气体的吸收。使用图 1-6(a)的装置时，玻璃漏斗应略微倾斜，使漏斗口一半在水中，一半在水面上，不得将漏斗埋入吸收液面下，以防成为密闭装置，引起倒吸。图 1-6(c)是反应过程中有大量气体生成或气体逸出速度很快的气体吸收装置。水自上端流入(可利用冷凝水)抽滤瓶中，在恒定的水平面上溢出。粗的玻璃管恰好伸入水面，被水封住，以防止气体逸入大气中。

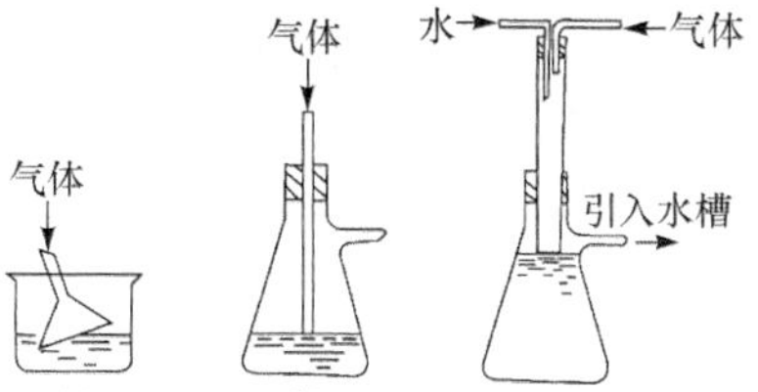

图 1-6　气体吸收装置

5. 搅拌装置

1) 机械搅拌

机械搅拌是由电机带动搅拌棒而达到搅拌目的的一种装置。当反应在互不相溶的两种液体或固、液两相的非均相体系中进行，或其中一种原料需逐渐滴加进料时，必须使用搅拌装置。为了搅拌均匀，可以将搅拌棒制成各种形状，如图 1-7(a)所示。安装搅拌装置时，要求搅拌棒垂直、灵活，与管壁无摩擦和碰撞，避免错误操作(图 1-8)；与搅拌电机轴应通过两节真空橡皮管和一段玻璃棒连接，切不可将搅拌棒直接与搅拌电机轴相连，以免搅拌棒磨损或折断。搅拌棒虽有多种形状，但安装时总是要求搅拌棒下端距瓶底 0.5～1 cm，如图 1-7(b)～(d)所示。搅拌可以保证两相充分混合接触和被滴加原料快速均匀分散，避免或减少因局部过浓、过热而引起的副反应。其中，图 1-7(b)、(c)适用于搅拌下滴加回流的反应，图 1-7(d)适用于搅拌下滴加并需测温的反应。为了防止蒸气外逸，须采用密封装置，常用的有简易密封装置或液封装置：简易密封装置用温度计套管加橡皮管构成，搅拌棒在橡皮管内转动，在搅拌棒和橡皮管之间滴入润滑油，也可用带橡皮管的玻璃套管固定于塞子上代替；液封装置中要用惰性液体(如石蜡油)进行密封。聚四氟乙烯制成的搅拌密封塞由上面的螺旋盖、中间的硅胶密封垫圈和下面的标准口塞组成。使用时只需选用适当直径的搅拌棒插入标准口塞与垫圈孔中，在垫圈与搅拌棒接触处涂少许甘油润滑，旋上螺旋口使松紧适度，把标准口塞装在烧瓶上即可。

(a) 搅拌棒

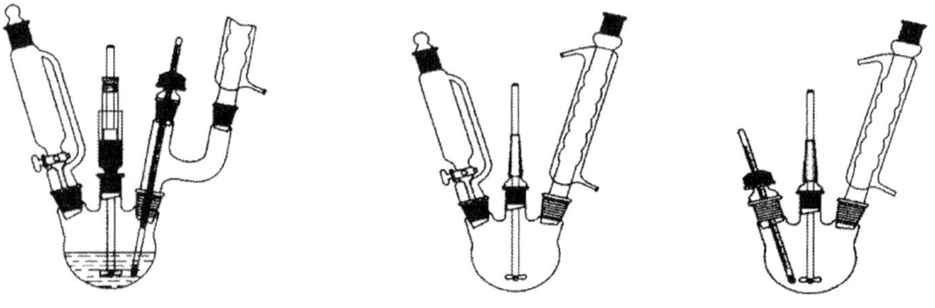

(b) 机械搅拌装置1　　(c) 机械搅拌装置2　　(d) 机械搅拌装置3

图 1-7　常用搅拌棒和机械搅拌装置

(a) 沿器壁滑动　　(b) 乱搅使溶液溅出　　(c) 击破容器

图 1-8　常见搅拌错误操作

机械搅拌器不能超负荷使用，否则电机易发热而烧毁。使用时必须接上地线。平时要注意保养，保持清洁干燥，防潮防腐蚀。轴承应经常涂油保持润滑。

2) 磁力搅拌

磁力搅拌是通过一个可旋转的磁铁带动一根以玻璃或塑料密封的软铁(搅拌子)旋转而达到搅拌目的的一种装置，如图 1-9 所示。将搅拌子放入盛有反应物的容器中，将容器置于磁力搅拌器的托盘上，接通电源。由于内部磁场不断旋转变化，容器内搅拌子也随之旋转，从而达到搅拌的目的。一般的磁力搅拌器都有控制磁铁转速的旋钮及控制温度的加热装置。磁力搅拌装置比机械搅拌装置简单、易操作，且更加安全。它的缺点是不适用于大体积和黏稠体系。使用时应注意及时回收搅拌子，不得将其随反应废液或固体一起倒入废料桶或下水道。

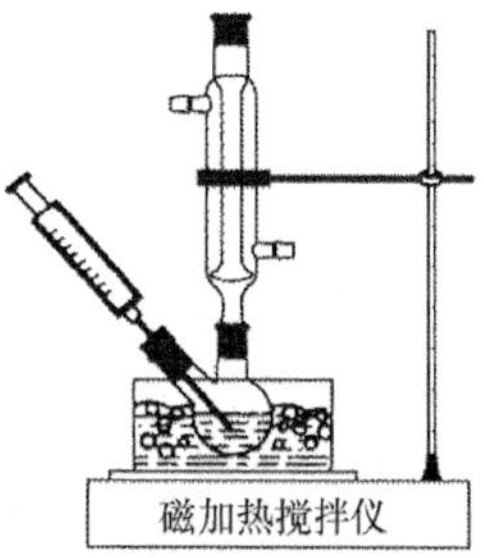

图 1-9　磁力搅拌装置

1.3.3　仪器的装配

仪器装配正确与否对于实验的成败有很大关系。

首先，在装配一套装置时，所选用的玻璃仪器和配件都要干净，否则往往会影响产物的产量和质量。

其次，所选用的器材要恰当。例如，在需要加热的实验中，如需选用圆底烧瓶，所盛反应物以占其容积的 1/2 左右为好，最多也应不超过 2/3。

最后，装配时，应选好主要仪器的位置，按照一定的顺序逐个装配，先下后上，从左至右。拆卸时，按相反的顺序逐个拆卸。

仪器装配要求做到严密、正确、整齐和稳妥。在常压下进行反应的装置应与大气相通，不能密闭。

铁夹的双钳内侧贴有橡皮或绒布，或缠上石棉绳、布条等，否则容易将仪器损坏。

总之，使用玻璃仪器时，最基本的原则是切忌对玻璃仪器的任何部分施加过度的压力或扭曲力，安装实验装置不当不仅看上去使人感觉不舒服，而且也会存在潜在的危险。因为受到压力或扭曲力的玻璃仪器在加热时会破裂，有时甚至在放置时也会崩裂。

1.4　仪器的洗涤、干燥和保养

1.4.1　玻璃仪器的洗涤

进行化学实验必须使用清洁的玻璃仪器。应该养成实验结束后立即洗涤玻璃仪器的习惯。污垢的性质在实验时是清楚的，用适当的方法进行洗涤容易办到，时间久了会增加洗涤的难度。

洗涤的一般方法是用水、洗衣粉、去污粉刷洗。刷子是特制的，如瓶刷、烧杯刷、冷凝管刷等，但用腐蚀性洗液时则不用刷子。洗涤玻璃仪器时不应该用沙子，它会擦伤玻璃甚至导致玻璃破裂。若难以洗净，则可根据污垢的性质选用适当的洗液进行洗涤。如果是酸性(或碱性)的污垢，就选用碱性(或酸性)洗液洗涤；有机污垢用碱液或有机溶剂洗涤。下面介绍几种常用洗液。

1. 铬酸洗液

铬酸洗液氧化性很强，对有机污垢破坏力很强。倾去玻璃仪器内的水，慢慢倒入洗液，转动玻璃仪器，使洗液充分浸润不干净的器壁，数分钟后把洗液倒回洗液瓶中，用自来水冲洗。若壁上粘有少量炭化残渣，可加入少量洗液，浸泡一段时间后在小火上加热，直至冒出气泡，炭化残渣即被除去。当洗液颜色变绿，表示其已失效，不能继续使用。

2. 浓盐酸

用浓盐酸可以洗去附着在器壁上的二氧化锰和碳酸盐等污垢。

3. 碱液和合成洗涤剂

将碱液和合成洗涤剂配成浓溶液，用于洗涤油脂和一些有机化合物(如有机酸)。

4. 有机溶剂

当胶状或焦油状的有机污垢用上述方法均不能洗去时，可选用丙酮、乙醚、苯浸泡，并加盖以免溶剂挥发，或用 NaOH 的乙醇溶液。用有机溶剂作洗涤剂，使用后可回收重复使用。

检查玻璃仪器是否清洁的方法是：加水倒置，水顺着器壁流下，内壁被水均匀润湿，有一层既薄又均匀的水膜，不挂水珠。

1.4.2　玻璃仪器的干燥

有机化学实验经常使用干燥的玻璃仪器，故要养成每次实验后立即把玻璃仪器洗净并倒置使其干燥的习惯，以便下次实验时使用。干燥玻璃仪器的方法有下列几种。

1. 自然风干

自然风干是指把已洗净的仪器放在干燥架上自然风干，这是常用和简单的方法。但必须注意，若玻璃仪器洗得不够干净，水珠不易流下，干燥就会较为缓慢。

2. 烘干

把玻璃仪器按顺序从上层往下层放入烘箱烘干，放入烘箱中干燥的玻璃仪器一般要求不带水珠。玻璃仪器口向上，带有磨砂口玻璃塞的仪器必须取出玻璃塞才能进行烘干操作。烘箱内的温度保持 100～150 ℃，约 0.5 h，待烘箱内的温度降至室温时才能取出。切不可把很热的玻璃仪器取出烘箱箱体外，以免其骤冷破裂。当烘箱已开始工作时，不能往上层放入湿的玻璃仪器，以免水滴下落，使热的玻璃仪器骤冷而破裂。

3. 吹干

有时玻璃仪器洗涤后需立即使用，可使用吹干的方法，即用气流干燥器或电吹风把玻璃仪器吹干。将水尽量沥干后，加入少量丙酮或乙醇摇洗并倾出。先通入冷风吹 1～2 min，待大部分溶剂挥发后，再吹热风至完全干燥为止，最后吹冷风使玻璃仪器逐渐冷却。

1.4.3　常用玻璃仪器的保养

有机化学实验常用的各种玻璃仪器的性能不同，必须掌握它们的性能、保养和洗涤方法，才能正确使用，提高实验效果，避免不必要的损失。下面介绍几种常用玻璃仪器的保养和洗涤方法。

1. 温度计

温度计水银球部位的玻璃很薄，容易破损，使用时要特别小心：①不能将温度计当搅拌棒使用；②不能测定超过温度计最高刻度的温度；③不能把温度计长时间放在高温的溶剂中，否则会使水银球变形，读数不准。

温度计用后要使其慢慢冷却，特别在测量高温之后，切不可立即用水冲洗，否则会破裂，或使水银柱断裂。应将温度计悬挂在铁架台上，待冷却后洗净抹干，放回温度计盒内，盒底要垫上一小块棉花。如果是纸盒，放回温度计时要检查盒底是否完好。

2. 冷凝管

冷凝管通水后很重，所以安装冷凝管时应将夹子夹在冷凝管重心的地方，以免翻倒。洗刷冷凝管时要用特制的长毛刷，如用洗涤液或有机溶液洗涤，则用软木塞塞住一端。冷凝管不用时，应直立放置，使其易于取用。

冷凝管分为直形冷凝管、空气冷凝管、球形冷凝管和蛇形冷凝管。

3. 蒸馏烧瓶

蒸馏烧瓶的支管容易被碰断，故使用或放置时都要特别注意保护，做到轻拿轻放，且支管的熔接处不能直接加热。

4. 分液漏斗

分液漏斗的活塞和盖子都是磨砂口的，若非原配，有可能不严密，所以使用时要注意保护，各分液漏斗之间也不要相互调换。分液漏斗用后清洗干净，一定要在活塞和盖子的磨砂口间垫上纸片，以免日久难以打开。

5. 砂芯漏斗

砂芯漏斗在使用后应立即用水冲洗，否则污染物久置后难以洗净。滤板不太稠密的漏斗可用强水流冲洗，如果是较稠密的滤板，则用抽滤方法冲洗，必要时可用少许有机溶剂辅助洗涤。

1.5　简单玻璃工操作

1.5.1　玻璃管的截断

玻璃管截断操作：一是锉痕，二是折断(图 1-10)。

锉痕的操作：把玻璃管平放在桌子边缘上，拇指按住要截断的地方，用三角锉刀棱边用力锉出一道凹痕，约占管周 1/6，锉痕时只向一个方向(向前或向后)锉去，不可来回拉锉。

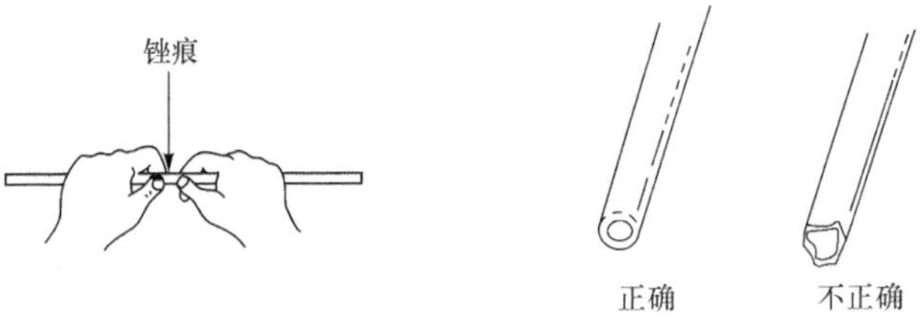

图 1-10　玻璃管截断操作

折断的操作：两手分别握住锉痕的两边，锉痕向外，两个大拇指分别按住锉痕后面的两侧，用力急速轻轻一压带拉，折成两段。

1.5.2　玻璃管的弯曲

弯曲的操作：双手持玻璃管，手心向外把需要弯曲的地方放在火焰上预热，然后在外焰中加热，加热范围宽约 5 cm。在火焰中使玻璃管缓慢、均匀而不停地向同一个方向转动，至玻璃受热(变黄)即从火焰中取出，轻轻弯成所需要的角度(图 1-11)。

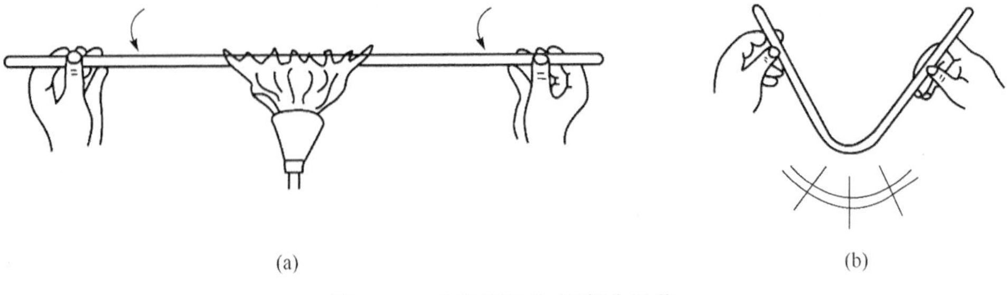

图 1-11　玻璃管的加热弯曲操作

注意：①在火焰上加热尽量不要往外拉；②弯成角度之后，在管口轻轻均匀吹气，定型；③放在石棉网上自然冷却。

1.5.3　点样管、滴管、熔点管和沸点管的拉制

拉细的操作：两手执玻璃管两端，掌心相对，加热方向和弯曲方向相同，只不过加热程度更强，至玻璃管烧成红黄色才从火焰中取出，两手平稳地沿水平方向做相反方向移动，开始时慢些，逐步加快，根据需要拉成内径大小不一的细管，如图 1-12 所示(注意：在拉细过程中要边拉边旋转)。

点样管的拉制：拉成内径为 0.3～1 mm 的毛细管，截取长度 5 cm 左右即可。

滴管的拉制：拉成内径为 2～3 mm 的毛细管(图 1-13)，中间截取即可。

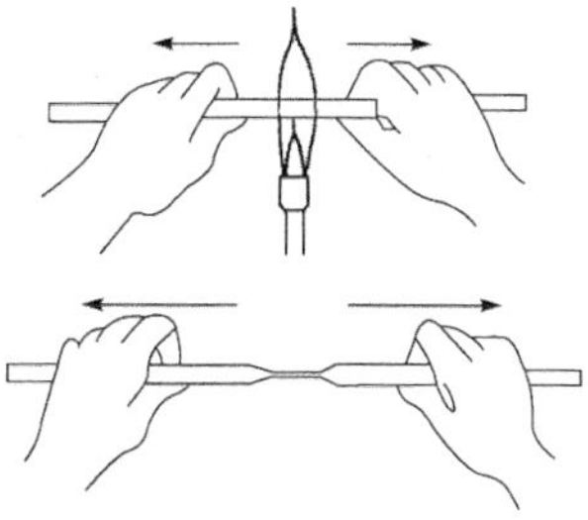

图 1-12　玻璃管的拉细操作

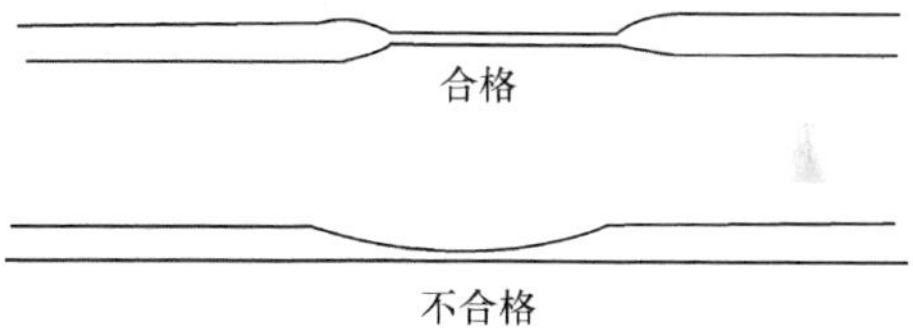

图 1-13　滴管的拉制

熔点管的拉制：将内径为 2～3 mm 的毛细管截成 6～7 cm 长，在小火上封闭一端即可。

沸点管的拉制：将内径为 3～4 cm 的玻璃管截成 7～8 cm 长，在小火上封闭一端作外管，将内径约为 10 mm 的毛细管截成 8～9 cm 长，封闭其一端为内管，这样就可组成沸点管。

1.5.4　制作玻璃钉及搅拌棒

取直径 2～3 mm、长 5～6 cm 的玻璃棒拉制小玻璃钉 1 只(放在小漏斗内即成玻璃钉漏斗，以备抽滤少量晶体用)。

取直径 5 mm、长 5～6 cm 的玻璃棒 1 根，一端在火焰中烧软后在石棉网上按成大玻璃钉，以备挤压或研细少量晶体用。

取长约 18 cm、12 cm 的玻璃棒各 1 根，两端在火焰中烧圆，以备搅拌用(图 1-14)。

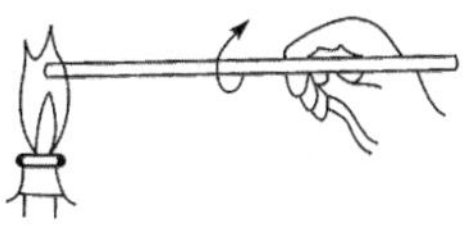

图 1-14　制作玻璃钉及搅拌棒

1.6　加热、冷却与干燥

1.6.1　加热

为了加速有机反应，往往需要加热，从加热方式来看有直接加热和间接加热。在有机实验室里一般不用直接加热。例如，用电热板加热圆底烧瓶，会因受热不均匀，导致局部过热，甚至烧瓶破裂。所以，在实验室安全规则中规定禁止用明火直接加热易燃的溶剂。为了保证加热均匀，一般使用热浴间接加热，作为传热的介质有空

气、水、有机液体、熔融的盐和金属。根据加热温度、升温速度等的需要，常采用下列方法。

1. 空气浴

这是利用热空气间接加热，对于沸点在 80 ℃以上的液体均可采用。把容器放在石棉网上加热，这就是最简单的空气浴。但是，受热仍不均匀，故不能用于回流低沸点的易燃液体或减压蒸馏。半球形的电热套是较好的空气浴，因为电热套中的电热丝是玻璃纤维包裹着的，比较安全，一般可加热至 400 ℃，电热套主要用于回流加热。蒸馏或减压蒸馏则不宜使用，因为在蒸馏过程中容器内物质逐渐减少，会使容器壁过热。电热套有各种规格，选用时要与容器的大小相适应。为了便于控制温度，电热套要连接调压变压器。

2. 水浴

当加热的温度不超过 100 ℃时，最好使用水浴加热，水浴为较常用的热浴。但是，必须强调指出，当用于钾和钠的操作时，绝不能在水浴上进行。使用水浴时，勿使容器触及水浴器壁或其底部。如果加热温度稍高于 100 ℃，则可选用适当无机盐类的饱和水溶液作为热溶液。例如，常见各类盐饱和水溶液的沸点：NaCl(109 ℃)，$MgSO_4$(108 ℃)，KNO_3(116 ℃)，$CaCl_2$(180 ℃)。

由于水浴中的水不断蒸发，因此应适当添加热水，使水浴中水面经常保持稍高于容器中的液面。总之，使用液体热浴时，热浴的液面应略高于容器中的液面。

3. 油浴

油浴适用于 100～250 ℃，优点是使反应物受热均匀，反应物的温度一般低于油浴液 20 ℃左右。常用的油浴液有：

(1) 甘油：可以加热到 140～150 ℃，温度过高时则会分解。

(2) 植物油：如菜油、蓖麻油和花生油等，可以加热到 220 ℃，常加入 1%对苯二酚等抗氧化剂，便于久用，温度过高时则会分解，达到闪点时可能会燃烧，所以使用时要小心。

(3) 石蜡：可以加热到 200 ℃左右，冷到室温时凝成固体，保存方便。

(4) 有机硅油：可以加热到 200 ℃左右，温度稍高并不分解，但较易燃烧。

用油浴加热时，要特别小心，防止着火，当油受热冒烟时，应立即停止加热。油浴中应挂一支温度计，可以观察油浴的温度和有无过热现象，便于调节火焰控制温度。油量不能过多，否则受热后有溢出而引起火灾的危险。使用油浴时要极力避免产生可能引起油浴燃烧的因素。加热完毕取出反应容器时，仍用铁夹夹住反应容器使其离开液面。

1.6.2　冷却与冷却剂

在有机实验中，有时需采用一定的冷却剂进行冷却操作，在一定的低温条件下进行反应、分离提纯等。例如：

(1) 某些反应要在特定的低温条件下进行才利于有机化合物的生成，如重氮化反应一般在 0～5 ℃进行。

(2) 沸点很低的有机化合物，冷却时可减少损失。

(3) 要加速结晶的析出。

(4) 高度真空蒸馏装置(一般有机化学实验很少使用)。

根据不同的要求，选用适当的冷却剂冷却，最简单的是用水和碎冰的混合物，可冷却至 0～5 ℃，它比单纯用冰块有更大的冷却效能。因为冰水混合物与容器的器壁接触更加充分。若在碎冰中添加适量的盐类，则得冰盐混合冷却剂，其温度可达 0 ℃以下。例如，普通常用的食盐与碎冰的混合物(33 : 100，质量比)，其温度可由−1 ℃降至−21.3 ℃，但在实际操作中温度为−18～−5 ℃。冰盐浴不宜用大块的冰，而且要按上述比例将食盐均匀撒在碎冰上，这样冷却效果更好。

若无冰时，则可用某些盐类溶于水吸热作为冷却剂使用。

1.6.3　干燥与干燥剂

有机化合物干燥的方法大致有物理方法(不加干燥剂)和化学方法(加入干燥剂)两种。物理方法如吸收、分馏等，近年来应用分子筛脱水。在实验室中常用化学干燥法，其特点是在有机液体中加入干燥剂，干燥剂与水发生化学反应(如 $Na+H_2O \longrightarrow NaOH+H_2\uparrow$)或与水结合生成水化物，从而除去有机液体中所含的水分，达到干燥的目的。用这种方法干燥时，有机液体中所含的水分不能太多(一般在百分之几以下)。否则，必须使用大量的干燥剂，同时有机液体因被干燥剂带走而造成的损失也较大。

1. 液体的干燥

1) 常用干燥剂

常用干燥剂的种类很多，选用时必须注意下列几点：

(1) 干燥剂与有机化合物应不发生任何化学变化，对有机化合物也无催化作用。

(2) 干燥剂应不溶于有机液体中。

(3) 干燥剂的干燥速度快，吸水量大，价格便宜。

常用干燥剂有下列几种：

(1) 无水氯化钙。价廉、吸水能力强，是最常用的干燥剂之一，与水化合可生成一、二、四或六水化合物(在 30 ℃以下)。它只适用于烃类、卤代烃、醚等有机化合物的干燥，不适用于醇、胺和某些醛、酮、酯等有机化合物的干燥，因为无水氯化钙能与它们形成络合物，也不宜用作酸(或酸性液体)的干燥剂。

(2) 无水硫酸镁。它是中性盐，不与有机化合物和酸性物质发生作用。可作为各类有机化合物的干燥剂，它与水生成 $MgSO_4 \cdot 7H_2O$(48 ℃以下)。价较廉，吸水能力强，故可用于不能用无水氯化钙干燥的许多化合物。

(3) 无水硫酸钠。它的用途和无水硫酸镁相似，价廉，但吸水能力和吸水速度都差一些。与水结合生成 $Na_2SO_4 \cdot 10H_2O$(37 ℃以下)。当有机化合物水分较多时，常先用无水硫酸钠处理后再用其他干燥剂处理。

(4) 无水碳酸钾。吸水能力一般，与水生成 $K_2CO_3 \cdot 2H_2O$，作用慢，可用于干燥醇、酯、酮、腈等中性有机化合物和生物碱等一般的有机碱性物质，但不适用于干燥酸、酚和其他酸性物质。

(5) 金属钠、醚、烷烃等有机化合物。用无水氯化钙或硫酸镁等处理后，若仍含有微量的水分，可加入金属钠(切成薄片或压成丝)除去。不宜用作醇、酯、酸、卤代烃、醛、酮及某些胺等能与碱发生反应或易被还原的有机化合物的干燥剂。

各类有机化合物的常用干燥剂列于表 1-2。

表 1-2　各类有机化合物的常用干燥剂

液态有机化合物	适用的干燥剂
醚、烷烃、芳烃	$CaCl_2$、Na、P_2O_5
醇	K_2CO_3、$MgSO_4$、Na_2SO_4、CaO
醛	$MgSO_4$、Na_2SO_4
酮	$MgSO_4$、Na_2SO_4、K_2CO_3
酸	$MgSO_4$、Na_2SO_4
酯	$MgSO_4$、Na_2SO_4、K_2CO_3
卤代烃	$CaCl_2$、$MgSO_4$、Na_2SO_4、P_2O_5
有机碱(胺)	NaOH、KOH

2) 液态有机化合物的干燥操作

液态有机化合物的干燥操作一般在干燥的三角烧瓶内进行。把按照条件选定的干燥剂投入液体中，塞紧(用金属钠作干燥剂时则例外，此时塞中应插入一个无水氯化钙管，使氢气放空而水汽不致进入)，振荡片刻，静置，使水分尽量被吸去。如果水分太多，或干燥剂用量太少，致使部分干燥剂溶解于水时，可将干燥剂滤出，用吸管吸出水层，再加入新的干燥剂，放置一定时间，将液体与干燥剂分离，进行蒸馏精制。

2. 固体的干燥

重结晶得到的固体常带水分或有机溶剂，应根据化合物的性质选择适当的方法进行干燥。

1) 自然晾干

这是最简便、最经济的干燥方法。把要干燥的化合物先在一张滤纸上压平，然后薄薄地摊开，用另一张滤纸覆盖起来，在空气中慢慢地晾干。

2) 加热干燥

对于热稳定的固体可以放在烘箱内烘干，加热的温度切忌超过该固体的熔点，以免固体变色和分解，如需要可在真空恒温干燥箱中干燥。

3) 红外线干燥

红外线干燥的特点是穿透性强，干燥快。

4) 干燥器干燥

对易吸湿的固体或在较高温度干燥时，会分解或变色的可用干燥器干燥。干燥器有普通干燥器和真空干燥器两种，底部一般放置一些变色硅胶作为干燥剂，见图 1-15。

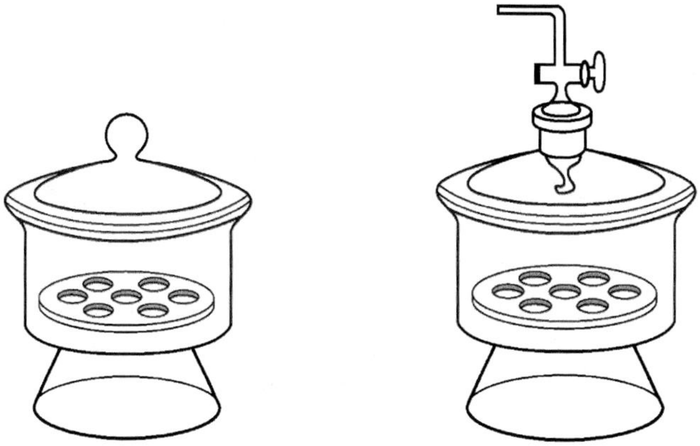

(a)　(b)

图 1-15　普通干燥器(a)和真空干燥器(b)

1.7　实验预习、实验记录和实验报告

1.7.1　实验预习

为了做好实验、避免事故的发生，在实验前必须对所要做的实验有尽可能全面和深入的认识。这些认识包括实验的目的要求、实验原理(化学反应原理和操作原理)，实验所用试剂及产物的物理、化学性质及规格用量，实验所用的仪器装置，实验的操作步骤和操作要领，实验中可能出现的现象和可能发生的事故等。

为此，需要认真阅读实验的有关章节(含理论部分、操作部分)，查阅合适的手册，做出预习笔记。预习笔记也就是实验提纲，包括实验名称、实验目的、实验原理、主要试剂和产物的物理常数、试剂规格用量、装置示意图和操作步骤。在操作步骤的每一步后面都需留出适当的空白，以供实验时作记录。

1.7.2　实验记录

在实验过程中应认真操作，仔细观察，勤于思索，同时应将观察到的实验现象及测得的各种数据及时、如实地记录下来。由于是边进行实验边记录，有时时间仓促，故记录应简明、准确，也可用各种符号代替文字叙述。例如，用“△”表示加热，“↓”表示沉淀生成，“↑”表示气体放出，“sec.”表示“秒”，“T↑60 ℃”表示温度上升到 60 ℃，“+NaOH sol”表示加入氢氧化钠溶液等。

1.7.3 实验报告

实验报告是将实验操作、实验现象及所得各种数据综合归纳、分析提高的过程，是把直接的感性认识提高到理性认识的必要步骤，也是向教师报告、与他人交流及储存备查的手段。实验报告是由实验记录整理而成的，内容大致可分 8 项：①目的和要求；②实验原理或反应式；③主要原料及产物的物理常数；④主要仪器、原料用量及规格；⑤实验步骤及现象记录；⑥粗产物纯化过程及原理；⑦产率计算；⑧结果讨论。下面以正溴丁烷的制备为例。

实验× 正溴丁烷的制备

一、目的要求

(1) 了解从正丁醇制备正溴丁烷的原理及方法。

(2) 初步掌握回流、气体吸收装置及分液漏斗的使用。

二、实验原理

醇与氢卤酸反应是制备卤代烷最方便的方法。醇转变为溴化物也可用溴化钠及过量的浓硫酸代替氢溴酸。

反应式：

$$NaBr+H_2SO_4 \longrightarrow HBr+NaHSO_4$$

$$n\text{-}C_4H_9OH+HBr \xrightarrow{H_2SO_4} n\text{-}C_4H_9Br+H_2O$$

副反应：

$$CH_3CH_2CH_2CH_2OH \xrightarrow{H_2SO_4} CH_3CH_2CH{=}CH_2 + H_2O$$

$$2CH_3CH_2CH_2CH_2OH \xrightarrow{H_2SO_4} (CH_3CH_2CH_2CH_2)_2O+H_2O$$

$$2HBr + H_2SO_4 \xrightarrow[\triangle]{} Br_2 + SO_2 + 2H_2O$$

三、主要试剂及产物的物理常数

表 1 主要试剂及产物的物理常数

名称	相对分子质量	性状	折光率	相对密度	熔点 /℃	沸点 /℃	溶解度(g/100 mL 溶剂)		
							水	醇	醚
正丁醇	74.12	无色透明液体	1.39931	0.8098	–89.5	117.2	7.92	∞	∞
正溴丁烷	137.03		1.4398	1.2758	–112.4	101.6	不溶	∞	∞

四、仪器、试剂规格及用量

仪器：圆底烧瓶(50 mL、100 mL 各 1 个)；冷凝管(直形、球形各 1 支)；温度计套管(1 个)；

短颈漏斗(1 个)；烧杯(800 mL 1 个)；蒸馏头(1 个)；接引管(1 个)；水银温度计(150 ℃ 1 支)；锥形瓶(2 个)；分液漏斗(1 个)。

试剂规格及用量：正丁醇(C.P.)15 g(18.5 mL，0.20 mol)；溴化钠(C.P.)25 g(0.24 mol)；浓硫酸(A.R.)29 mL(53.40 g，0.54 mol)；饱和 $NaHCO_3$ 溶液；无水氯化钙(C.P.)。

五、实验装置

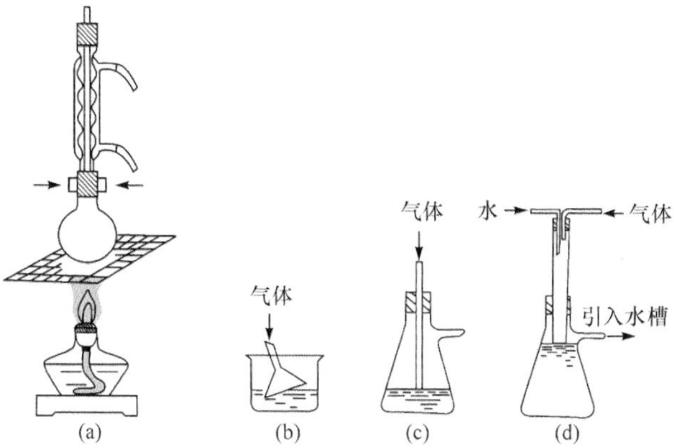

图 1　回流装置(a)和气体吸收装置[(b)、(c)、(d)]

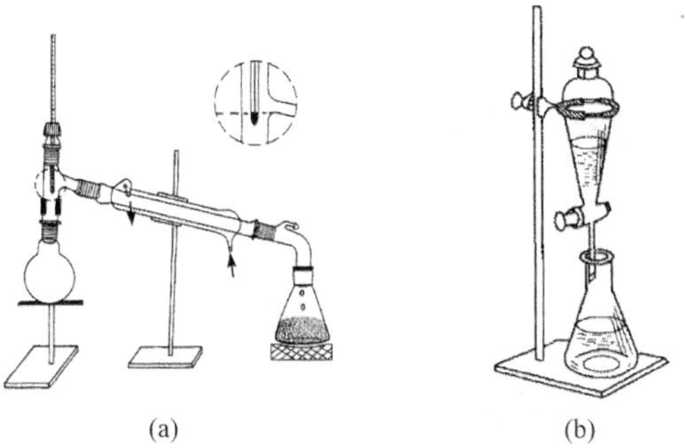

图 2　蒸馏装置(a)和分液萃取(洗涤)装置(b)

六、实验步骤及现象

步骤	现象
①于 150 mL 圆底烧瓶中放 20 mL 水，加入 29 mL 浓 H_2SO_4，振摇冷却	放热
②加 18.5 mL n-C_4H_9OH 及 25 g NaBr，加沸石，摇动	NaBr 部分溶解，瓶中产生雾状气体(HBr)
③在瓶口安装冷凝管，冷凝管顶部安装气体吸收装置，开启冷凝水，隔石棉网小火加热回流 1 h(图 1)	雾状气体增多，NaBr 渐渐溶解，瓶中液体由一层变为三层，上层开始极薄，中层为橙黄色，随着反应进行，上层越来越厚，中层越来越薄，最后消失。上层颜色由淡黄→橙黄
④稍冷，改成蒸馏装置[图 2(a)]，加沸石，蒸出 n-C_4H_9Br	开始馏出液为乳白色油状物，后来油状物减少，最后馏出液变清(说明 n-C_4H_9Br 全部蒸出)，冷却后，蒸馏瓶内析出结晶($NaHSO_4$)

续表

步骤	现象
⑤将粗产物转移至分液漏斗中，先用 20 mL 水洗涤，再依次用 10 mL 浓 H_2SO_4、15 mL 水、15 mL 饱和 $NaHCO_3$ 溶液、15 mL 水洗涤	产物在下层，呈乳浊状 产物在上层(清亮)，硫酸在下层，呈棕黄色 两层交界处有絮状物产生，又呈乳浊状
⑥将有机相转入小锥形瓶中，加约 2 g $CaCl_2$ 干燥	开始浑浊，最后变清
⑦产物滤入 50 mL 蒸馏瓶中，加沸石蒸馏，收集 99～103 ℃馏分	98 ℃开始有馏出液(3～4 滴)，温度很快升至 99 ℃，并在 101～102 ℃稳定，最后升至 103 ℃，温度下降，停止蒸馏，冷却后，瓶中残留有约 0.5 mL 黄棕色液体
⑧产物称量	得 18 g，无色透明

七、产率计算

理论产量：其他试剂过量，理论产量按正丁醇计算：

$$n\text{-}C_4H_9OH \longrightarrow n\text{-}C_4H_9Br$$

$$1 \qquad\qquad 1$$

$$0.2 \qquad\qquad 0.2$$

即 n-C_4H_9Br 为 0.2×137=27.4(g)。

八、讨论

(1) 在回流过程中，瓶中液体出现三层，上层为正溴丁烷，中层可能为硫酸氢正丁酯，随着反应的进行，中层消失表明正丁醇已转化为正溴丁烷。上、中层液体为橙黄色，可能是由于混有少量溴，溴是由硫酸氧化溴化氢而产生的。

(2) 反应后的粗产物中含有未反应的正丁醇及副产物正丁醚等。用浓硫酸洗涤可除去这些杂质。因为醇、醚能与浓 H_2SO_4 作用生成锌盐而溶于浓 H_2SO_4 中，而正溴丁烷不溶。

(3) 本实验最后一步，蒸馏前用折叠滤纸过滤，在滤纸上沾了些产物，建议不用折叠滤纸，而在小漏斗上放一小团棉花，这样简单方便，而且可以减少损失。

九、思考题

(1) 加料时，是否可以先使溴化钠与浓硫酸混合，然后加正丁醇及水？为什么？

答：不能。因为如果这样加，还没加正丁醇已经有大量的溴化氢气体生成。另外，没有正丁醇和水的稀释，浓硫酸的氧化性很强，会将溴化钠氧化成溴。

(2) 反应后的粗产物可能含有哪些杂质？如何除去？

答：反应后的粗产物可能含有的杂质有：少量未反应的正丁醇及副产物正丁醚、1-丁烯、2-丁烯。可以用浓硫酸洗涤除去。

(3) 用分液漏斗洗涤产物时，正溴丁烷时而在上层时而在下层，在不知道产物密度的情况下可用什么方法来判别？

答：将一滴水滴入分液漏斗，若上层为水层，则水滴在上层消失；若有机层在上层，则水滴穿过上层，在下层消失。

(4) 分液漏斗洗涤产物时为什么摇动后要及时放气？应如何操作？

答：分液漏斗洗涤产物时，经摇动后会产生一定的蒸气压或反应生成的气体。漏斗应倾斜向上，朝向无人处。

(5) 用无水氯化钙干燥脱水，重蒸馏时为什么要先除去氯化钙？

答：无水氯化钙的吸水原因是生成了结晶水，加热条件下，结晶水会失去，回到正丁醇中，就失去了干燥的意义。

除性质实验、合成实验之外，还有分离纯化实验、常数测定实验、天然产物提取实验、对映异构体拆分实验、动力学研究实验等，其实验报告的格式可以参照合成实验报告的格式填写。但凡是没有化学反应的实验(如天然产物提取实验)，可将“反应式”一栏改为“实验原理”；凡是没有产率可以计算的实验(如熔点测定实验)，则将“产率计算”一栏删去。

无论是何种格式的实验报告，填写的共同要求是：

(1) 条理清楚。

(2) 详略得当。陈述清楚，不烦琐。

(3) 语言准确。除讨论栏外，尽量不使用“如果”“可能”等模棱两可的词语。

(4) 数据完整。重要的操作步骤、现象和实验数据不能漏掉。

(5) 实验装置图应避免概念性错误。

(6) 讨论栏可写实验体会、成功经验、失败教训、改进的设想等。

(7) 真实。无论装置图或操作步骤，如果自己使用的或做得与书上不同，按实际操作的步骤记载，不要照搬书上的，更不可伪造实验现象和数据。

1.8　有机化学文献简介

化学文献是有关化学方面的科学研究、生产发展状况的记录和总结。查阅文献是科学研究的一个重要方面。通过文献的查阅，可以了解某个研究课题的历史情况、目前国内外的研究水平及发展动态和方向，同时也可增长知识、丰富思路。化学文献主要有工具书、专业参考书、期刊等。现将几种常用的工具书和专业参考书简单介绍如下。

1.8.1　工具书

1. *CRC Handbook of Chemistry and Physics*

这是一本英文的化学和物理手册，每隔一两年再版一次。1990 年出版第 71 版。内容分六个方面：①数学用表；②元素和无机化合物；③有机化合物；④普通化学；⑤一般物理常数；⑥其他。

在“有机化合物”这一部分中列出了许多常见有机化合物的沸点、熔点、溶解度和密度等。它是按照有机化合物的英文名称的字母顺序排列的。如果已知化合物的英文名称，则可直接由名称查到这个化合物的常数和在书中的位置。如果不知道化合物的英文名称，可查分子式索引。

2. *Lange's Handbook of Chemistry*

1934 年首次出版，目前国内一般图书馆、资料室有的最新版是 1985 年出的第 13 版，此书给出大量的化学方面的数据。

3. *Dictionary of Organic Compounds*

初版共三卷，于 1934～1937 年出版，1953 年出第三版分四卷，由 Heilbron 主编，内容为有机化合物的组成、分子式、结构式、性状、物理常数、化学性质及其衍生物等，并列出了制备这些化合物的主要文献资料。

4. 《实用化学手册》

该手册由张向宁等编，国防工业出版社 1986 年出版。第三章介绍了有机化合物的命名原则，并列出了 1200 多个常见有机化合物的理化性质，是一本内容比较实用、资料比较准确的工具书。

1.8.2 专业参考书

1. *Organic Synthesis*

该书最初由 R. Adams 和 H. Gilman 主编，后由 A. H. Blatt 主编，于 1921 年开始出版，每年一卷，每十卷有合订本，1990 年已出合订本第Ⅶ卷。卷末附有分子式、反应类型、化合物类型、主题等索引。目前已出版了合订本Ⅰ～Ⅴ卷的累积索引。

该书主要介绍各种有机化合物的制备方法。也介绍了一些有用的无机试剂的制备方法。书中实验步骤叙述得非常详细，并有附注介绍作者的经验及注意点。书中每个实验步骤都经过其他人的校对，因此内容成熟可靠，是有机合成的优秀参考书。

2. *Reagents for Organic Synthesis*

这是一本介绍有机合成试剂的全书，书中收集面很广。第一卷于 1967 年出版，其中将 1966 年以前的著名有机试剂都做了介绍。以后每隔两年左右出一卷。1990 年出第 15 卷。该书对入选的每种试剂都介绍了化学结构、相对分子质量、物理常数、制备和纯化方法、合成的应用等，并给出了主要原始资料以供读者进一步查阅。

3. *Vogel's Textbook of Practical Organic Chemistry*

该书的最新版是 1989 年出的第五版，由 A. R. Tatchell 主编。这是一本较完备的实验教科书。主要内容有实验操作技术、有机反应基本原理、实验操作步骤、有机物光谱分析、有机定性分析等。很多常见有机物的合成方法都可在这里找到，并且实验步骤也较成熟。该书末尾附有人名反应及反应类型索引、化合物名称索引和普通索引可供查阅使用。

第 2 章　有机化合物的物理性质及其结构测定

2.1　熔点的测定及温度计的校正

熔点：固体有机化合物固、液两态在大气压力下达成平衡的温度。纯净的固体有机化合物一般都有固定的熔点，固、液两态之间的变化是非常敏锐的，自初熔至全熔(称为熔程)温度变化范围为 0.5～1 ℃。

初熔温度：晶体的尖角和棱边变圆时的温度(或观察到有少量液体出现时的温度)。

全熔温度：晶体刚好全部熔化时的温度。

加热纯有机化合物，当温度接近其熔点范围时，升温速度随时间变化约为恒定值，化合物温度不到熔点时以固相存在，加热使温度上升，达到熔点。开始有少量液体出现，而后固、液相平衡。继续加热，温度不再变化，此时加热所提供的热量使固相不断转变为液相，两相间仍为平衡，最后的固体熔化后，继续加热则温度线性上升。因此，在接近熔点时，加热速度一定要慢，每分钟温度升高不能超过 2 ℃，这样才能使整个熔化过程尽可能接近两相平衡条件，测得的熔点也更精确。

当化合物含杂质时(假定两者不形成固溶体)，根据拉乌尔定律可知，在一定的压力和温度条件下，在溶剂中增加溶质，则溶剂蒸气分压降低，固、液两相交点即代表含有杂质化合物达到熔点时的固、液相平衡共存点，含杂质时的熔点较纯化合物时的低。

混合熔点：在鉴定某未知物时，如测得其熔点和某已知物的熔点相同或相近时，不能认为它们为同一物质。还需把它们混合，测该混合物的熔点，若熔点仍不变，才能认为它们为同一物质。若混合物熔点降低，熔程增大，则说明它们属于不同的物质。混合熔点实验是检验两种熔点相同或相近的有机化合物是否为同一物质的最简便方法。多数有机化合物的熔点都在 400 ℃以下，较易测定。但也有一些有机化合物在其熔化以前就发生分解，只能测得其分解点。

2.1.1　熔点测定装置

1. 提勒管

提勒(Thiele)管又称 b 形管，如图 2-1 所示。管口装有开口软木塞，温度计插入其中，刻度应面向木塞开口，其水银球位于 b 形管上下两叉管口之间，装好样品的熔点管，用少许浴液将其黏附于温度计下端，使样品的部分置于水银球侧面中部。b 形管中装入加热液体(浴液)，高度达上叉管处即可。在图 2-1(b)所示的部位加热，受热的浴液沿管做上升运动，从而促成了整个 b 形管内浴液呈对流循环，使得温度较均匀。

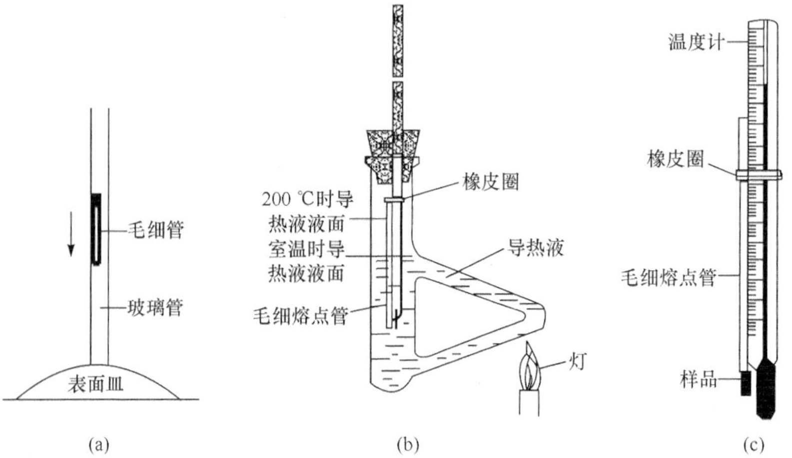

图 2-1　提勒管法测定熔点

2. 显微熔点测定仪

显微熔点测定仪示意图如图 2-2 所示，基本流程为：取一片用蘸有乙醇的脱脂棉擦拭干净的载玻片。取适量(不大于 1 mg)烘干的待测物放在载玻片上并使其分布薄而均匀，盖上一片干净的盖玻片，轻轻压实，然后放置在热台中心。调节调焦手轮，直至能清晰地看到待测物的像为止。打开电源开关，调压测温仪显示出热台即时的温度值。根据待测物熔点的温度值，控制调温手钮 1 或 2(1 为升温电压宽量调整，2 为升温电压窄量调整)。当温度接近待测物熔点温度 40 ℃左右时，降低升温速度。当温度接近待测物熔点值 10 ℃左右时，调整调温手钮控制升温速度约每分钟 1 ℃。记录初熔和全熔时的温度值，完成一次测试。如需重复测试，只需将散热器放在热台上，电压调为零或切断电源，使温度降至熔点值以下 40 ℃，即可开始测试操作。

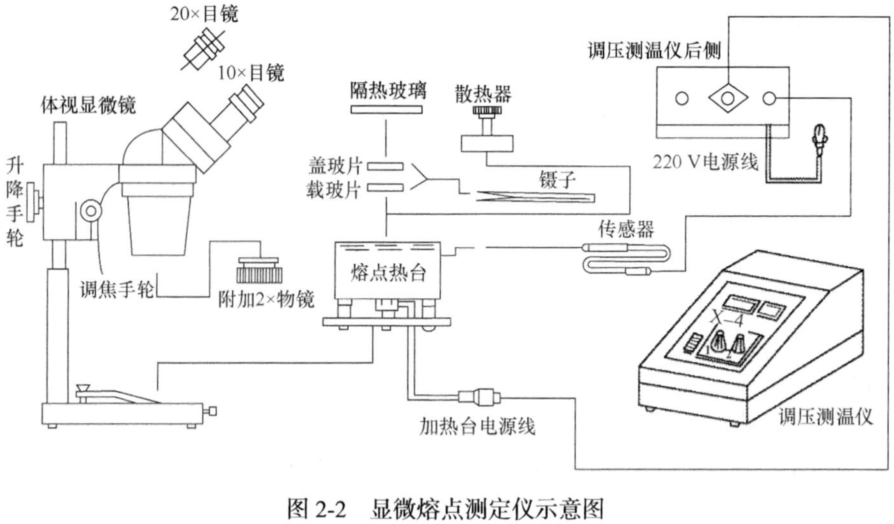

图 2-2　显微熔点测定仪示意图

2.1.2　温度计校正

测熔点时，温度计上的熔点读数与真实熔点之间常有一定的偏差，这可能由以下原因引起。首先，温度计的制作质量差，如毛细孔径不均匀，刻度不准确。其次，温度计有全浸式和半浸式两种，全浸式温度计的刻度是在温度计汞线全部均匀受热的情况下刻出来的，而测熔点时仅有部分汞线受热，因而露出的汞线温度较全部受热者低。为了校正温度计，可选用纯有机化合物的熔点作为标准或选用标准温度计校正(图 2-3)。

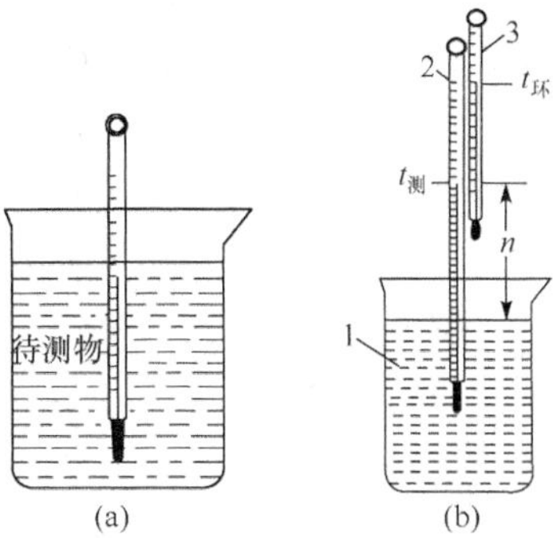

图 2-3　全浸式温度计(a)与温度计露茎校正(b)

1.被测液；2. 测量温度计；3. 辅助温度计；$t_{测}$：测量温度计读数；$t_{环}$：辅助温度计读数；n：露茎高度

选择数种已知熔点的纯化合物为标准，测定它们的熔点，以观察到的熔点作纵坐标，测得熔点与已知熔点差值作横坐标，画成曲线，即可从曲线上读出任一温度的校正值。

校正公式：

$$\Delta t_{露茎} = Kn(t_{测} - t_{环})$$

式中，$K = 0.000157$，为水银对玻璃的相对膨胀系数。

$$t_{校} = t_{测} + \Delta t_{露茎}$$

2.2　沸点的测定

由于分子运动，液体分子有从表面逸出的倾向，而这种倾向常随温度的升高而增大。如果把液体置于密闭的真空体系中，液体分子连续不断地逸出而在液面上形成蒸气，最后分子由液相逸出的速度与分子由气相回到液相的速度相等，亦即使蒸气保持一定的压力，此时液面上的蒸气达到饱和，称为饱和蒸气，它对液面所施的压力称为饱和蒸气压。实验证明，液体的蒸气压只与温度有关，即液体在一定温度下具有一定的蒸气压。这压力是指液体与它的蒸气平衡时的压力，与体系中存在的液体和蒸气的绝对量无关。

当液态物质受热时，蒸气压增大。当液体的蒸气压增大到与外界液面的总压力(通常是大气压)相等时，开始有气泡不断从液体内部逸出，即液体沸腾，这时的温度称为该液体的沸点。显然，液体的沸点与外界压力的大小有关。通常所说的沸点，是指在 760 mmHg(=1 atm)的压力下液体沸腾时的温度。因此，在说明液体沸点时应注明压力。例如，水的沸点为 100 ℃，是指在 760 mmHg 的压力下水在 100 ℃时沸腾。在其他压力下的沸点应注明压力，如在 50 mmHg 时，水在 92.5 ℃沸腾，这时水的沸点可表示为 92.5 ℃/50 mmHg。

沸点的测定有常量法和微量法两种。若液体不纯，则沸程较宽。因此，不管用哪种方法测定沸点，测定之前必须设法对液体进行纯化。

常量法测定沸点使用蒸馏装置，操作也与简单蒸馏相同。微量法测定沸点见实验 45。

测定时，先在沸点外管内加几滴待测液，将沸点内管倒插，做好一切准备后开始加热提勒管(图 2-1)。由于沸点内管中气体受热膨胀，很快有小气泡缓缓地从液体中逸出。气泡由缓缓逸出变成快速且连续不断地往外冒，此时立即停止加热，让溶液自行冷却，随着温度的降低，气泡逸出的速度也明显减慢。当看到气泡不再冒出而液体刚要进入沸点内管(外液面与内液面等高)的一瞬间(或者观察最后一个气泡出现而刚欲缩回至内管的瞬间)，立即记下此时的温度。两液面相平，说明沸点内管中的蒸气压与外界压力相等，这时的温度即为该液体的沸点。微量法测定应注意以下几点：

(1) 加热不能过快，被测液体不宜太少，以防液体全部气化，不易观察。

(2) 沸点内管中的空气要尽量赶干净。正式测定前，让沸点内管中有大量气泡冒出，以此带出空气。

(3) 观察要仔细及时。重复几次，误差不超过 1 ℃。

2.3　液体化合物折光率的测定

光线从一种介质进入另一种介质时光的传播方向会发生改变，这种现象称为光的折射，如图 2-4 所示。引起光的折射的原因是光在不同介质中的传播速度不同。

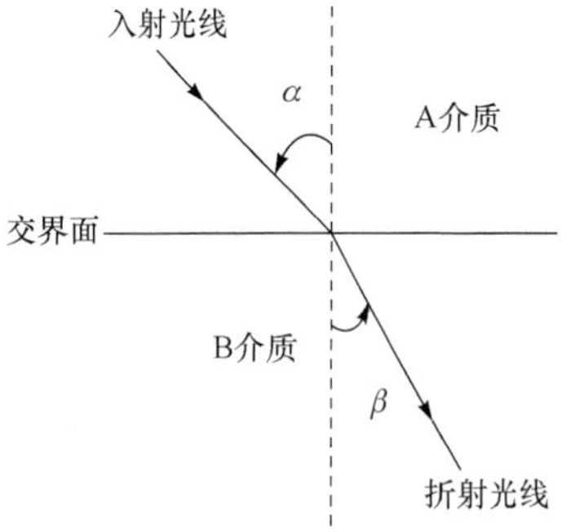

图 2-4　光的折射

光在空气中的传播速度与它在液体中的传播速度之比称为该液体的折光率。根据光的折射定律，液体的折光率等于入射角与折射角的正弦之比。

$$n_{\lambda}^{t} = \upsilon_{空} / \upsilon_{液} = \sin\alpha / \sin\beta$$

折光率是有机化合物的特性常数，固体、液体和气体都有折光率。通过测定折光率可以确定有机化合物的纯度及溶液的组成，也可用于未知物的鉴定。

折光率随入射光的波长λ、测定时的温度 t、物质的结构等因素而变化，通常温度每升高 1 ℃，液态化合物折光率降低$(3.5\sim5.5)\times10^{-4}$。因此，表示物质的折光率时必须标明所用光线的波长和测定温度，当λ和 t 一定时，折光率是一个常数，常用 n_{D}^{t} 表示，D 表示钠光。

2.4　旋光度的测定

平面偏振光通过含有某些光学活性化合物的液体或溶液时，能引起旋光现象，使偏振光向左或向右旋转。旋转的度数称为旋光度。使偏振光向右旋转者(顺时针方向)为右旋，以“+”或“l”符号表示；使偏振光向左旋转者(逆时针方向)为左旋，以“−”或“d”符号表示。

在一定波长与温度下，偏振光透过 1 mL 含有 1 g 旋光性物质的溶液且光路长为 1 dm 时，测得的旋光度称为比旋光度[α]。比旋光度是物质的特性常数之一。因此，可以通过测定旋光度鉴定旋光性物质的纯度和含量，也可与其他方法结合起来确定未知物是何种物质。

空间上不能重叠，互为镜像关系的立体异构体称为对映体。手性物质的对映异构体之间，除了使平面偏振光发生偏转的角度相同而方向相反之外，在非手性环境中的理化性质相同。生物大分子如酶、生物受体等通常为手性物质，总是表现出对一种对映体的立体选择性，因此对映体在药理学与毒理学方面有差异。来源于自然界的物质，如氨基酸、蛋白质、生物碱、抗体、糖苷、糖等，大多以对映体的形式存在。外消旋体一般由等量的对映异构体构成，旋光度净值为零，其物理性质也可能与其对映体不同。

最常用的光源是钠灯在可见光区的 D 线(589.3 nm)，但也使用较短的波长，如光电偏振计使用滤光片得到汞灯波长为 578 nm、546 nm、436 nm、405 nm 和 365 nm 处的最大透射率的单色光，其具有更高的灵敏度，可降低被测化合物的浓度。还有一些其他光源，如带有适当滤光器的氙灯或卤钨灯。

除另有规定外，本法采用钠光谱的 D 线(589.3 nm)测定旋光度，测定管长度为 1 dm(如使用其他管长，应进行换算)，测定温度为 20 ℃，用读数至 0.01°并经过检定的旋光计。

旋光度测定一般应在溶液配制后 30 min 内进行测定。测定旋光度时，将测定管用供试液体或溶液(取固体供试品，按各品种项下的方法制成)冲洗数次，缓缓注入供试液体或溶液适量(注意勿产生气泡)，置于旋光计内检测读数，即得供试液的旋光度。用同法读取旋光度 3 次，取 3 次的平均数，照下列公式计算，即得供试品的比旋光度。

溶液的比旋光度与旋光度的关系为

$$[\alpha]_{\mathrm{D}}^{t}=\frac{\alpha}{\rho\times L}$$

式中，$[\alpha]_{\mathrm{D}}^{t}$ 为比旋光度；t 为测定时的温度，℃；D 表示钠光(波长 λ=589.3 nm)；α为测得的旋光度；ρ为溶液的质量浓度，g/mL；L 为旋光管的长度，dm。

如果被测定的旋光性物质为纯液体，可直接装入样品管中进行测定，这时比旋光度可由下式求出：

$$[\alpha]_{\mathrm{D}}^{t}=\frac{\alpha}{d\times L}$$

旋光计的检定可用标准石英旋光管进行，读数误差应符合规定。

测定手性化合物旋光度的仪器称为旋光仪。目前使用的旋光仪有两种类型，一种是目测的，另一种是数显的。目测旋光仪的基本结构如图 2-5 所示。

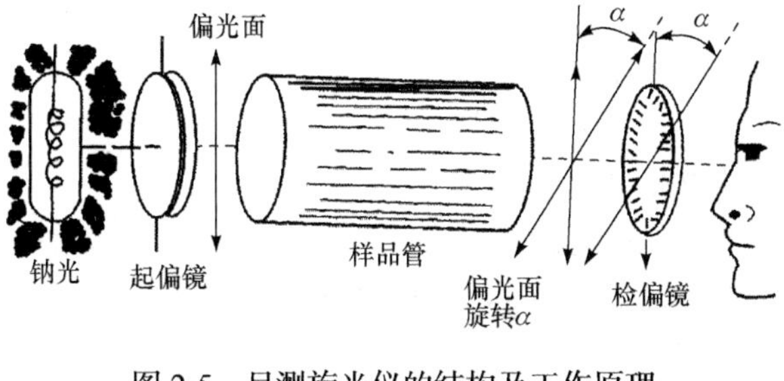

图 2-5　目测旋光仪的结构及工作原理

1. 旋光度的测定

1) 预热

开始测量前，将电源开关推到“开”的位置，预热 5～10 min，直至钠光灯充分受热。

2) 校正旋光仪零点

在测定样品前，必须先校正旋光仪零点。先将旋光管洗净，装上蒸馏水，使液面凸出管口，将玻璃盖沿管口边缘轻轻平推盖好，不能带入气泡。然后旋上螺丝帽盖，使其不漏水。但注意不可旋得过紧，以免玻璃盖产生扭力而影响读数准确性。将已装好蒸馏水的旋光管擦干，放入旋光仪内，罩上盖子。将标尺盘调到零点左右，调节手轮使视场亮度达到一致，此时读数应为零。由于使用者对其感觉不一，此读数可能为某一数值(初读数)，记下读数。重复操作至少 5 次，取其平均值即为零点。若零点相差太大，应重新校正。

3) 测定旋光度

取准确配制的 10%葡萄糖溶液，按上述方法装入已洗净的旋光管中(先用蒸馏水洗干净，再用待测溶液洗涤几次)。把旋光管放入旋光仪中，转动手轮，使三部分亮度不同的视场重新调至亮度一致为止(图 2-6)，记下读数。这时所得的读数与零点(初读数)之间的差值即为该溶液的旋光度。再记下旋光管的长度及溶液的浓度，然后按公式计算其比旋光度。

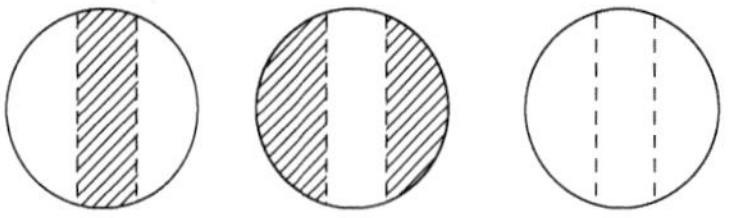

(a)　　(b)　　(c)

图 2-6　三分视场

取未知浓度的葡萄糖溶液，按同样的方法测定旋光度，然后利用前面求出的比旋光度计算溶液的浓度。

2. 注意事项

(1) 每次测定前应以溶剂作空白校正，测定后再校正一次，以确定在测定时零点有无变动；如第二次校正时发现旋光度差值超过±0.01，表明零点有变动，则应重新测定旋光度。

(2) 配制溶液及测定旋光度时，均应调节温度至(20±0.5) ℃(或各品种项下规定的温度)。

(3) 供试液体或固体物质的溶液应充分溶解，若显浑浊或含有混悬的小颗粒时，应预先过滤，确保供试液澄清。

(4) 物质的旋光度与测定光源、测定波长、溶剂、浓度和温度等因素有关。因此，表示物质的旋光度时应注明测定条件。

(5) 若已知供试液具有外消旋作用或旋光转化现象，则应采取相应措施，对样品制备的时间及将溶液装入旋光管的间隔测定时间进行规定。

2.5　红 外 光 谱

通常红外光谱(infrared spectroscopy，IR)是指波长为 2.5～25 μm(中红外区)的吸收光谱，这段波长范围反映出分子中原子间的振动和变角运动。分子在振动的同时还会发生转动，虽然分子的转动所涉及的能量变化较小，位于远红外区域，但转动影响振动的偶极矩变化,因而在红外光谱区实际测得的谱图是分子的振动与转动的加和表现。当一束具有连续波长的红外光通过物质，物质分子中某个基团的振动频率或转动频率与红外光的频率一样时，分子就吸收能量由原来的基态振(转)动能级跃迁到能量较高的振(转)动能级。分子吸收红外辐射后发生振动和转动能级的跃迁，该处波长的光就被物质吸收，因此红外光谱也称为红外吸收光谱。

红外光谱可用于化合物分子结构的测定、未知物鉴定及混合物成分分析。

红外光通常分为三个区域：中红外区、近红外区和远红外区，如表 2-1 所示。

表 2-1　红外光波谱区划分

波谱区	近红外光	中红外光	远红外光
波长/μm	0.75～2.5	2.5～25	25～1000
波数/ cm^{-1}	13333～4000	4000～200	200～10
跃迁类型	分子振动		分子转动

近红外区：O—H、N—H 和 C—H 键的倍频吸收或组频吸收所在，吸收强度一般比较弱；中红外区：绝大多数有机化合物和无机化合物的基频吸收所在，主要是振动能级的跃迁；远红外区：分子纯转动能级跃迁及晶体的晶格振动所在。

波数(ν)单位是 cm^{-1}。波长和波数的关系是

$$\nu=10^4/\lambda$$

2.5.1　红外光谱定性分析——透射光谱法

当用一定频率的红外光照射某物质时，若该物质的分子中某基团的振动频率与红外光频率相同，则此物质就能吸收这种红外光，使分子由振动基态跃迁到激发态；当不同频率的红外光通过测定分子时，就出现强弱不同的吸收现象。记录红外光的透光率与波数或波长关系的曲线就是红外光谱，它反映了分子的振动情况，是一种分子吸收光谱。红外光谱具有很高的特征性，每种化合物都具有特征的红外光谱，因此可以进行物质的定性(或结构)分析和定量分析。定性分析依据吸收峰的位置，定量分析依据朗伯-比尔定律。

产生红外光谱必须具备两个条件：一是辐射光子具有的能量与发生振动跃迁所需的跃迁能量相同；二是辐射与物质之间有偶合作用，分子的偶极矩发生变化。

分子官能团的特征吸收频率是红外光谱定性分析的依据。红外光谱吸收区域可简单分为以下几个部分：

(1) 3750～2500 cm^{-1} 区，此区为各类 A—H(包括 C—H、O—H、X—H)单键的伸缩振动区。3000 cm^{-1} 以上为不饱和碳的 C—H 键伸缩振动区，而 3000 cm^{-1} 以下为饱和碳的 C—H 键伸缩振动区。

(2) 2500～2000 cm^{-1} 区，是三键和累积双键的伸缩振动区，包括 C≡C、C═C═O 等基团及 X—H 基团的伸缩振动。

(3) 2000～1300 cm^{-1} 区，是双键伸缩振动区，C═O 键在此区有一强吸收峰，其位置按酸酐、酯、醛、酮、酰胺等不同而异。在 1650～1550 cm^{-1} 处还有 N—H 键的弯曲振动吸收峰。

(4) 1300～1000 cm^{-1} 区，包括 C—C、C—O、C—N、C—F 等单键的伸缩振动和 C═S、S═O、P═O 等双键的伸缩振动。此区反映结构的微小变化十分灵敏。

(5) 1000～667 cm^{-1} 区，包括 C—H 键的弯曲振动。此区在鉴别链的长短、烯烃双键取代强度、构型及环取代基位置等方面可提供有用的信息。

常见官能团的红外光谱吸收峰特征列于表 2-2。

表 2-2　常见官能团的红外光谱吸收峰特征

基团	振动形式	吸收峰位置/cm^{-1}	强度
饱和烃基			
—CH_3	υ_{as}(CH)	2692±10	s
	υ_{s}(CH)	2872±10	s
	δ_{as}(CH)	1450±10	m
	δ_{s}(CH)	1380～1370	s
—CH_2—	υ_{as}(CH)	2926±5	s
	υ_{s}(CH)	2853±10	s
	δ(CH)	1465±20	m
—CH—	υ_{s}(CH)	2890±10	w
	δ_{as}(CH)	～1340	w
—$(CH_2)_n$—	δ_{as}(CH)	～720	w
苯			
C═C	υ_{as}(CH)	1650～1450	m～s
═C—H	υ_{as}(CH)	3100～3000	m
苯(邻接六个 H)	δ(CH)	675	s
一取代苯(邻接五个 H)	δ(CH)	770～730	s
		710～690	s
邻二取代苯(邻接四个 H)	δ(CH)	770～730	s
对二取代苯(邻接两个 H)	δ(CH)	860～800	s
间二取代苯(邻接三个 H)	δ(CH)	810～750	s
		725～680	m
五取代苯(孤 H)	δ(CH)	870	s
1,3,5-三取代苯(孤 H)	δ(CH)	865～810	s
		730～675	s

续表

基团	振动形式	吸收峰位置/cm^{-1}	强度
		醚	
R—O—R′	υ_{as}(C—O—C)	1210～1050	s(不特征)
Ar—O—R	υ_{as}(C—O—C)	1300～1200	s(不特征)
Ar—OCH_3	$\upsilon_s(CH_3)$	2850	s(宽)
		不饱和烃	
C═C	C—H 伸缩振动	1650～1640	
RCH═CH_2	═C—H 弯曲振动	990 和 910	
RCH═CHR(顺式)	═C—H 弯曲振动	730～675	
RCH═CHR(反式)	═C—H 弯曲振动	970～960	
R_2C═CH_2	═C—H 弯曲振动	880	
R_2C═CHR	═C—H 弯曲振动	840～800	
	伸缩振动	2250～2100	
	伸缩振动	3300	
		羟基	
OH	υ(OH)(游离)	3600	m(尖)
	υ(OH)(缔合)	3300	s(宽)
C—OH(伯醇)	υ(C—O)	1050	s(宽)
C—OH(仲醇)	υ(C—O)	1100	s(宽)
C—OH(叔醇)	υ(C—O)	1150	s(宽)
C—OH(酚)	υ(C—O)	1200～1300	s(宽)
		羰基	
酮(RCOR)	υ(C═O)	1720～1715	vs(很特征)
醛(RCHO)	υ(C═O)	1740～1720	s
	υ(CH)	2900～2700	w(一般两个峰)
酯(COOR)	υ(C═O)	1750～1735	s
	υ(C—O—C)	1300～1000	s(一般两个峰)
		羧基	
羧酸(RCOOH)	υ(C═O)	1720～1715	vs(很特征)
	υ(O—H)	3300～2500	m(峰很宽，特征)
	δ(O—H)	955～915	较特征

2.5.2　漫反射法对固体粉末样品的定性分析

红外漫反射法是适用于粉末、纤维、泡沫、塑料等固态样品的红外光谱方法。

1. 漫反射原理和装置

当光照射到疏松的固态样品表面时，除一部分入射光被样品表面立即反射(称为镜反射光)之外，其余的入射光或者在样品表面产生漫反射，或者在样品微粒之间转反射逐渐衰减，或者产生穿入内层后再折回的散射。这些接触样品微粒表面后被漫反射或散射出来的光具有吸收-衰减特性，这就是漫反射产生光谱的基本原因。漫反射装置的作用就是最大强度地把这些漫反射、散射出来的光收聚起来送入检测器，得到具有良好信噪比的光谱信号。因此，漫反射光谱是一种非常复杂的叠合信息，它包括样品表面的漫反射和反射、样品内层的散射及由散射效应引起的更复杂的信息。

漫反射装置有多种形式，典型的光路如图 2-7 所示。360 型红外光谱仪的漫反射附件结构如图 2-8 所示。

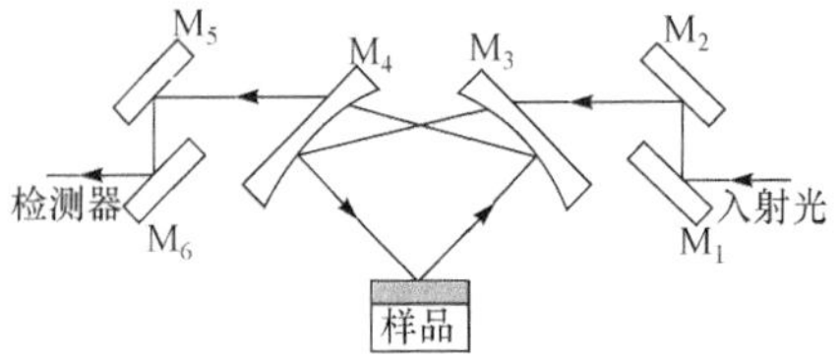

图 2-7　典型的漫反射光路图

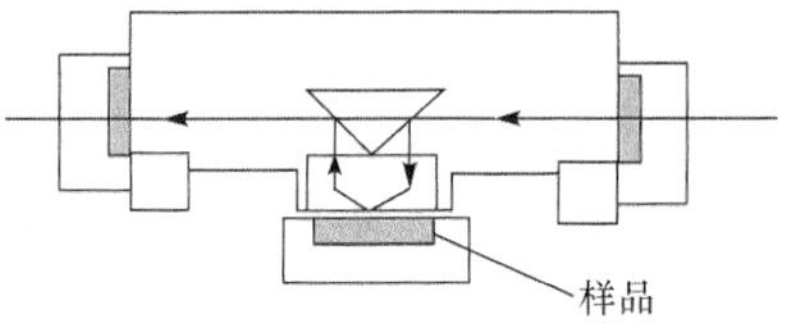

图 2-8　红外光谱仪漫反射附件结构示意图

2. 样品制备

由于漫反射法是测定固体样品的散射信息，所以固体样品制样、测谱的一些基本原则也都适用于漫反射法。漫反射的空白光谱一般采用溴化钾或氯化钾细粉末样品。通常，必须先测量和保存背景光谱，然后测量样品的光谱，最后再处理和扣除背景，得出样品的光谱。

漫反射光谱制样要求固体粒度在 10 μm 以下，如果粒度大，镜反射光多，漫反射光少，则吸收峰强度下降，半宽增加，这与压片法制样的红外光谱有明显差异。因此，样品的粒度对漫反射光谱非常重要。

漫反射光谱除受粒度影响外，还受颜色影响。深色样品因强烈吸收入射光，故散射光较少，使谱图吸收峰模糊不清，质量下降。但用傅里叶变换红外光谱仪(FTIR)可方便地测得纤维、泡沫、塑料等样品的光谱。漫反射附件装好后，它的样品处理比压片法简便，成功率高。

2.5.3　多次衰减全反射法对液体样品的定性分析

多次衰减全反射法应用很广，为许多无法进行红外常规分析的样品(如织物、橡胶、涂料、纤维、纸张、塑料等)提供了独特的制样、测谱技术，此法在高分子材料鉴定、有机材料表面研究中尤为重要。

多次衰减全反射是一种入射光多次透入样品层的结构，其光路及仪器附件构造分别如图 2-9 和图 2-10 所示。

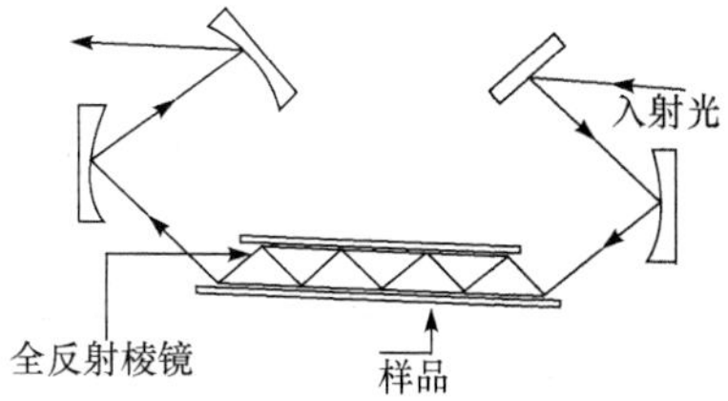

图 2-9　多次衰减全反射光路图

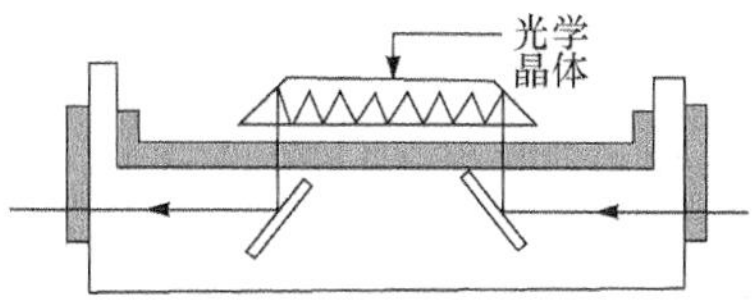

图 2-10　360 型傅里叶变换红外光谱多次衰减全反射附件构造示意图

入射在样品表面的光产生全反射时，并非在样品表面立即产生反射，而是进入样品内部一段距离(称为穿透深度)后，再返回样品表面，然后再反射出去，其穿透深度为

$$d_p=\frac{\lambda_1}{2\pi(\sin^2\theta-n_{21}^2)^{1/2}}$$

式中，λ_1 为光在全反射棱镜材料中的波长，它与入射光波长λ的关系是$\lambda_1=\lambda/n_1$；n_1 为全反射棱镜材料的折光率：θ为入射角(必须大于临界角)；n_{21} 为样品折光率 n_2 与 n_1 之比，即 $n_{21}=n_2/n_1$；d_p 为光透入样品的垂直深度，称为穿透深度。

入射光进入全反射棱镜(常用溴化铊-碘化铊混晶或硒化锌材料制成)，样品与全反射棱镜紧密贴合。

当入射角大于临界角时，入射光在透入样品一定深度后，会折回射入全反射棱镜中，多次反射，多次进入样品。进入样品的光，在样品有吸收的频率范围内被样品吸收而强度衰减，在样品无吸收的频率范围内被全部反射。因此，对整个频率范围而言，由于样品的选择性吸收，衰减全反射中的入射光能被部分衰减，除穿透深度外，其衰减程度与样品的吸收系数有关，还与多次全反射的光接触样品的次数有关。这种衰减程度在全反射光谱上就是它的吸收强度。

当仪器扫描时，不同波长的光就有不同的穿透深度。波长短的光，λ_1 值小，穿透深度 d_p 就小，吸收弱；而波长长的光，λ_1 值大，穿透深度 d_p 就大，吸收强。这就是全反射光谱的吸收强度分布的依据。

多次衰减全反射法的光谱强度取决于穿透深度、反射次数、样品与棱镜的紧密贴合情况及样品本身吸收的大小，而与样品用量无关。

2.6　紫外-可见吸收光谱

紫外-可见吸收光谱(ultraviolet and visible spectrometry，UV-Vis)是利用物质中的分子或离子对紫外和可见光的吸收所产生的紫外-可见光谱及吸收程度对物质的组成、含量和结构进行分析、测定、推断的分析方法。紫外-可见吸收光谱可进行定量分析，也可利用吸收峰的特性进行定性分析和简单的结构分析，还可测定一些平衡常数、配合物配位比等，可用于无机化合物和有机化合物的分析，对于常量、微量、多组分都可测定。

2.6.1　紫外-可见吸收光谱图

将不同波长的光透过某一固定浓度和厚度的待测溶液，测量每一波长下待测溶液对光的吸收程度(吸光度)，然后以波长为横坐标，以吸光度为纵坐标作图，可得一曲线。曲线描述了物质对不同波长的吸收能力，称为吸收曲线或吸收光谱(图 2-11)。

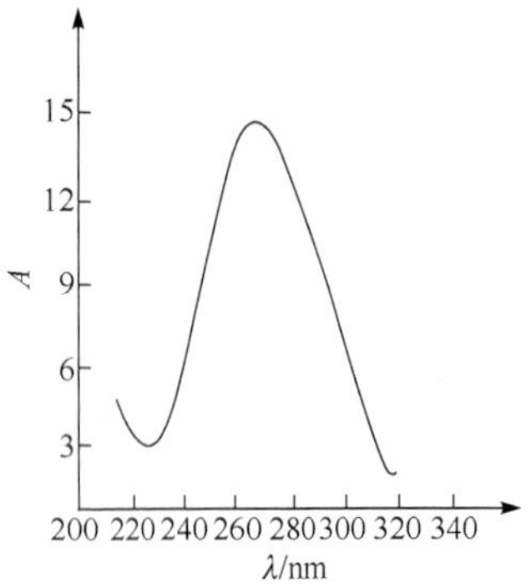

图 2-11　紫外-可见吸收光谱示意图

(1) 吸收峰的形状及所在位置：定性分析、结构测定的依据。

(2) 吸收峰的强度：定量分析的依据

$$A(\text{吸光度})=\varepsilon cL=-\lg(I/I_0)$$

式中，ε为摩尔吸光系数，L/(cm · mol)；c 为吸光物质浓度，mol/L；L 为吸收层厚度，cm。

ε在数值上等于 1 mol/L 的吸光物质在 1 cm 光程中的吸光度，$\varepsilon=A/cL$，与入射光波长、溶液的性质及温度有关。

2.6.2　价电子跃迁类型

紫外-可见吸收光谱是由分子中价电能级跃迁产生的，这种吸收光谱取决于价电子的性质。电子跃迁能级示意图如图 2-12 所示。

电子类型：

- 形成单键的σ电子：C—H、C—C
- 形成双键的π电子：C═C、C═O
- 未共用电子对n电子：C═O

分子轨道有σ、σ^*、π、π^*、n，能量高低为$\sigma<\pi<n<\pi^*<\sigma^*$。主要有四种跃迁类型，跃迁所需能量为：$\sigma\rightarrow\sigma^*>n\rightarrow\sigma^*\geqslant\pi\rightarrow\pi^*>n\rightarrow\pi^*$。

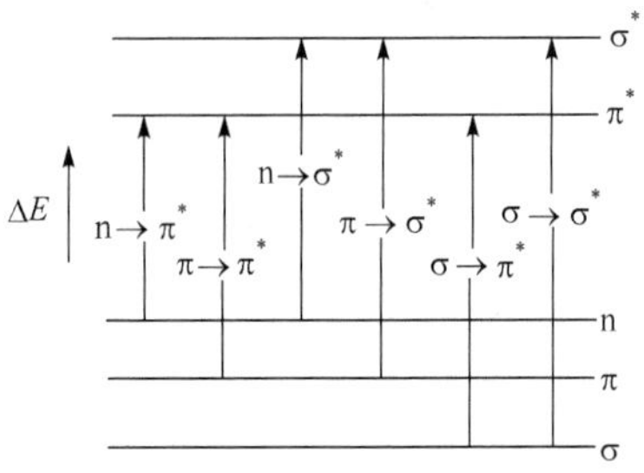

图 2-12　电子跃迁能级示意图

1. $\sigma\rightarrow\sigma^*$跃迁

$\sigma\rightarrow\sigma^*$跃迁是成键轨道σ电子跃迁到反键轨道$\sigma^*$所产生的跃迁。

$\sigma\rightarrow\sigma^*$跃迁所需能量很大，相当于远紫外的辐射能，<200 nm。

饱和烃只能发生$\sigma\rightarrow\sigma^*$跃迁。例如，$CH_4$ 的λ_{max}=125 nm；C_2H_6 的λ_{max}=135 nm。

常用饱和烃类化合物作为紫外-可见吸收光谱分析的溶剂。

2. $n\rightarrow\sigma^*$跃迁

$n\rightarrow\sigma^*$跃迁是未共用电子对 n 电子跃迁到反键轨道σ^*所产生的跃迁。这类跃迁所需能量比$\sigma\rightarrow\sigma^*$跃迁小，200 nm 左右(150～250 nm)。

吸收强度较小，ε为 10^2～10^3 L/(cm · mol)，中吸收。

含有未共用电子对的杂原子(N、O、S、X)的饱和化合物发生 $n\rightarrow\sigma^*$跃迁，如含—NH_2、—OH、—X。例如，CH_3OH 的λ_{max}=184 nm；CH_3Br 的λ_{max}=204 nm。

3. $\pi\rightarrow\pi^*$跃迁

$\pi\rightarrow\pi^*$跃迁是π电子跃迁到反键轨道π^*所产生的跃迁。这类跃迁所需能量比$\sigma\rightarrow\sigma^*$跃迁小，若无共轭，与 $n\rightarrow\sigma^*$跃迁差不多，200 nm 左右。

吸收强度大，ε为 10^4～10^5 L/(cm · mol)，强吸收。

若有共轭体系，波长向长波方向移动，相当于 200～700 nm。

含不饱和键的化合物发生$\pi\rightarrow\pi^*$跃迁，如 C═O、C═C。

4. $n\rightarrow\pi^*$跃迁

$n\rightarrow\pi^*$跃迁是 n 电子跃迁到反键轨道π^*所产生的跃迁。这类跃迁所需能量较小，吸收峰在 200～400 nm。

吸收强度小，$\varepsilon<10^2$ L/(cm · mol)，弱吸收。

含杂原子的双键不饱和有机化合物发生 $n\rightarrow\pi^*$跃迁，如 C═S、O═N—、—N═N—。例如，丙酮的λ_{max}＝280 nm。

$n\rightarrow\pi^*$跃迁比$\pi\rightarrow\pi^*$跃迁所需能量小，吸收波长长。

常用的是$\pi\rightarrow\pi^*$跃迁和 $n\rightarrow\pi^*$跃迁，这两种跃迁都需要分子中有不饱和基团提供π轨道。

$\pi\rightarrow\pi^*$跃迁和 $n\rightarrow\pi^*$跃迁的比较如表 2-3 所示。

表 2-3　$\pi\rightarrow\pi^*$跃迁和 $n\rightarrow\pi^*$跃迁的比较

跃迁类型	$\pi\rightarrow\pi^*$	$n\rightarrow\pi^*$
吸收峰波长	与组成双键的原子种类基本无关	与组成双键的原子种类有关
吸收强度	强吸收，ε为 10^4～10^5L/(cm · mol)	弱吸收，$\varepsilon<10^2$ L/(cm · mol)
极性溶剂	向长波方向移动	向短波方向移动

2.6.3　几个基本概念

生色基：能在某一段光波内产生吸收的基团称为这一段波长的生色团或生色基。

助色基：当具有非键电子的原子或基团连在双键或共轭体系上时，会形成非键电子与π电子的共轭(p-π共轭)，从而使电子的活动范围增大，吸收向长波方向移动，颜色加深，这种效应称为助色效应。能产生助色效应的原子或原子团称为助色基。

红移现象：由于取代基或溶剂的影响，最大吸收峰向长波方向移动的现象称为红移现象。

蓝移现象：由于取代基或溶剂的影响，最大吸收峰向短波方向移动的现象称为蓝移现象。

增色效应：使ε值增加的效应称为增色效应。

减色效应：使ε值减少的效应称为减色效应。

1. 吸收带——吸收峰在吸收光谱上的波带位置

(1) R 吸收带：$n \to \pi^*$跃迁。

特点：①跃迁所需能量较小，吸收峰位于 200～400 nm；②吸收强度弱，$\varepsilon < 10^2$ L/(cm · mol)。

(2) K 吸收带：共轭双键中$\pi \to \pi^*$跃迁。

特点：①跃迁所需能量较 R 吸收带大，吸收峰位于 210～280 nm；②吸收强度强，$\varepsilon > 10^4$ L/(cm · mol)。

随着共轭体系的增长，K 吸收带向长波方向移动，210～700 nm，ε增大。

K 吸收带是共轭分子的特征吸收带，可用于判断共轭结构。

2. B 吸收带和 E 吸收带——苯环带

B 吸收带：有苯环必有 B 带，230～270 nm 有一系列吸收峰，为芳香族化合物的特征吸收峰(图 2-13)。

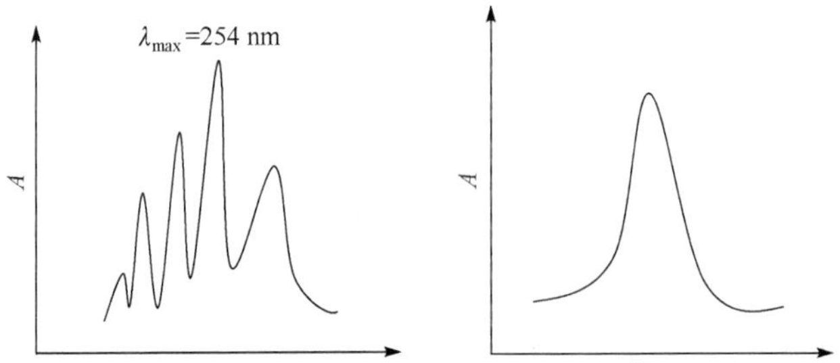

(a) 苯吸收曲线

(b) 苯环上有取代基并与苯环共轭精细结构消失，λ_{max}长移

图 2-13　苯环 B 吸收带

E 吸收带：$\pi \to \pi^*$跃迁。

E_1的λ=185 nm，强吸收，$\varepsilon > 10^4$ L/(cm · mol)；

E_2的λ=204 nm，较强吸收，$\varepsilon > 10^3$ L/(cm · mol)。

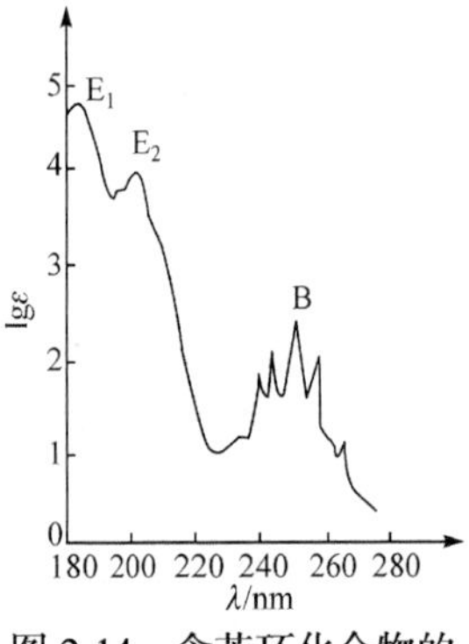

图 2-14　含苯环化合物的紫外光谱图

3. 精细结构

苯在λ=185 nm 和 204 nm 处有两个强吸收带，分别称为 E_1 和 E_2 吸收带，是由苯环结构中三个乙烯的环状共轭体系的跃迁产生的，是芳香族化合物的特征吸收(图 2-14)。

苯环上有发色团且与苯环共轭时，E 带与 K 带合并，向长波方向移动，形成 K-E 合并带。例如：

苯	λ_{max}/nm	ε/[L/(cm · mol)]
E_1	185	50000
E_2	204	7400
B	254	200

4. 小结

吸收带	能级	
R 带	$n\rightarrow\pi^*$弱吸收带	
K 带	$\pi\rightarrow\pi^*$强吸收带	共轭
B 带	$\pi\rightarrow\pi^*$中吸收带	苯环
E 带	$\pi\rightarrow\pi^*$强吸收带	苯环

2.6.4 有机化合物的紫外-可见吸收光谱

1. 饱和烃及其衍生物

饱和烃只有σ电子，产生$\sigma\rightarrow\sigma^*$跃迁，所需能量高，不产生紫外-可见吸收，在远紫外区。

饱和烃衍生物可产生 $n\rightarrow\sigma^*$跃迁，能量低于$\sigma\rightarrow\sigma^*$跃迁。

2. 不饱和烃及其共轭烯烃

孤立双键的化合物，双键和含杂原子的双键化合物产生$\pi\rightarrow\pi^*$、$n\rightarrow\pi^*$、$n\rightarrow\sigma^*$跃迁。

共轭双键的化合物，$\pi\rightarrow\pi^*$跃迁所需能量降低，吸收峰向长波方向移动，吸收强度增强。

3. 羰基化合物

羰基化合物含有 C═O，可产生 $n\rightarrow\sigma^*$、$n\rightarrow\pi^*$、$\pi\rightarrow\pi^*$跃迁。

醛、酮的 $n\rightarrow\pi^*$吸收带在 270～300 nm 附近，强度低，ε为 10～20 L/(cm · mol)，当醛、酮的羰基与双键共轭时，形成α, β-不饱和醛、酮，产生共轭，$n\rightarrow\pi^*$、$\pi\rightarrow\pi^*$跃迁的波长向长波方向移动。

羧酸羰基与双键共轭时，$n\rightarrow\pi^*$、$\pi\rightarrow\pi^*$跃迁的波长向长波方向移动。

共轭使π^*轨道能量降低。

4. 芳香族化合物

E 带和 B 带是芳香族化合物的特征吸收带$\pi\rightarrow\pi^*$跃迁。

当苯环上有羟基、氨基等取代基时，吸收峰红移，吸收强度增大，羟基、氨基等一些助色团至少有一对非键 n 电子，这样才能与苯环上的电子相互作用，产生助色作用。

取代基不同，变化程度不同，可由此鉴定各种取代基。例如：

芳香族化合物	λ_{max}/nm B 带	λ_{max}/nm E 带
苯	254	204
甲苯	262	208
苯酚	271	213
苯甲酸	272	230

2.6.5 影响紫外-可见吸收光谱的因素

1. 共轭效应——π-π共轭

中间有一个单键隔开的双键或三键，形成大π键。由于存在共轭双键，吸收峰向长波方向移动，吸收强度增加的效应称为共轭效应。

两个生色团处于非共轭状态，各生色团独立地产生吸收，总吸收是各生色团吸收的加和。例如：

	λ_{max}/nm	ε/[L/(cm · mol)]
1-己烯	177	10^4
1,5-己二烯	178	2×10^4

共轭状态，吸收峰向长波方向移动，吸收强度增加。醛、酮和羧酸中碳氧双键同烯键之间的共轭作用会使π轨道能量降低，从而使$\pi\rightarrow\pi^*$跃迁和 $n\rightarrow\pi^*$跃迁的吸收峰都发生红移。

共轭效应越大，向长波方向移动越多。例如：

	λ_{max}/nm	ε/[L/(cm · mol)]
1-己烯	177	10^4
1,5-己二烯	178	2×10^4
1,3,5-己三烯	258	4.3×10^4

2. 助色效应——n-π共轭

助色团与发色团相连时，助色团的 n 电子与发色团的π电子共轭，使吸收峰向长波方向移动，吸收强度增加的效应称为助色效应。

3. 超共轭效应——σ-π共轭

烷基上的σ电子与共轭体系中的π电子共轭，使吸收峰向长波方向移动，吸收强度增加的效应称为超共轭效应。例如：

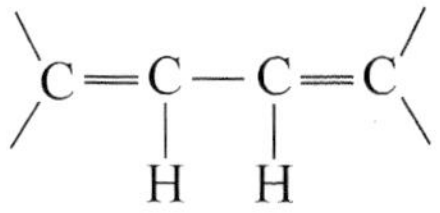

λ_{max}=217 nm

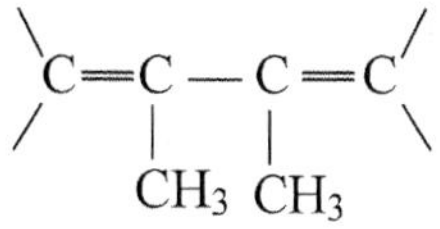

λ_{max}=226 nm

超共轭效应比共轭效应的影响小得多。

4. 空间位阻

由于空间位阻，阻碍两个发色团处在同一平面，使共轭程度降低，吸收峰向短波方向移动，吸收强度降低。

5. 溶剂效应

1) 对最大吸收波长的影响

随着溶剂极性的增大：

$\pi\rightarrow\pi^*$跃迁吸收峰向长波方向移动，即发生红移；

$n\rightarrow\pi^*$跃迁吸收峰向短波方向移动，即发生蓝移。

2) 对光谱精细结构和吸收强度的影响

当物质处于气态时，其振动光谱和转动光谱也表现出来，因而具有非常清晰的精细结构。

当物质溶于非极性溶剂时，由于溶剂化作用，限制分子的自由转动，因此转动光谱表现不出来。

随着溶剂极性的增大，分子振动也受到限制，精细结构逐渐消失，合并为一条宽而低的吸收带。

2.6.6　选择溶剂的原则

(1) 未知物与已知物必须采用相同溶剂。

(2) 尽可能使用非极性溶剂，以获得精细结构。所选溶剂在测定波长范围内应无吸收或吸收很小。

(3) 常用溶剂有庚烷、正已烷、水、甲醇、乙醇等。

2.6.7　紫外-可见分光光度计

1) 紫外-可见分光光度计的结构

紫外-可见分光光度计主要由辐射光源、单色器、试样容器(样品池、比色皿)、检测器和显示装置等部分组成。

辐射光源：必须具有稳定的、有足够输出功率的、能提供仪器使用波段的连续光谱，如钨灯、卤钨灯(350～2500 nm)、氘灯或氢灯(180～460 nm)，或可调谐染料激光光源等。

单色器：由入射狭缝、出射狭缝、透镜系统和色散元件(棱镜或光栅)组成，是用于产生高纯度单色光束的装置。其功能包括将光源产生的复合光分解为单色光和分出所需的单色光束。

试样容器：又称吸收池。供盛放试液进行吸光度测量之用，分为石英池和玻璃池两种，前者适用于紫外到可见区，后者只适用于可见区。容器的光程一般为 0.5～10 cm。

检测器：又称光电转换器。常用的有光电管或光电倍增管，后者较前者更灵敏，特别用于检测较弱的辐射。近年来还使用光导摄像管或光电二极管阵列作检测器，具有快速扫描的特点。

显示装置：这部分装置发展较快。较高级的光度计常备有微处理机、荧光屏显示和记录仪等，可将图谱、数据和操作条件都显示出来。

2) 仪器类型

紫外-可见分光光度计主要分为单波长单光束直读式分光光度计、单波长双光束自动记录式分光光度计和双波长双光束分光光度计三种类型。

3) 应用范围

紫外-可见分光光度计主要应用范围有：定量分析、定性和结构分析、反应动力学研究、研究溶液平衡等。

定量分析：广泛用于各种物料中微量、超微量和常量的无机和有机化合物的测定。

定性和结构分析：紫外吸收光谱还可用于推断空间位阻效应、氢键的强度、互变异构、几何异构现象等。

反应动力学研究：研究反应物浓度随时间变化的函数关系，测定反应速率和反应级数，探讨反应机理。

4) 成分的定性分析

物质的吸收光谱本质上是物质中的分子和原子吸收了入射光中某些特定波长的光能量，相应发生了分子振动能级跃迁和电子能级跃迁的结果。由于各种物质具有各自不同的分子、原子和不同的空间结构，其吸收光能量的情况也不相同，因此每种物质都有其特有的、固定的吸收光谱曲线，可根据吸收光谱上某些特定波长处的最大吸收峰(峰值)和波形图来判断某种物质是否存在。在食品生产中会使用一些食品添加剂，为了确定食品添加剂的类型，可以用紫外-可见分光光度计对其进行光谱扫描。

5) UV-1200 型紫外-可见分光光度计的使用

(1) 开启分光光度计电源(开关在仪器右侧)，钨灯点燃；开启氘灯电源(开关在仪器右侧)，经 6 s 左右，氘灯点燃。

(2) 开启显示器电源及计算机主机电源。计算机自动启动仪器的应用软件，进入自检画面。

(3) 单击“确定”，开始自检。自检过程中，不得打开样品室盖，否则自检出错。

(4) 自检完成后进入工作界面。单击“测量功能”，选择“波长扫描测量方式”，设置参数，波长范围为 200～300 nm 或 300～400 nm(见实验步骤)，测量方式为“Abs”。

(5) 将盛参比溶液和标准溶液的比色皿放到样品室池架上(参比溶液在最外侧)，盖好样品室盖。单击“测量操作”，选择“测量运行”，单击“开始”，即可测量出吸收曲线，保存，返回。单击“图谱处理”，选择“峰谷检测”，单击“峰谷检测”，用箭头找出最大吸收波长，打印，返回。单击“测量功能”，选择“定波长测量”，设置参数，单击“测量操作”，选择“测量运行”，单击“开始”，测量出吸光度，保存，返回。单击“数据处理”，选择“数据处理”，选择“文件”后打印。关闭“定波长测量”窗口。

(6) 将盛参比溶液和标准溶液的比色皿放到样品室池架上，单击“定量分析”，选择“标准系数法”，设置参数，确定。单击“测量操作”，选择“标样测”，单击“开始”，测量标样。

(7) 测量完成后，单击“返回”。单击“回归方程”，激活“回归参数”，弹出“标准系数法-回归参数”，输入标准浓度。

(8) 单击“回归方程”，激活“回归方程”项，完成数据回归。

(9) 将盛参比溶液和待测溶液的比色皿放到样品室池架上，单击“测量操作”，激活“测量运行”，单击“开始”，测量待测溶液。

(10) 测量完毕后，先退出应用程序，然后依次关闭计算机主机电源、显示器电源、氘灯电源、分光光度计电源。

(11) 填写仪器使用登记簿。

2.7　核磁共振波谱

核磁共振波谱(nuclear magnetic resonance spectroscopy，NMR)是研究原子核对射频辐射的吸收，它是对各种有机和无机化合物的成分、结构进行定性分析的最强有力的工具之一，有时也可进行定量分析。

2.7.1　简史

1946 年，美国哈佛大学的珀赛尔(Purcell)和斯坦福大学的布洛赫(Bloch)各自独立观察到固体和液体状态下的核磁共振信号，并因此获得 1952 年诺贝尔物理学奖。1953 年，Varian 公司研制出世界上第一台商品化核磁共振波谱仪。20 世纪 70 年代以来，使用强磁场超导核磁共振波谱仪，大大提高了仪器灵敏度，在生物学领域的应用迅速扩展。超导磁场脉冲傅里叶变换核磁共振波谱仪使得 ^{13}C、^{15}N、^{19}F、^{31}P 等的核磁共振得到了广泛应用，目前核磁共振迅速发展成为测定有机化合物结构的有力工具。

2.7.2　简介

在强磁场中，原子核发生能级分裂，当吸收外来电磁辐射时，将发生核能级的跃迁，从而产生核磁共振现象，即射频辐射—原子核(强磁场下，能级分裂)—吸收—能级跃迁—NMR，与紫外-可见吸收光谱和红外光谱类似，NMR 也属于吸收光谱，只是研究的对象是处于强磁场中的原子核对射频辐射的吸收。

1. 核磁共振的产生

原子核是带正电荷的粒子。有的原子核质量数、原子序数均为偶数，自旋量子数(I)为零，即 I=0，如 ^{12}C、^{16}O、^{32}S 等，这类原子核没有自旋现象，称为非磁性核。有的原子核质量数、原子序数不同时为偶数，其自旋量子数不为零，即 $I \neq 0$，这样的原子核称为磁性核。例如，核的质量数为偶数，原子序数为奇数，其自旋量子数为整数值，如 ^{2}H、^{14}N 等；核的质量数为奇数，其自旋量子数为 1/2 的倍数，如 ^{1}H、^{13}C、^{19}F 等，其 $I \neq 0$，均为磁性核。磁性核绕着自身的轴做自旋运动，并产生磁矩(μ)。

$$\mu = \gamma \cdot \frac{h}{2\pi} \cdot I$$

式中，γ为核的磁旋比，是核的特征常数，不同的核，其值不同；I 为自旋量子数；h 为普朗克常量。

将这样的原子核放在磁场中，由于磁矩与磁场的相互作用，其自旋轴产生一定的取向。一个原子核在磁场中共有 $2I$+1 个取向，每个取向都可以用一个自旋磁量子数(m)表示，m 与 I 之间的关系为：$m=I, I-1, I-2, \cdots, -I$。例如，对质子来说，$I$=1/2，故有 $2I+1=2$ 个取向，$m=\pm 1/2$。

质子自旋磁矩在外加磁场方向上的分量为

$$\mu = \pm \frac{1}{2} \cdot \gamma \cdot \frac{h}{2\pi}$$

当无外加磁场时，核磁矩具有相同的能量；当磁矩处于外加磁场中时，由于磁矩的取向不同，则有不同的能量，将原来简并的 $2I$+1 个能级分裂开。在磁场中核自旋的能量为

$$E_m = \mu B_0$$

式中，B_0 为磁感应强度。

当 m=+1/2 时，核的磁矩与外加磁场同向，能量较低，即

$$E_{+1/2} = -\mu B_0$$

当 m=−1/2 时，核的磁矩与外加磁场反向，能量较高，即

$$E_{-1/2} = +\mu B_0$$

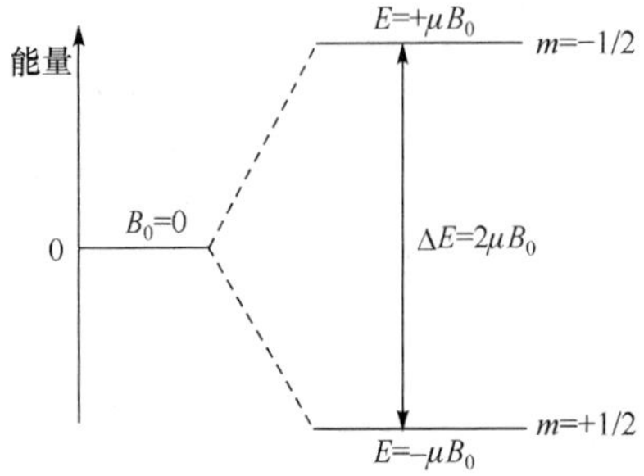

图 2-15　I=1/2 的核能级在磁场中的分裂

图 2-15 说明了 I=1/2 的核能级在磁场中的分裂现象。

核磁矩由于受到外加磁场的一个扭力，使核围绕外磁场轴做圆锥形转动，所以有磁矩的核在磁场中，一方面自旋，另一方面以一定的角度绕磁轴转动，这种现象称为进动(回旋)。不同的磁性核有不同的特征进动频率，进动的角速度 ω_0 与外加磁场强度 B_0、磁旋比 γ 的关系为

$$\omega_0 = \gamma B_0 = 2\pi \nu_0$$

式中，ν_0为进动频率。

自旋核的进动频率与磁感应强度成正比，当磁感应强度逐渐增大时，核的进动频率也增大。如果在外加磁场的垂直方向加一个频率固定的电磁波，即射频，并使外加磁场强度由小到大连续变化，当磁感应强度变化到一定值，即有一个相应的进动频率与固有的外加电磁波频率相同时，便产生共振。这意味着一个核从低能级向高能级的跃迁，也就是说处于低能级上的核吸收了电磁辐射的能量而跃迁到高能级。

在外加磁场 B_0 中，质子的分裂能级的能量差为

$$\Delta E=h\nu_0=E_{-1/2}-E_{+1/2}=2\mu B_0$$

让处于外磁场中的自旋核接受一定频率的电磁波辐射，当辐射的能量恰好等于自旋核两种不同取向的能量差(质子分裂能级的能量差)时，处于低能级的自旋核吸收电子辐射能跃迁到高能级，这种现象称为核磁共振。

2. 化学位移

根据共振条件：

$$\omega_0=\gamma B_0 \quad \text{或} \quad \nu_0=\gamma B_0/2\pi$$

核自旋的共振频率只取决于这种核的磁旋比 γ。由于同一种核的磁旋比相同，因此若分子中的同一种核或不同分子中的同一种核都经受同样的磁感应强度 B_0，那么核磁共振就只有一条谱线。但事实并不是这样，对于一个给定的射频，同一种核由于在分子中的化学环境(指被测原子核的核外电子及与该原子核邻近的其他原子核的核外电子运动情况)不同，因此其在不同的磁感应强度值出现共振吸收谱线。这是原子核周围的电子环境不一样导致核所处的实际磁场与外加磁场 B_0 不同而产生的。这种差别的来源是氢原子核外围的电子在外加磁场 B_0 的感应下，倾向于在垂直磁场的平面内做圆周运动，从而产生对抗磁场，这种屏蔽作用使原子核实际所受的磁感应强度为

$$B=B_0-\sigma B_0=B_0(1-\sigma)$$

这种效应就是抗磁性，σB_0 为核外电子在核外产生的对抗磁场的磁场强度，该对抗磁场称为屏蔽场，σ为屏蔽系数。

屏蔽系数σ与 B_0 无关，它的数值取决于氢核周围的化学环境，所以共振条件变为

$$\omega_0=\gamma B_0(1-\sigma)$$

从上式可以看出，如果将电磁波频率固定而改变磁感应强度(扫场法)，处于不同环境的质子(具有不同屏蔽系数σ的质子)会一个接一个地产生共振，因而在核磁共振谱的不同位置出现吸收峰，这就是化学位移，由它可以了解分子的结构。

这种谱线之间的距离虽然也可用屏蔽场磁场强度σB_0 来计算，但这个量度与外磁场 B_0 的大小有关；若用不同磁感应强度的仪器测量，即使是同一种样品，它的谱线间距也不同，所测量的结果不便于直接比较。因此，现均以相对值来定义化学位移δ(量纲为 1)：

$$\delta=\frac{v_{样}-v_{标}}{v_{仪}}\times10^{6}$$

式中，$v_{样}$、$v_{标}$和$v_{仪}$分别为样品、标准化合物的共振频率和操作仪器的频率。通常在样品中加入少量四甲基硅烷(TMS)作为参考物，它的质子受屏蔽强，吸收峰出现在高场区域，使 TMS 质子的化学位移δ为 0，其他质子吸收峰，在 TMS 左边低场区域的δ为正值，在 TMS 右边高场区域的δ为负值。

3. 自旋-自旋裂分

在讨论化学位移时，仅仅考虑了磁核的电子环境，而忽略了同一分子中磁核间的相互作用。实际上，这种作用是不可忽略的，它虽不影响磁核的化学位移，但对谱图的峰形、峰的数目有着重要影响。产生高分辨核磁共振谱的原因是核与核之间有能量的偶合，这种能量的偶合有两种：一种称为“直接偶合”，它是核 A 和核 B 的磁偶极相互作用；另一种称为“间接偶合”，它是核 A 和核 B 通过 A、B 核外电子云的间接作用使 A、B 之间产生能量的偶合。直接偶合在固体核磁共振谱中起重要作用，在液晶溶剂中也有残余贡献。但在非晶溶液中，由于分子的快速运动，直接偶合作用被平均掉，与此相反，间接偶合(称为自旋偶合或 J 偶合)则不会被平均掉，溶液质子呈现的多重峰正是自旋偶合作用贡献的结果。

相邻的原子核之间通过电子壳层传递和自旋核之间相互作用使谱线分裂的情况可总结如下：

(1) 邻接的质子数为 n 时，分裂峰的数目为$(n+1)$。

(2) 各裂分线的强度比为二项式展开式的各项系数比。

(3) 裂分线以质子的化学位移为中心，左右基本对称，互相偶合的两个质子具有共同的偶合常数(J 值相等)，即裂分线之间的距离相同。

4. 傅里叶变换核磁共振

核磁共振波谱仪的发展由永久磁铁、电磁铁向超导磁铁发展，由连续波向脉冲傅里叶变换发展，射频频率已由 40 MHz 发展到 900 MHz。脉冲傅里叶变换核磁共振(PFT-NMR)将被检测物质加以强度很大的射频脉冲，同时激发了被检测核的全部振动频率，核的共振谱线瞬间全部激发，测量被检测核自旋所产生的自由感应衰减(free induced decay, FID)信号，得到的是复杂频率干涉图，强度随时间衰减，它是一个时间域函数，由计算机通过傅里叶变换的方法转换为函数，得到核磁共振谱图，流程如图 2-16 所示。

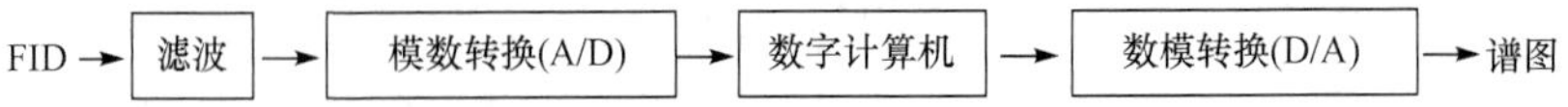

图 2-16　傅里叶变换核磁共振波谱仪工作流程

在没有傅里叶变换技术之前，不能测量自然丰度很低的 ^{13}C 核磁共振谱图。

(1) 常见质子化学位移范围如图 2-17 所示。

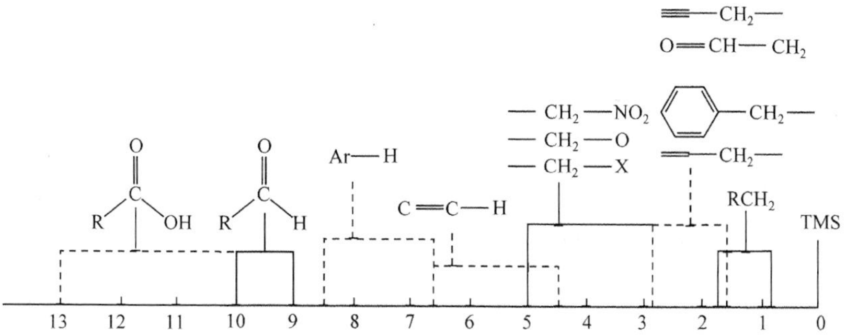

图 2-17　常见质子化学位移范围

(2) 活泼氢的化学位移范围如表 2-4 所示。

表 2-4　活泼氢的化学位移范围

化合物类型	δ	化合物类型	δ
醇	0.5～5.5	RNH_2，R_2NH	0.4～3.5
酚(分子内缔合)	10.5～16	$ArNH_2$，Ar_2NH，ArNHR	2.9～4.8
其他酚	4～8	R—SH	0.9～2.5
烯酚(分子内缔合)	15～19	Ar—SH	3～4

(3) 重氢溶剂中未氘代质子的化学位移如表 2-5 所示。

表 2-5　重氢溶剂中未氘代质子的化学位移

溶剂	基团	δ	基团	δ
CH_3COCH_3-d_6	CH_3	2.05		
$CDCl_3$		7.25		
D_2O		4.75		
DMSO-d_6	CH_3	2.50		
MeOH-d_4	CH_3	3.35	OH	4.84

(4) 某些有机化合物的偶合常数如表 2-6 所示。

表 2-6　某些有机化合物的偶合常数

化合物类型	J_{ab}/Hz	化合物类型	J/Hz
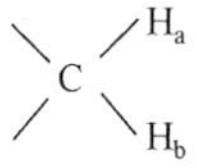	0～30	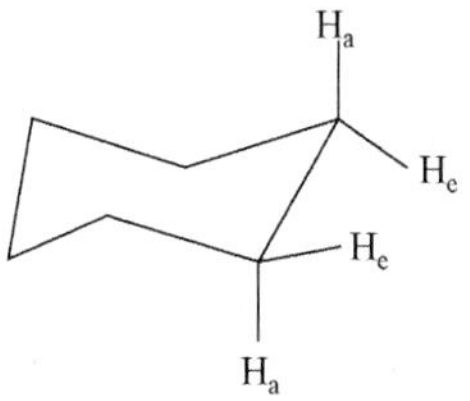	J_{aa} 6～14 J_{ae} 0～5 J_{ee} 0～5
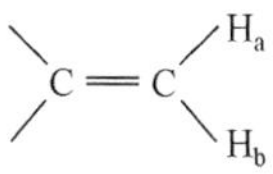	0～3		

续表

化合物类型	J_{ab}/Hz	化合物类型	J/Hz
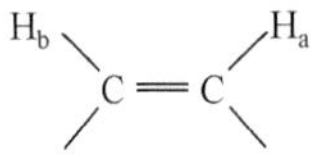	6～12		(o) 6～10 (m) 1～3 (p) 0～1
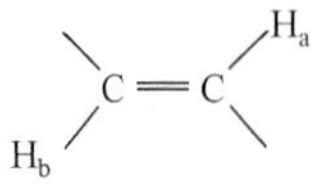	12～18		

2.8　质　　谱

质谱(mass spectrum，MS)是利用离子化技术，使所研究的物质分子形成分子离子或碎片离子，根据它们质量数 m 与所带电荷 z 的比值 m/z(简称质荷比，mass-to-charge ratio)的大小，依次排列所成的谱图。它可以根据分子碎片离子形成的裂解方式，对分子的化学结构或结构片段做出推断。质谱可提供以下信息：①样品元素组成及相对分子质量；②推测未知物的结构(骨架、官能团等)；③测定分子中同位素含量较多元素(如 Cl、Br 等)的原子数。

2.8.1　质谱中的主要离子

1. 分子离子

分子离子(molecular ion)是样品分子失去一个价电子形成的正离子，用 $M^{+\cdot}$表示。分子离子在质谱图上相应的峰称为分子离子峰$[M]^{+\cdot}$。

2. 碎片离子

碎片离子(fragment ion)是化学键断裂而产生的离子。碎片离子的类型和丰度与化合物中化学键的类型、断裂情况有关。

1) 化学键裂解的基本方式

(1) 均裂(homolysis)：一个化学键在裂解时，构成该化学键的两个电子均匀分布到该化学键的两个原子上，此时离子的正电荷不发生移位的现象。

(2) 异裂(heterolysis)：一个化学键在裂解时，构成该化学键的两个电子都向一个方向或一个原子转移，此时离子正电荷发生移位的现象。

鱼钩：⇀，表示单电子转移；

箭头：→，表示两个电子转移。

2) 化学键易断裂的几种情况

(1) α裂解：是带有正电荷的官能团与相连的α碳原子之间的断裂。通常是指具有 C—X 单键基团和 C═X 双键基团(其中 X=C、O、S、Cl 等)的有机分子，与该基团原子相连接的单键(α键)在电子轰击条件下很容易断裂，因而称之为α裂解。断键时成键的两个原子各自收回一个电子，这是由自由基中心引发的反应，原动力来自自由基的电子强烈配对倾向，所以α裂解属于均裂。引发α裂解的倾向是由自由基中心给电子的能力决定的，一般来说 N＞S、O、π、烷基＞Cl、Br＞H，同时α裂解遵循最大烷基自由基丢失的原则。

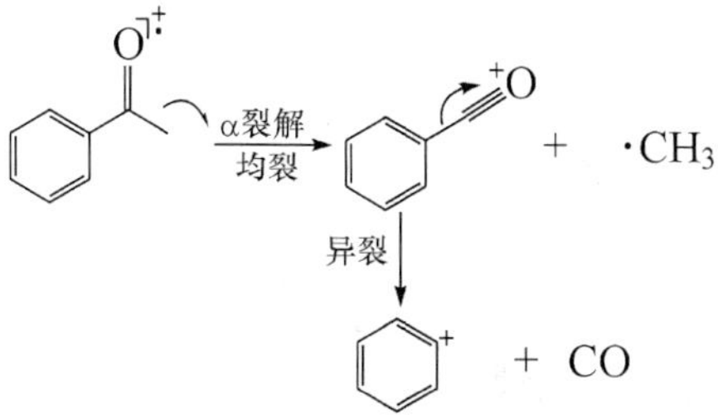

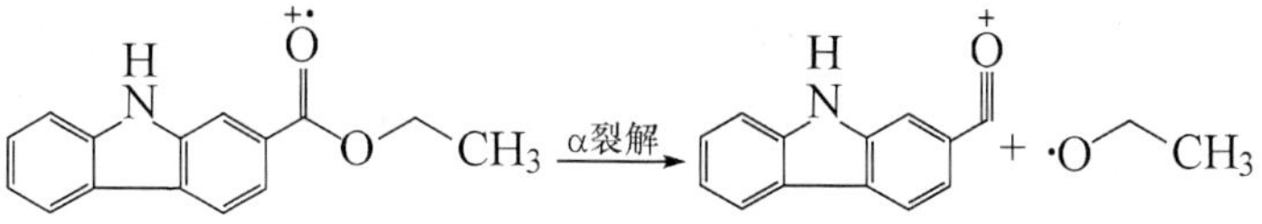

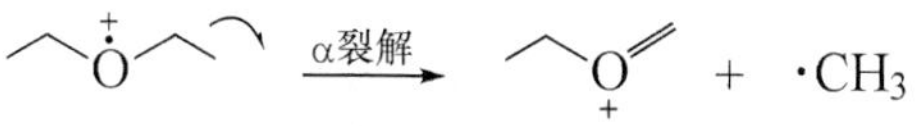

例如，通常烷基苯、烷基吲哚、烷基萘、烷基喹啉等化合物具有苄基裂解的特征裂解方式，苄基裂解也属于α裂解。其裂解机理是在电子的轰击下，苯环上的一对π电子被电离，自由基中心定域到苯环上，诱导α键发生断裂，形成α键的一对电子中的单电子与被电离后的π键的孤电子形成新键，失去烷基自由基，生成偶电子离子，如下所示：

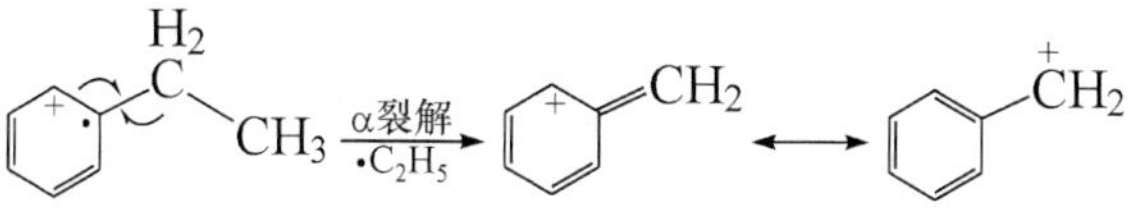

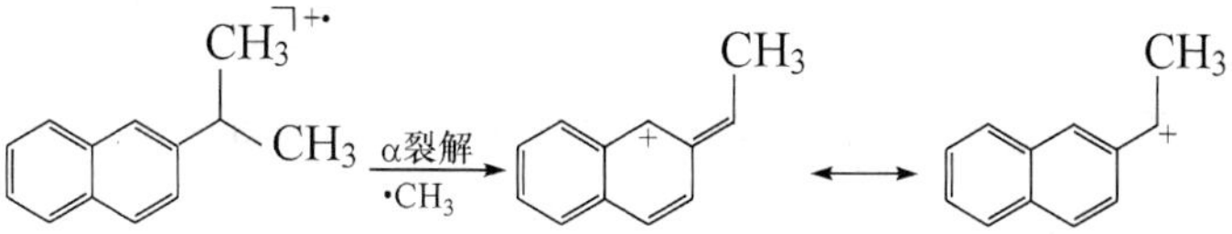

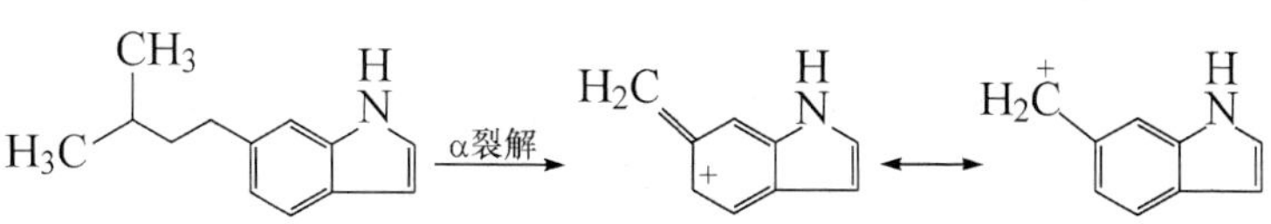

(2) β裂解：是带有正电荷的官能团的α位和β位的两个碳原子之间的断裂。

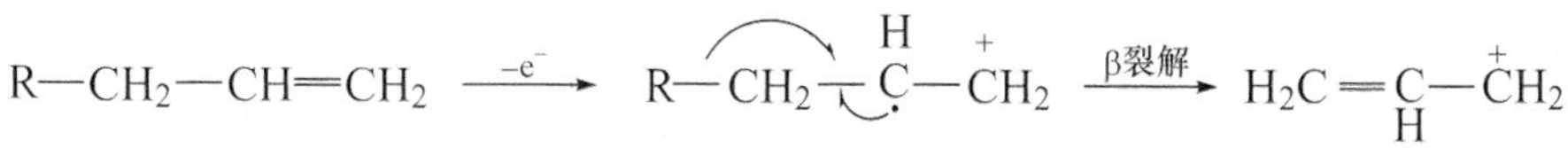

例如，烯丙基裂解是一种重要的有机化合物裂解方式，烯丙基中π电子电离能比较低，被电离后形成自由基中心，诱导β键断裂，生成偶电子烯丙基离子，烯丙基离子具有共振稳定性，所以形成的离子比较稳定，因此具有较高的竞争力，在质谱图中

表现出很高的丰度。其裂解方式如下：

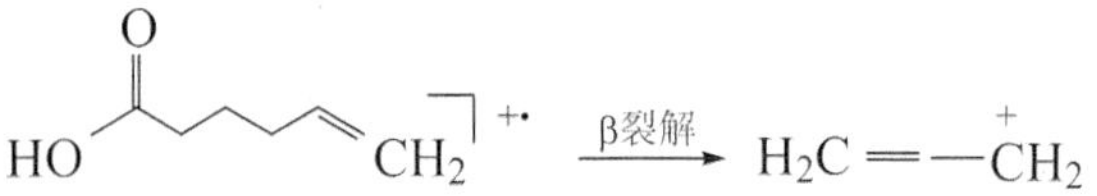

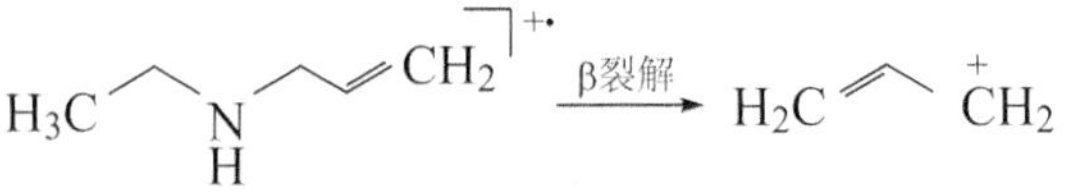

(3) i 裂解：又称诱导裂解，是官能团上的电荷转移的裂解，或由电荷中心引发的裂解。

例如，麦氏重排是麦克拉弗蒂(Mclafferty)对质谱分析中离子的重排反应提出的经验规则，当化合物分子中含有 C═Y 基团(Y 可以是 O、N、S、C)时，并且相对于此基团的 γ-碳上有氢(γ-H)的情况下，则具有形成六元环过渡态的结构特征。这种化合物的分子离子可发生 γ-氢重排到 Y 原子上，并伴随发生 β 键的断裂，而诱发β键断裂的方式有两种，一种是在自由基中心诱导下的α裂解；另一种是在电荷中心诱导下的 i 裂解，其裂解机理如下：

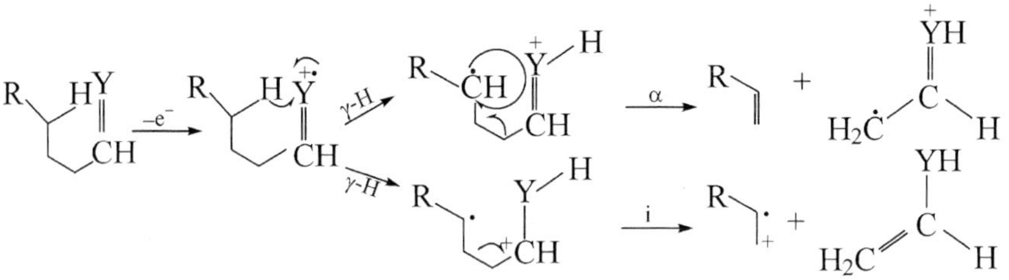

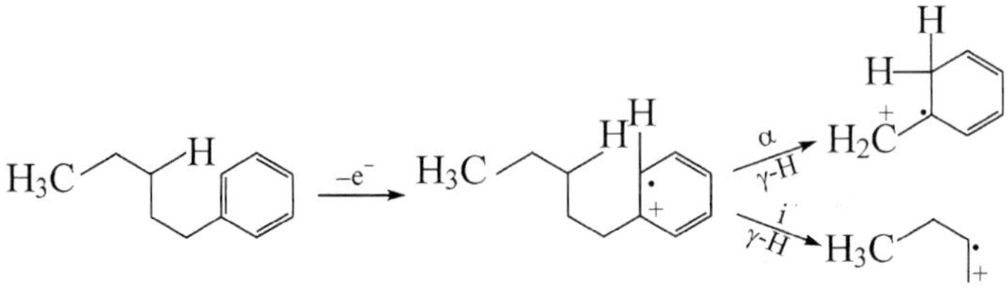

逆第尔斯-阿尔德(Diels-Alder)裂解：具有环单烯结构的化合物通常会进行环内双键的α裂解，造成环的开裂，生成带有烯键结构的奇电子离子。该离子进一步发生一种在自由基中心诱导下的α裂解，另一种在电荷中心诱导下的 i 裂解，生成一种二烯和一种单烯，这种特征的裂解方式称为逆第尔斯-阿尔德裂解，在许多化合物的结构测定中特别重要。以环己烯为例，由于环烯上的π电子电离能比σ电子电离能低，首先被电离，然后发生α裂解造成环的开裂，再以两种方式α裂解和 i 裂解生成 1,3-丁二烯和乙烯奇电子离子碎片。

3. 同位素离子

由于天然同位素的存在，因此在质谱图上出现 M+1、M+2 等峰。含有同位素的离子称为同位素离子，由这些同位素所形成的峰称为同位素峰。峰的强度比可用二项式$(a+b)^n$求出：a 和 b 分别为轻质同位素和重质同位素的丰度比，n 为原子数目。

4. 亚稳离子

质量数为 m_1 的离子离开离子源到达质量分析器之前，其中部分发生裂解失去中性碎片(Δm)而变成低质量的 m_2，由于部分动能被中性碎片带走，所以这种离子的能量比在离子源中产生的 m_2 的能量小，称为亚稳离子(质荷比一般不是整数)，用 m^*表示。由于亚稳离子的能量比在离子源中直接产生的 m_2 的能量小，因此亚稳离子比在离子源中产生的 m_2 偏转更大，从而形成亚稳离子峰。亚稳离子峰与 m_1、m_2 的关系如下：

$$m^* = \frac{(m_2)^2}{m_1}$$

式中，m_1 和 m_2 分别称为亚稳离子 m^*的母离子和子离子。

5. 重排离子

质谱中的某些离子不是由单纯裂解产生，而是通过断裂两个或两个以上的化学键重新排列形成，这种裂解称为重排裂解，产生的质谱峰称为重排离子峰。重排裂解得到的离子称为重排离子。

发生重排的原因：①能够降低裂解所需能量；②能够产生稳定的离子；③能够脱去稳定的中性分子。

重排与化学键的断裂是同时发生的。重排裂解方式最常见、最重要的有麦氏重排和逆第尔斯-阿尔德重排。

6. 多电荷离子

电子轰击过程中失去一个以上电子时，产生的离子称为多电荷离子，常见的是双电荷离子(离子只有具备非常稳定的结构条件，才能产生多电荷离子，如芳香族化合物、大π电子流离域的化合物)。

混合物的谱图一般是各单独组分谱图的叠加，符合加成法则，因此质谱也可以分析混合物或混有一些杂质的样品。混合物定量分析时最主要的问题是分子离子的强度比，有干扰离子存在时要把样品做成衍生物或使其分解然后进行测定。解析未知物的结构时，碎片离子是非常重要的，希望尽可能地除净样品中的杂质。

质谱测定的质荷比大约可到 2000，一般有机化合物结构解析时用到 500 左右，每次测定所用最少样品量为：固体、液体约 0.1 mg(直接进样时 0.01～0.1 μg)便可测定；

气体、易挥发液体 0.1～1 mL。委托分析时准备样品量为其 10 倍以上为宜。

固体样品取 10 mg 放到样品管内；液体样品取 10 mg 左右封存在内径为 2 mm 的毛细管中；气体样品装在气体采样器中，贴上标签，并填写委托分析单。委托分析单上应注明：样品号、单位、姓名、委托日期；样品中含有的元素、结构式、相对分子质量的估计值、纯度、沸点、熔点及挥发性、升华性、吸湿性等；测定的目的，分子离子、碎片离子、同位素离子、亚稳态离子等，若希望测定某些特定的峰也应注明。

第 3 章　有机化合物的分离和提纯

有机化合物通常从天然产物中提取，或者通过有机合成反应制备。天然产物中往往含有较为复杂的化学成分，而有机化学反应的特点之一是副反应多，转化率也不能达到 100%，有些反应还需要催化剂和辅助试剂等。因此，有机化学研究过程中，都需从复杂的混合物中分离出纯净的有机化合物，就需要对样品进行分离、提纯及鉴定工作。分离通常是指将混合物中的几种物质逐一分开；提纯(又称精制、纯化)通常是指把杂质从混合物中去掉；鉴定是指确定分离出来的纯化合物的结构。

分离和提纯大体上可分为物理方法(如蒸馏、分馏、结晶、升华、色谱、干燥等)和化学方法(如酸、碱萃取等)两大类。化学方法的基本要求是方法简单易行，消耗少，所得到的物质易复原。在实际分离、提纯实验过程中，应结合被分离纯化物质的物理化学性质，采取适当的分离手段；对于多种物质混合物，通常是多种物理分离方法和化学分离方法交叉使用。这里依次对重要的分离提纯方法进行介绍。

3.1　重结晶及过滤

把物质 A 加入液体 B 中，物质 A 在液体 B 中或多或少会有所溶解而形成溶液。物质 A 称为溶质，液体 B 称为溶剂。通常溶液中，溶剂的量往往多于溶质。在某一温度条件下，向一定量溶剂中加入溶质，随着溶质的不断溶解，溶液的浓度不断增大。当溶解的溶质达到一定数量时，继续加入溶质就不能再溶解，这种现象称为饱和。处于饱和状态的溶液称为饱和溶液。100 g 溶剂所制成的饱和溶液中所含有溶质的质量(以克为单位)就称为该物质在该溶剂中的溶解度。或者说，溶解度是 100 g 溶剂中所溶解溶质的最大质量(以克为单位)。在实际工作中为计算方便，也常把 100 mL 溶液中所溶解溶质的最大质量(以克为单位)称为溶解度。溶解度的大小主要取决于溶质和溶剂自身的性质，如极性和分子结构等。外界条件也对溶解度有较大的影响，如温度、外界压力。另外，若溶液中存在其他物质，或者溶质中存在其他杂质，也会不同程度地影响溶解度。

固体有机化合物在溶剂中的溶解度与温度有密切关系。一般温度升高，溶解度则增大。较低温度下达到饱和的溶液，升高温度时就不再是饱和状态，也就是不饱和。反之，若在较高温度下达到饱和的溶液，冷却时由于溶解度降低，溶液变成过饱和而析出晶体。

若固体有机化合物中存在可溶性杂质，可让杂质全部或大部分仍留在溶液中(若在溶剂中的溶解度极小，则配成饱和溶液后过滤除去)，从而达到提纯的目的。利用溶剂对被提纯物质及杂质在不同温度下溶解度的不同，使被提纯物质从过饱和溶液中析出，这正是重结晶分离提纯固体物质的实质。如果固体有机化合物中所含杂质较多或要求更高的纯度，可多次重复此操作，使产品达到所要求的纯度，此法称为多次重结晶。

可以对重结晶提纯进行如下分析：

假设一固体混合物由 9.5 g 被提纯物 A 和 0.5 g 杂质 B 组成，选择某溶剂进行重结晶，室温时 A、B 在此溶剂中的溶解度分别为 S_A、S_B，通常存在下列三种情况：

(1) 室温下杂质较易溶解($S_B > S_A$)。设在室温下 S_B=2.5 g/100 mL，S_A=0.5 g/100 mL，如果 A 在此沸腾溶剂中的溶解度为 9.5 g/100 mL，则用 100 mL 溶剂即可使混合物在沸腾时全溶。若将此溶液冷却至室温时可析出 9.0 g A(不考虑操作上的损失)，而 B 仍留在母液中，A 损失很小，即被提纯物回收率达到 95%(回收率=9.0 g/9.5 g)。如果 A 在此沸腾溶剂中的溶解度为 47.5 g/100 mL，则只要用 20 mL 溶剂即可使混合物在沸腾时全溶，这时溶液可析出 9.4 g A，B 仍可留在母液中，被提纯物的回收率高达 99%。同时，所得到的物质 A 纯度几乎为 100%。

由此可见，如果杂质在冷时的溶解度大而产物在冷时的溶解度小，或溶剂对产物的溶解性能随温度的变化大，都有利于提高回收率。

(2) 杂质较难溶解($S_B < S_A$)。设在室温下 S_B=0.5 g/100 mL，S_A=2.5 g/100mL，如果 A 在此沸腾溶剂中的溶解度仍为 9.5 g/100 mL，则在 100 mL 溶剂重结晶后的母液中含有 2.5 g A 和 0.5 g(全部)B，析出结晶 A 7 g，产物的回收率为 74%。但这时，即使 A 在沸腾溶剂中的溶解度更大，使用的溶剂也不能再少了，否则杂质 B 也会部分析出，就需再次重结晶。如果混合物中杂质含量很多，则重结晶的溶剂量就要增加，或者重结晶的次数要增加，致使操作过程冗长，回收率极大地降低。

(3) 两者溶解度相等(S_A=S_B)。设在室温下两者的溶解度均为 2.5 g/100 mL，若也用 100 mL 溶剂重结晶，仍可得到纯 A 7 g。但如果这时杂质含量很多，则用重结晶分离产物就比较困难。在 A 和 B 含量相等时，重结晶就不能用来分离产物了。

从上述讨论中还可以看出，在任何情况下，当溶质中杂质的含量较小时，无论杂质溶解度多大，都可以得到较好的重结晶结果。反之，当杂质的含量过大，对重结晶都是不利的(杂质太多还会影响结晶速度，甚至妨碍结晶的生成)。一般重结晶只适用于纯化杂质含量在 5%以下的固体有机混合物。同时，溶剂的溶解性能是十分关键的，对杂质溶解度大，而对被提纯物质在高温下溶解度大，在低温下溶解度小，重结晶是比较理想的。

在实际的实验操作中，重结晶一般过程如下：①选择合适的溶剂；②将待重结晶物质制成热的饱和溶液(若含有色杂质，需加脱色剂如活性炭脱色)；③趁热过滤，除去不溶性杂质；④冷却析出晶体；⑤抽滤，除去母液；⑥洗涤和干燥晶体。其中，选择合适的溶剂对于重结晶是最重要的一步。

3.1.1　溶剂的选择

在进行重结晶时，选择适当的溶剂对于重结晶操作的成功具有重大的意义。理想的溶剂必须具备下列条件：

(1) 不与被提纯物质发生化学反应。

(2) 温度高时，被提纯物质在溶剂中溶解度大，在室温或更低温下溶解度很小。

(3) 杂质在溶剂中的溶解度非常大或非常小(前一种情况是使杂质留在母液中不随被提纯晶体一同析出，后一种情况是使杂质在加热过滤时除去)。

(4) 溶剂沸点较低，易挥发，易与晶体分离除去。沸点过低的溶剂操作不方便；溶剂沸点过高，附着于晶体表面的溶剂不易除去。

此外，还要考虑重结晶效果、回收率、溶剂的毒性、易燃性和价格等因素。在重结晶时，需要知道用哪一种溶剂最合适，以及物质在该溶剂中的溶解度情况。在实际工作中，完全符合这些条件的溶剂是很少存在的。只要其中的主要条件符合要求，就可以采用。

对于已知化合物，可从手册或文献中查出其在各种不同溶剂中和不同温度下的溶解度；若从未被研究过或未被报道过的化合物，则可通过实验确定其在不同溶剂中的溶解度，从而确定重结晶溶剂。此时，需用少量样品进行反复实验，即可取少量的重结晶物质放入试管中，加入不同种类的溶剂进行溶解性预试。在实验时必须应用“相似相溶”原理进行选择，即物质通常易溶于结构和极性相似的溶剂中。有机化合物在溶剂中的溶解性通常与其结构有关。

选择溶剂的具体方法如下：

取 0.1 g 样品，置于干燥的小试管中。用滴管逐滴滴入某种溶剂，并不断振荡。当加入溶剂的量达到 1 mL 时，可在水浴上加热。观察溶解情况，若该物质在 1 mL 冷的或温热的溶液中很快全部溶解，说明溶解度太大，该溶剂无法用于该重结晶中。如果该物质不溶于 1 mL 沸腾的溶剂中，则可逐渐添加溶剂，每次约 0.5 mL，加热至沸腾，若加溶剂达 4 mL，而样品仍不完全溶解，说明该溶剂对该物质的溶解度太小，必须寻找其他溶剂。若该物质能溶于 1～4 mL 沸腾的溶液中，冷却后观察晶体析出情况，若没有晶体析出，可用玻璃棒擦刮管壁或者辅以冰盐浴冷却，促使晶体析出。若晶体仍不能析出，则该溶剂也不适用。若有晶体析出，还要注意晶体析出量的多少及纯度。最后综合几种溶剂的实验数据，确定一种比较适宜的溶剂。实际工作中，选择一种合适的溶剂，需要进行反复多次的实验。

某些有机化合物很难找到一种合适的溶剂进行重结晶，这时可考虑使用混合溶剂。混合溶剂一般由两种能互溶的溶剂组成，其中一种对被提纯化合物的溶解度较大，称为良溶剂；而另一种溶解度较小，称为不良溶剂。使用时可以将良溶剂与不良溶剂按一定比例混合后，像单一溶剂那样使用，也可以随机试溶。常用的混合溶剂有：乙醇-水、乙酸-水、苯-石油醚、乙醚-甲醇等。混合溶剂的使用也需要像单一溶剂那样进行实验，直到选到一种最佳的配比。

3.1.2 固体的溶解

重结晶过程中，样品溶解配制成溶液称为溶样，即溶解样品。

用有机溶剂进行重结晶时，所使用的装置为回流装置。通过实验结果或查阅溶解度数据，计算被提纯物所需溶剂的量，再将需纯化固体置于锥形瓶中，加入比需要量稍少的适宜溶剂，加热到微微沸腾一段时间。此时，若固体未完全溶解，可再添加溶剂，每次加溶剂后需再加热使溶液沸腾一段时间，直至被提纯物晶体完全溶解(但应注意，在补加溶剂后，发现未溶解固体不减少，应考虑是不溶性杂质，此时就不要再补加溶剂，以免溶剂过量)。

注意事项：

(1) 溶剂的用量应适当，若不需要趁热过滤，则溶剂的用量以恰能溶完为宜；若需要趁热过滤，则应使溶剂适当过量。溶剂少，则回收率高，但可能给热过滤带来麻烦，并可能造成更大的损失；溶剂多，显然会影响回收率。过量的目的在于避免在过滤过程中，因溶剂挥发等因素造成晶体析出在滤纸上或漏斗中。过量多少也应根据情况而定，如果样品在该溶液中很容易析出，或者溶剂极易挥发，则应过量多一些；如果样品在该溶剂中析出慢，则只稍微过量即可，当不知道晶体是否易于析出时，则一般过量 10%～20%。

(2) 有些固体在溶剂沸点温度下熔化而不是溶解。若溶剂的沸点高于样品的熔点，则一般不可加热至沸腾，而应当使其在熔点温度以下溶解，否则会析出油状物，该油状物在进一步降低温度时会固化，形成无定形固体，且往往包裹较多的溶剂和杂质，从而使得样品不纯。

(3) 为了避免溶剂挥发及可燃性溶剂着火或有毒溶剂中毒，应在锥形瓶上安装回流冷凝管，溶剂可从冷凝管的上端加入。

若以水为溶剂，重结晶时可使用烧杯溶解样品，其他操作同前。如果所使用的是溶剂含水的混合溶剂，应按照有机溶剂处理。

(4) 实际操作中，究竟是样品尚未完全溶解，还是其中含有不溶性杂质，往往难以判断。遇到这种情况时，往往需要再添加溶剂并煮沸数分钟后观察不溶物是否减少，如果是不溶性杂质，添加溶剂不会带来改变。另一种办法是先将热溶液过滤，再收集滤渣加溶剂热溶，然后再次热过滤。将两份滤液分别放置冷却结晶，观察后一份滤液中是否有晶体析出。显然，如果有晶体析出，则说明原来溶样时溶剂用量不足或者需要更长的溶样时间；如果不析出晶体，则说明样品中含有较多不溶性杂质。

3.1.3 脱色

脱色就是利用物理吸附的方法除去化合物样品中的杂质，包括有色杂质。向溶液中加入吸附剂并适当煮沸，使其吸附掉样品中的有色杂质。脱色的本质是吸附。由于吸附是在溶液中进行的，因此吸附剂对溶液及其中的杂质都具有吸附作用。哪一种吸附占优势，则取决于吸附剂的种类和被吸附物的性质。一般来说，极性吸附剂倾向于吸附极性物质，而非极性吸附剂则倾向于吸附非极性或弱极性物质。当溶剂为水、醇等极性溶剂时，以活性炭为脱色剂，效果良好。因为活性炭是非极性吸附剂，它对于极性溶剂的吸附作用很小，而样品杂质的极性一般小于水的极性，所以可以受到较强的吸附作用。当杂质为有色物质或软物质时，吸附效果更佳。因为软物质表面积很大，它本身就可以作为吸附剂吸附其他物质，其吸附原理与活性炭相似，所以可被活性炭牢牢吸附。而有色物质往往具有多共轭的生色团，也容易被活性炭吸附。当溶剂为石油醚、环己烷等非极性溶剂时，活性炭的脱色效果往往不理想。因为这时活性炭的表面会吸附大量的溶剂分子而接近饱和，对于样品及杂质的吸附能力大大下降。在这种情况下改用极性强的吸附剂，如氧化铝、硅胶等进行脱色，往往能取得不错的效果。强极性吸附剂不吸附或很少吸附非极性的溶剂分子，而对于弱极性的溶质和杂质分子仍具有较强的吸附力，可以得到较满意的脱色效果。总之，脱色剂的选择应满足其对溶剂的吸附作用竞争小，而对杂质的吸附作用尽可能大。对于样品的吸附，虽然是所不希望的，但是往往却不可避免。如果脱色剂对样品和杂质的吸附能力相当，则脱色过程实际上就是样品与杂质的消耗。由于杂质含量少，即使与样品等量消耗，也仍然是可行的方法。

最常用的脱色剂是活性炭，其用量视杂质的多少而定。一般情况下，活性炭的用量为粗样品质量的 1%～5%。同时，如果一次脱色不彻底，可进行第二次脱色。但一般不宜过多使用，以免样品损耗过多。

脱色剂的加入应当在粗溶样后进行。切记应当待沸腾的溶液稍冷后加入，不允许将脱色剂加到正在沸腾的溶液中，否则将引起剧烈沸腾，液体溢出，甚至造成起火燃烧。

加入脱色剂后，溶液往往需要煮沸 5～10 min，同时需要搅动溶液，使脱色剂迅速分散开，并使脱色效果达到最佳。煮沸时间过长，往往脱色效果反而不好，因为在脱色剂表面存在溶剂、溶质和杂质的吸附竞争，溶剂虽然在竞争中处于不利地位，但其数量巨大，过久的煮沸会使较多的溶剂分子被吸附，从而使脱色剂对杂质的吸附能力下降。

3.1.4　热过滤

热过滤即趁热过滤。为了除去不溶性杂质、脱色剂及吸附于脱色剂上的其他杂质，需要在重结晶过程中进行热过滤。热过滤的方法主要有两种，即常压过滤和减压过滤。工业上可以使用加压过滤。

1. 常压过滤

常压过滤也称为重力过滤，采用短颈或无颈三角漏斗，以避免或减少晶体在漏斗颈部中析出。

由于在过滤的过程中溶液的温度下降，往往导致晶体析出，因此热过滤的关键之一是要保证溶液在较高温度下通过滤纸。为此，常使用保温漏斗(热水漏斗)过滤，保温漏斗如图 3-1(b)所示，它是一个铜质双层漏斗。使用时在夹层中注入约 3/4 容积的水，安放于铁圈上，将玻璃漏斗连同滤纸放在其中，在支端部加热，至水沸腾后过滤。若是易燃的有机溶剂，应熄灭火焰后再进行热过滤；若溶剂是不可燃的，则可煮沸后一边加热一边热过滤。不用保温漏斗时，还可以把相应的漏斗在过滤前放入烘箱中预热，待过滤时再取出放在铁圈或盛装滤液的锥形瓶口上，如图 3-1(a)所示，迅速放入伞形滤纸。伞形滤纸的上缘应低于漏斗口，并使其棱边紧贴漏斗内壁，用少许热溶剂润湿滤纸。倒入热溶液后，为减少溶剂的挥发，可在漏斗上盖上表面皿。如果溶液较多，一次不能完全倒入漏斗，则剩下的部分应继续加热保温。

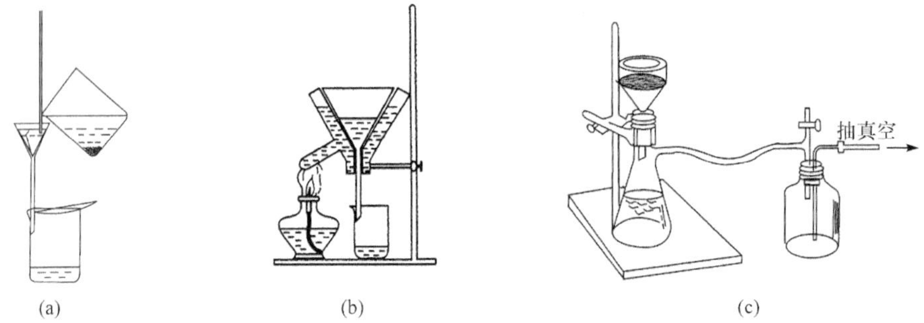

图 3-1　常压过滤(a)、恒温过滤(b)和减压过滤(c)

另外，为了提高过滤速度，减少滤液挥发和晶体析出，滤纸最好折成扇形滤纸(又称折叠滤纸)。具体折法如图 3-2 所示。

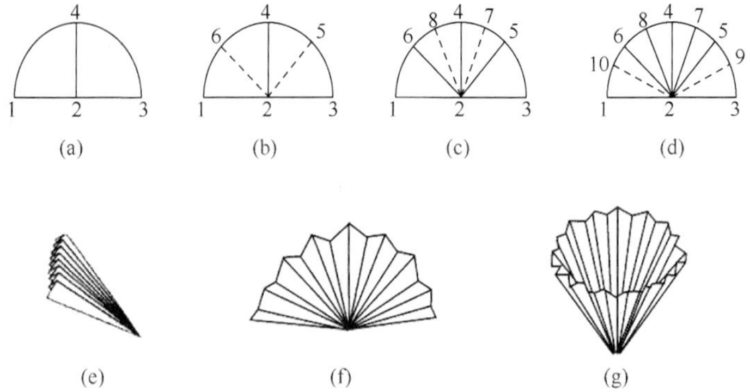

图 3-2　扇形滤纸的折叠方法

取一张大小适合的滤纸先对折，然后对折成四分之一，以边 3 对边 4 叠成边 5、6，以边 4 对边 5 叠成边 7，以边 4 对边 6 叠成边 8，依次以边 1 对边 6 叠成边 10，边 3 对边 5 叠成边 9，这时折得的滤纸外形如图 3-2(e)所示。然后将滤纸在 1 和 10、6 和 8、4 和 7 等之间各朝相反方向折叠，做成扇形，打开滤纸如图 3-2(f)所示，最后做成如图 3-2(g)所示的折叠滤纸，靠近滤纸中心处则更为密集，在折叠过程中不能用力推压，以免磨损降低牢固性，在过滤时破裂。使用之前将叠好的滤纸小心翻转，使折叠过程中被手指触摸的一面向内，以免其污染滤液。

折叠滤纸还有其他方法，如方形折叠滤纸。

过滤时若操作合适，在滤纸上有少量晶体析出。若漏斗未预热或虽已预热但操作过慢，则往往有较多的晶体在滤纸上析出。这时，需要将滤纸和晶体仔细地放回原来的瓶中，加入适量的溶液重新溶样，再进行热过滤。对于极易析出晶体的溶液，或过滤需要较长时间时，最好使用保温漏斗过滤。

2. 减压过滤

减压过滤也称为抽滤、吸滤或真空过滤。减压过滤装置包括布氏漏斗、抽滤瓶、减压泵，一般减压泵可用水泵，同时配备安全瓶，如图 3-3 所示。减压过滤的最大优点是过滤速度快，晶体一般不会在漏斗及其颈部析出，操作简便。其缺点是在减压条件下，滤出的热滤液会沸腾而被抽走，滤液量减少且温度降低，晶体会在抽滤瓶中快速析出，影响晶体的纯净性。若操作不当，活性炭或悬浮的不溶性杂质颗粒也可能从滤纸边缘通过而进入滤液。

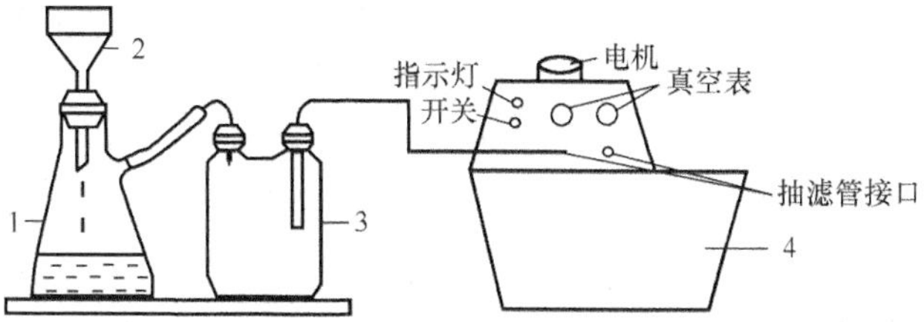

图 3-3　减压过滤装置
1. 抽滤瓶；2. 布氏漏斗；3. 安全瓶；4. 水泵

减压过滤所用滤纸应略小于漏斗的底面，但以能完全遮盖住内孔为宜。布氏漏斗在使用前应置于烘箱中预热(注意：加热时应将橡胶塞取下)。为了防止活性炭等固体从滤纸边缘吸入抽滤瓶中，在溶液倾入漏斗前，必须使滤纸在漏斗底面贴紧。在这种情况下，可先抽气贴紧，然后倒入溶液抽滤。在抽滤过程中应保持漏斗中有较多的溶液，只有当全部溶液倒完后才可以抽干，否则吸附有树脂状杂质的活性炭会在滤纸上结成紧密的饼块阻碍液体透过滤纸。同时压力不可抽得过低，以防溶液沸腾被抽走，或将滤纸抽破使活性炭或其他杂质透滤。如果操作不当使活性炭透滤，则最后得到的晶体呈灰色，这时需要重新溶样，并重新进行热过滤。

3.1.5　冷却结晶

在较高温度下达到饱和的溶液，当降低温度时，达到过饱和状态而析出溶质，如果溶质的熔点高于析出温度，则会析出晶体，这个过程称为冷却结晶，简称结晶。此操作的关键是冷却控制，使溶质以真正晶体的形式析出，并长到适当的尺寸，而不是以油状物或沉淀形式析出。

当晶体慢慢析出，首先析出的数目较少的固体微粒形成“晶种”，它们在过饱和的溶液中有选择性地吸收合适的分子或离子并将其安排到晶格的适当位置上，从而使晶体一层一层地生长，最后得到的晶体具有较大的粒度和较高的纯度。因此，晶体生长过程中，需要较少的晶种，同时生长缓慢更为有利。如果固体析出较快，在短时间内形成数目巨大的固体微粒，同时这些微粒来不及选择分子和有序排列，也长不大，这样的过程可以称为沉淀。沉淀出来的固体物质纯度较低，而且粒度小，总表面积大，吸附的溶剂较多。而溶剂中又往往溶解有其他杂质，当溶剂挥发后，其中的杂质也就残留在沉淀中或其表面。

在结晶过程中，所形成晶体太细或过大都不利于纯化。滤液冷却迅速，并剧烈振摇，晶种数目大，生长快，则所析出的晶体细，表面积大，因而在表面上吸附或黏附的母液总量也较多。若将滤液静置并缓缓降温，得到的晶体较大，但也不是越大越好，因为过大的晶体中包裹母液的可能性也大，含有杂质且干燥困难。通常控制冷却速度，使晶体在数十分钟至十小时内析出，而不是在数分钟或数周内持续析出。一般来说，晶体大小等于 1.5 mm 左右为宜。为此，操作中应将滤液在室温或保温下静置使其缓缓冷却(如滤液已析出晶体，可加热使其溶解)，析出晶体，再用冷水充分冷却。必要时，可进一步用冰水或冰盐水等冷却(视具体情况而定，若使用的溶剂在冰水或冰盐水中凝固结晶，就不能采用此步骤)。

有时由于滤液中有焦油状物质或胶状物存在，溶液虽已达到过饱和状态，但是晶体仍不易析出，或有时因形成过饱和溶液也不析出晶体，在这种情况下，可用玻璃棒摩擦器壁以形成粗糙面，使溶质分子呈定向排列，形成晶体的过程比在平滑面上迅速和容易；或者投入晶种(同一物质的晶体，若无此物质的晶体，可用玻璃棒蘸一些溶液，稍干后即会析出晶体)，供给定形晶核，使晶体迅速形成。

有时被提纯化合物呈油状析出，虽然该油状物经长时间静置或足够冷却后也可固化，但这样的固体往往含有较多的杂质和部分母液，纯度不高。实验中，可用大量溶剂稀释，一定程度上可防止油状物生成，但将使产物大量损失。也可以慢慢冷却，及时加入晶种。还可将析出油状物的溶液重新加热溶解，然后慢慢冷却。当刚有油状物析出时便剧烈搅拌混合物，使油状物在均匀分散的状况下固化。但最好是重新选择溶剂，使其得到晶形产物。哪种方法有效，视实验情况而定。

3.1.6　滤集晶体

把晶体与母液分离一般采用布氏漏斗减压过滤的方法，其装置图如图 3-3 所示。减压过滤中应根据需要选用大小合适的布氏漏斗和刚好覆盖住布氏漏斗底部的滤纸。与热过滤略有不同，先用与待滤液相同的溶剂湿润滤纸，然后打开水泵，并慢慢关闭安全瓶上的活塞使抽滤瓶中产生部分真空，使滤纸紧贴漏斗。将待滤液及晶体倒入漏斗中，液体穿过滤纸，晶体收集在滤纸上，用少量滤液洗出黏附在容器壁上的晶体。用不锈钢勺或玻璃勺把晶体压紧，使母液尽量抽尽。为了除去晶体表面的母液，可用少量新鲜的溶剂洗涤。洗涤时应首先解除真空，再加入洗涤溶剂，用刮刀或玻璃棒将晶体小心地挑松，注意不要让滤纸松动或弄破，并使全部晶体浸润，搅动，然后抽干。一般洗涤一两次即可。若溶剂沸点较高，挥发性太小，不易干燥，则可选用适当的低沸点溶剂将原来的溶剂洗去，以利于晶体干燥。抽滤结束后，先将安全瓶上的活塞打开或拆开抽滤瓶与水泵连接的橡皮管，关闭水泵，这样可以避免水倒吸流入抽滤瓶中。

将抽滤后的溶液进行适当的浓缩后，还可得到一部分晶体，但是纯度较低，一般不可与先前过滤的晶体合并，必要时做进一步的纯化处理，方可作为纯品使用。

如果过滤少量的结晶(1～2 g 及以下)，可用玻璃钉过滤装置，如图 3-4 所示。

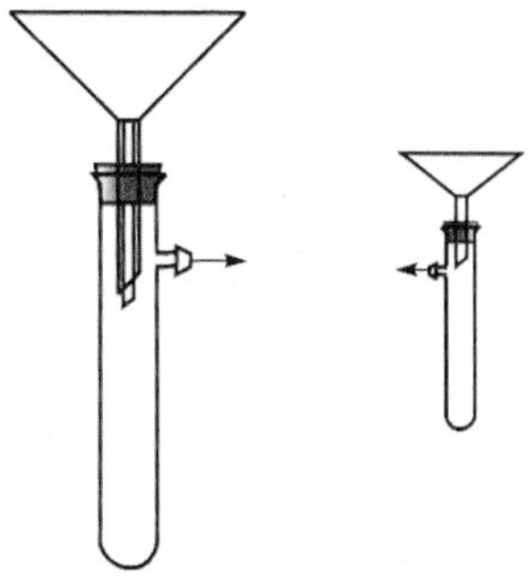

图 3-4　玻璃钉过滤装置

3.1.7　结晶干燥

用重结晶法纯化后的晶体，其表面往往还吸附有少量溶剂，必须进行充分干燥。干燥需要根据所用溶剂及晶体性质选择合适的方法。固体的干燥方法较多，常用的方法有如下几种：①空气干燥；②烘干；③干燥器干燥。对于不吸水的产品，可放在表面皿上，再盖上一层滤纸，在室温下放置数天，让溶剂自然挥发，即晾干，也可以用红外灯烘烤。对于数量较大或易吸潮、易分解的样品，可放在真空恒温干燥箱中干燥。若干燥少量的标准样品，或送分析测试样品，最好用真空干燥箱，在适当温度条件下减压，干燥 24 h，干燥后样品应立即储存在干燥器中。

3.1.8　结晶效果评价

重结晶是否达到满意的效果，可以从回收率和产品纯度两个方面进行评价。回收率的计算公式如下：回收率=滤集晶体质量/粗产品质量×100%。显然，回收率高是大家期望的。但重结晶的晶体纯度更重要，不纯的样品往往无法满足实验的要求，并需要进一步重结晶纯化。晶体的纯度可以通过几种方式来确认，包括干燥好的晶体精确测定熔点、薄板层析、液相色谱和核磁共振等。

以上是重结晶的完整的一般性操作步骤，一次具体的重结晶实验需要哪些操作步骤，应根据实际情况决定。如果已知所用的结晶溶剂，则不需要进行溶剂选择。如果制成的热溶液没有颜色，也没有树脂状杂质，则脱色一步可以省略。如果不需要脱色也无不溶性杂质，则热过滤一步也可以省去。

3.2　常 压 蒸 馏

对于液体有机化合物的分离和提纯，应用最广泛的方法是蒸馏。根据蒸馏操作的不同，可以分为常压蒸馏(简单蒸馏)、减压蒸馏、水蒸气蒸馏和分馏(精馏)等。

3.2.1　蒸馏的原理

蒸馏就是将液态物质加热到沸腾变为蒸气，又将蒸气冷凝为液体这两个过程的联合操作。当液态物质受热时，分子运动使其从液体表面逃逸出来，形成蒸气压。随着温度升高，蒸气压增大，待蒸气压和大气压或所处压力相等时，就有大量气泡从液体内部逸出，即液体沸腾，此时的温度称为该液体的沸点。一种纯净的液态化合物在一定压力下具有固定的沸点。例如，在 1 atm 条件下，纯水的沸点为 100 ℃。

当液态混合物沸腾时，液体上方的蒸气是混合物各物质的蒸气混合体。但由于混合物各物质的蒸气压不一样，其蒸气混合物的组成与液体混合物的组成不相同。蒸气组成富集的是蒸气压大的组分，即沸点低易挥发的组分。当把此蒸气进行收集并冷却为液体，将得到富含低沸点物质的液体。此时，如果混合物的沸点相差较大(如大于 30 ℃)，利用蒸馏可将这些液态混合物分开。随着易挥发组分的蒸出，液态混合物中易挥发组分含量将降低，其蒸气压也将降低，液态混合物沸腾需要更高的温度。因此，蒸气组成变化将体现在沸点上，收集温度相对恒定的蒸出液，即可收集得到混合物中一个纯组分。随着蒸馏的进行，沸点较低的先蒸出，沸点较高的后蒸出，不挥发的留在蒸馏器内，这样可达到分离和提纯的目的。

蒸馏操作是有机化学实验中常用的实验技术，必须熟练掌握，一般用于下列几方面：

(1) 分离液态混合物，仅当混合物中各成分的沸点有较大差别时才能达到有效的分离。

(2) 测定化合物的沸点。

(3) 提纯，除去不挥发的杂质。

(4) 回收溶剂，或蒸出部分溶剂以浓缩溶液。

但在蒸馏沸点比较接近(小于 30 ℃)的混合物时，各种物质的蒸气将同时蒸出，只不过低沸点的多一些，故难以达到分离和提纯的目的，只好借助于分馏。同时，蒸馏时实际测量温度不是溶液沸腾温度，而是冷却前蒸气气液平衡时的温度。纯液态有机化合物在蒸馏过程中沸点范围很小(0.5～1 ℃)，所以可以利用蒸馏来测定沸点。用蒸馏法测定沸点称为常量法，此法用量较大，要 10 mL 以上，若样品不多时，可采用微量法。也可以利用测定液体沸点来鉴定其是否纯净。但必须指出，具有固定沸点的液体并不一定就是纯净的化合物。这是因为某些含有两个或两个以上组分的混合物可以形成共沸物，此时其液体平衡的蒸气组分和液体本身的组成相同。显然，共沸混合物不能用简单蒸馏的方法将其组分分开。有关共沸混合物可以参见其他资料。

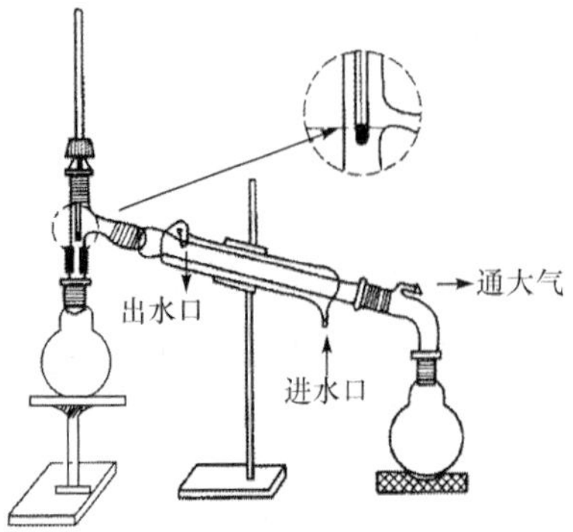

图 3-5 普通蒸馏装置及温度计放置的位置

3.2.2 实验室中常用的简单蒸馏装置

如图 3-5 所示，实验室中常用的简单蒸馏装置由热源、蒸馏瓶、蒸馏头、温度计、直形冷凝管、接引管和接收瓶组成。

热源可以是电热套，也可以使用热浴。不管使用哪种热源，均需要考虑热源温度、传热效率和馏出物沸点对蒸馏的影响。采用电热套加热时，最好使用与蒸馏瓶大小匹配的电热套，并调节到合适的温度。如果大小不匹配，不仅加热效率大大降低，同时还容易造成蒸馏瓶局部温度过高而导致物料分解和仪器爆裂等。如果采用热浴加热，则热浴温度一般超过被蒸馏物沸点 20～30 ℃为宜。温差过大，容易导致蒸馏速度过快，分离效果不好。如果浴温过低，则蒸馏太慢甚至无法蒸馏出组分。

蒸馏瓶是根据待蒸馏液体的量来选择的。通常，待蒸馏液体的体积不超过蒸馏瓶容积的 2/3，也不少于 1/3。如果装得太多，混合液体的小珠滴可能被蒸气带出，最后混入馏出液中，影响馏出物纯度，降低分离效率。当沸腾剧烈时，液体甚至冲出蒸馏瓶直接进入冷凝管而流出，使蒸馏失败。如果装入的液体太少，在蒸馏结束时，过大的蒸馏瓶中会容纳较多的蒸气相，较多的待分离物蒸气填充在过大的蒸馏瓶中，相当于有一部分物料不能蒸出，因此产品量有较大的损失。

温度计连接需要温度计套管或橡胶塞固定。温度计的选择应使其量程高于被蒸馏物的沸点至少 30 ℃。一般选用水银温度计。

冷凝管也是根据被蒸馏物的沸点选择的，同时适当考虑被蒸馏物质的含量。通常沸点低而量大的液体，选用粗而长的冷凝管；沸点高而量小的液体，选用细而短的冷凝管。沸点低，蒸气不易冷凝；沸点高，蒸气冷却相对容易。当需要更高效的冷却时，可以使用蛇形冷凝管。但是要注意，蛇形冷凝管要避免冷凝液停留其中而导致通道堵塞，发生实验事故。需要注意的是，蛇形冷凝管不能像直形冷凝管那样倾斜安装。为了达到较好的冷却效果，冷凝水的流速也很重要。蒸馏物质沸点较低，水速相对较快；沸点较高，水速可以适当减慢。被蒸馏物的沸点在 140 ℃以下用直形冷凝管，在 140 ℃以上应使用空气冷凝管。

正常情况下，液体沸腾时，液体产生的大量蒸气至小气泡中。待气泡的总压力增大到外界气压与液体内部压差时，就能够不断长大并上升逸出液面。此时，如果液体中有许多小空气气泡或其他气化中心时，气泡可以平稳地产生和逸出，此时液体平稳地沸腾。若没有气化中心或小气泡，液体的温度即使达到甚至超过沸点也难以沸腾，这种现象称为过热。此时，一旦有一个气泡形成，由于溶液温度已超过沸点，其蒸气压远大于外界压力，使气泡在上升过程中瞬间增大而冲出液面，从而形成暴沸。暴沸是危险的，不仅使蒸馏瓶内瞬间产生大量蒸气，液体冲溢出蒸馏瓶外，还可能因为蒸馏瓶内压力急速上升而导致事故。为了消除蒸馏过程中的过热现象和保证沸腾的平稳状态，常加入助沸物，如素烧瓷片、沸石或玻璃沸石。这些助沸物一般是表面疏松多孔、吸附有空气的物质。另外，也可以用一端封口的毛细管。注意毛细管中空气不能被溶液完全填充，因此毛细管要有足够的长度，开口向下，其上端可以搁置于蒸馏瓶的颈部。现在较为常用的方法是通过搅拌器搅拌，搅拌中可以产生大量的小气泡。

助沸物应在加热蒸馏前加入。当加热后发觉未加助沸物或原有助沸物失效时，切忌匆忙地投入助沸物。因为在液体沸腾或过热时投入助沸物，将会引起猛烈的暴沸，液体易冲出瓶口，造成危险和事故。所以，应使沸腾的液体冷却至沸点以下后才能加入助沸物。切记！若蒸馏中途停止，而后来又需要继续蒸馏，也必须在加热前补添新的助沸物，以免出现暴沸。因为起初加入的助沸物在加热时已经逐出了部分空气，在冷却后，液体填充了原来空气的位置，气化中心可能已经失效。在回流操作中也需要液体沸腾，其助沸物使用和蒸馏相同。

接收瓶选择圆底烧瓶或锥形瓶，其大小取决于馏出液体的体积。如果实验的目的仅在于除去液体中的少量杂质或者从互溶的二元体系中分离出其中组分，则至少应该准备两个烧瓶；如果是为了从液体中分离出沸点较低的多个组分，则应该准备多个烧瓶。

3.2.3 常压蒸馏的步骤

常压蒸馏由安装仪器、加料、加热、收集馏出液四个步骤组成。

常压蒸馏装置的安装顺序一般是从下到上，从左到右；仪器安装要求各接头对接严密，不漏气，磨口不受侧向应力，同时要求美观，即端正、竖直、仪器轴线在一个平面上，铁架台整齐地放在仪器后面。各仪器间通过磨口密封连接。

在装配过程中应注意以下几点：

(1) 安装仪器时，应首先确定仪器的高度，放置好热浴，再将蒸馏瓶放置于热浴中间。若热浴高度和仪器高度不相匹配，可以用升降台来调节热浴高度。

(2) 任何蒸馏或回流装置均不能密封，否则当液体蒸气压增大时，轻则蒸气冲开连接口，使液体冲出蒸馏瓶，重则会发生装置爆炸而引起火灾。

(3) 为了保证温度测量的准确性，温度计水银球的位置应刚好全部浸没在蒸气流中。因此，温度计水银球上限与蒸馏头支管下限在同一水平线上，如图 3-5 所示。

(4) 冷凝管的安装应使其进水口处于最低位置，出水口位于最高位置，以使其夹套中能全部被水浸没，即下进上出。

常压蒸馏操作如下：

(1) 加料。做任何实验都应先安装仪器后再加原料。加液体原料时，取下温度计和温度计套管，在蒸馏头上口放一个长颈漏斗，注意长颈漏斗下口处的斜面应超过蒸馏头支管，慢慢地将液体倒入蒸馏瓶中。

(2) 加沸石。为了防止液体暴沸，再加入两三粒沸石。

(3) 加热。在加热前，应检查仪器装配是否正确，原料、沸石是否加好，冷凝水是否通入，一切无误后再开始加热。开始加热时，电压可以调得略高一些，一旦液体沸腾，根据沸腾剧烈程度控制加热温度。液体沸腾，蒸气逐渐上升，温度计的温度也略有上升，当蒸气到达温度计液球部时，温度计读数急剧上升。控制加热温度，让温度计液球部的液滴和蒸气温度达到平衡，应始终保持有液滴存在，且蒸馏速度以每秒 1～2 滴为宜。如果加热过猛，会影响分离效果，温度计读数也会偏高。反之，如果加热不足，则蒸气流过小，无法蒸馏。

(4) 馏分的收集。达到预期物质沸点之前，沸点较低的物质先蒸馏出来，这部分称为前馏分。前馏分蒸完，温度上升并趋于稳定后，蒸出来的就是较纯的物质，即馏分。待温度稳定 1～2 min 后，应更换一只干燥的接收瓶接收馏分，记下这部分液体开始馏出的温度。随着馏分收集，温度计读数往往略有升高。当温度计读数突然快速上升或下降，说明该馏分已经基本蒸馏完毕。记下温度变化前读数。这两个读数的温度区间就是该馏分的沸程。沸程越小，蒸出的物质越纯。

若蒸馏瓶中还有大量液体，继续加热，温度计读数升高并超过原来恒定的温度，并重新达到气液平衡，这时蒸馏出来的是沸点更高的馏分。此时，应注意更换接收瓶接收第二个馏分，并依此法将蒸馏出的每一个馏分逐一接收。需要注意，新馏分蒸馏出来前，温度计读数也可能先短暂下降后上升，主要是新的气液平衡还没有完全建立。

当最后的馏分蒸馏完毕后，不会再有馏出液蒸出，蒸馏瓶内液体所剩不多，温度计读数会突然下降，这时应该停止蒸馏。注意：即使杂质含量极少，也不要蒸干，以免造成圆底烧瓶破裂及其他意外事故的发生。

(5) 停止蒸馏。馏分蒸完后，应先停止加热，将变压器调至零点，关掉电源，取下热浴。待稍冷却后馏出物不再继续流出时，取下接收瓶保存好产物，关掉冷却水，按安装仪器的相反顺序拆除仪器，即按次序取下接收瓶、接引管、冷凝管、蒸馏头和蒸馏瓶，并清洗干净。

常压蒸馏的注意事项：

(1) 对于沸点较低又易燃的液体，如乙醚，应用水浴加热，而且蒸馏速度不能太快，以保证蒸气全部冷凝。如果室温较高，接收瓶应放在冷水中冷却，在接引管支口处连接橡胶管，将未被冷凝的蒸气导入流动的水中带走。

(2) 蒸馏沸点高于 130 ℃的液体时，应使用空气冷凝管。主要原因是温度高时，水作为冷却介质，冷凝管内外温差增大，使冷凝管接口处局部骤然遇冷容易断裂。

3.3　水蒸气蒸馏

3.3.1　水蒸气蒸馏的原理

当两种互不相溶(或难溶)的液体 A 与 B 共存于同一体系时，每种液体都有各自的蒸气压，其蒸气压的大小与每种液体单独存在时的蒸气压一样(彼此不相干扰)。根据道尔顿(Dalton)分压定律，混合物的总蒸气压为各组分蒸气压之和，即

$$p = p_A + p_B$$

混合物的沸点是总蒸气压等于外界大气压时的温度，因此混合物的沸点比其中任一组分的沸点都要低。水蒸气蒸馏就是利用这一原理，将水蒸气通入不溶或难溶于水的有机化合物中，使该有机化合物在 100 ℃以下便能随水蒸气一起蒸馏出来。当馏出液冷却后，有机液体通常可从水相中分层析出。

根据理想气体状态方程，在馏出液中，随水蒸气蒸出的有机化合物与水的物质的量之比(n_A、n_B 分别表示此两种物质在一定体积的气相中的物质的量)等于它们在沸腾时混合物蒸气中的分压之比，即

$$\frac{n_A}{n_B} = \frac{p_A}{p_B}$$

而 $n_A=W_A / M_A$，$n_B=W_B / M_B$。其中，W_A、W_B 分别为各物质在一定体积中蒸气的质量，

M_A、M_B分别为其摩尔质量。因此，这两种物质在馏出液中的相对质量可按下式计算：

$$\frac{W_A}{W_B}=\frac{M_A \cdot n_A}{M_B \cdot n_B}=\frac{M_A \cdot p_A}{M_B \cdot p_B}$$

例如，1-辛醇和水的混合物用水蒸气蒸馏时，该混合物的沸点为 99.4 ℃，可以从数据手册查得纯水在 99.4 ℃时的蒸气压为 744 mmHg，因为 p 必须等于 760 mmHg，所以 1-辛醇在 99.4 ℃时的蒸气压必定等于 16 mmHg，则馏出液中 1-辛醇与水的质量比为

$$\frac{\text{1-辛醇的质量}}{\text{水的质量}}=\frac{130\times16}{18\times744}\approx\frac{0.155}{1}$$

即蒸出 1.0 g 水能够带出 0.155 g 1-辛醇，1-辛醇在馏出液中的比例占 13.44%。

上述关系式只适用于与水互不相溶或难溶的有机化合物，而实际上很多有机化合物在水中或多或少有些溶解，因此这样的计算仅为近似值，而实际得到的要比理论值低。如果被分离提纯的物质在 100 ℃以下的蒸气压为 1～5 mmHg，则其在馏出液中的含量约为 1%，甚至更低，这时就不能用水蒸气蒸馏分离提纯，而要用过热水蒸气蒸馏，才能提高被分离提纯物质在馏出液中的含量。

水蒸气蒸馏是分离和提纯有机化合物的重要方法之一，它广泛应用于从天然原料中分离出液体和固体产物，特别适用于分离那些在其沸点附近易分解的物质；适用于分离含有不挥发性杂质或大量树脂状杂质的产物；也适用于从较多固体反应混合物中分离出被吸附的液体产物，其分离效果比常压蒸馏或重结晶好。

使用水蒸气蒸馏时，被分离或纯化的物质应具备下列条件：

(1) 一般不溶或难溶于水。

(2) 在沸腾时与水长时间共存而不发生化学反应。

(3) 在 100 ℃左右时应具有一定的蒸气压(一般不小于 10 mmHg)。

3.3.2　水蒸气蒸馏的装置

水蒸气蒸馏装置由水蒸气发生器和简单蒸馏装置组成，图 3-6 给出了实验室常用的水蒸气蒸馏装置。当用直接法进行水蒸气蒸馏时，用简单蒸馏或分馏装置即可。

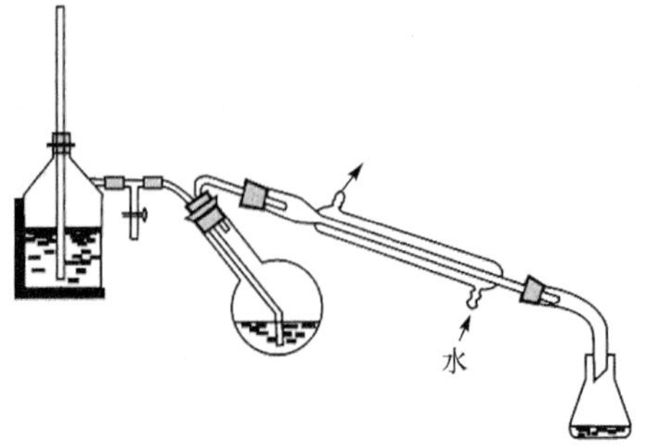

(a) 普通仪器

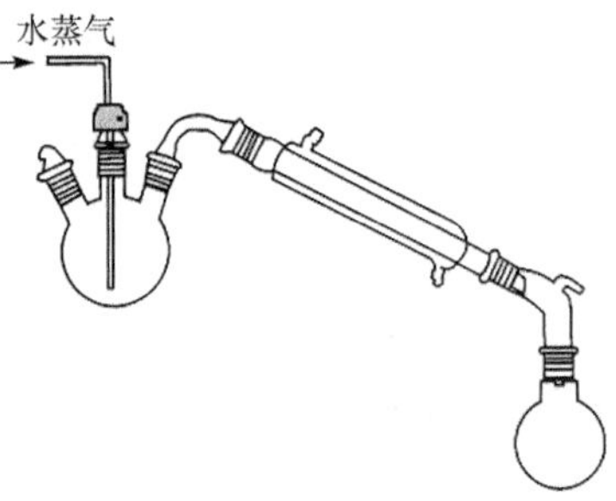

(b) 标准磨口仪器

图 3-6　水蒸气蒸馏装置

水蒸气发生器的上边安装一根长玻璃管，将此管插入发生器底部，距底部约 1.2 cm，可用来调节体系内部的压力并防止系统发生堵塞时出现危险，蒸汽出口管与 T 形管连接，T 形管是一支玻璃三通管，它的一端与发生器连接，另一端与蒸馏装置连接，下口接一段软的橡皮管，用螺旋夹夹住，以便调节蒸汽量。在与蒸馏系统连接时管路越短越好，否则水蒸气冷凝后会降低蒸馏瓶内温度，影响蒸馏效果。

3.3.3　水蒸气蒸馏的操作要点

(1) 蒸馏瓶可选用圆底烧瓶，也可用三口瓶。被蒸馏液体的体积不应超过蒸馏瓶容积的 1/3。将混合液加入蒸馏瓶后，打开 T 形管上的螺旋夹。开始加热水蒸气发生器，使水沸腾。当有水从 T 形管下面喷出时，将螺旋夹拧紧，使蒸汽进入蒸馏系统。调节进汽量，保证蒸汽在冷凝管中全部冷凝下来。

(2) 在蒸馏过程中，若在插入水蒸气发生器中的玻璃管内蒸汽突然上升至几乎喷出，说明蒸馏系统内压增高，可能系统内发生堵塞。应立刻打开螺旋夹，移走热源，停止蒸馏，待故障排除后方可继续蒸馏。当蒸馏瓶内的压力大于水蒸气发生器内的压力时，将发生液体倒吸现象，此时应打开螺旋夹或对蒸馏瓶进行保温，加快蒸馏速度。

(3) 当馏出液不再浑浊时，用表面皿取少量馏出液，在日光或灯光下观察是否有油珠状物质，如果没有，可停止蒸馏。

(4) 停止蒸馏时先打开 T 形管上的螺旋夹，移走热源，待稍冷却后，将水蒸气发生器与蒸馏系统断开。收集馏出物或残液(有时残液是产物)，最后拆除仪器。

3.4　减压蒸馏

3.4.1　减压蒸馏的原理

某些沸点较高的有机化合物在加热还未达到沸点时往往发生分解、聚合或氧化的现象，所以不能用常压蒸馏。使用减压蒸馏可避免这种现象的发生。因为当蒸馏系统内的压力减小后，其沸点便降低，许多有机化合物的沸点当压力降低到 1.3～2.0 kPa(10～15 mmHg)时，可以比其常压下沸点降低 80～100 ℃。因此，减压蒸馏对于分离或提纯沸点较高或性质比较不稳定的液态有机化合物具有特别重要的意义。减压蒸馏也是分离提纯液态有机化合物常用的方法。

在进行减压蒸馏前，应先从文献中查阅该化合物在所选择压力下的相应沸点，如果文献中缺乏此数据，可用下述经验规律大致推算，以供参考。当蒸馏压力为 1333～1999 Pa(10～15 mmHg)时，压力每相差 133.3 Pa(1 mmHg)，沸点相差约 1 ℃；也可以用图 3-7 的压力-温度关系图来查找，即从某一压力下的沸点便可近似推算出另一压力下的沸点。例如，水杨酸乙酯常压下的沸点为 234 ℃，减压至 1999 Pa(15 mmHg)时，沸点为多少度？可在图 3-7(b)中找到 234 ℃的点，再在(c)中找到 1999 Pa(15 mmHg)的点，然后通过两点连一条直线，该直线与(a)的交点为 113 ℃，即水杨酸乙酯在 1999 Pa(15 mmHg)

时的沸点约为 113 ℃。

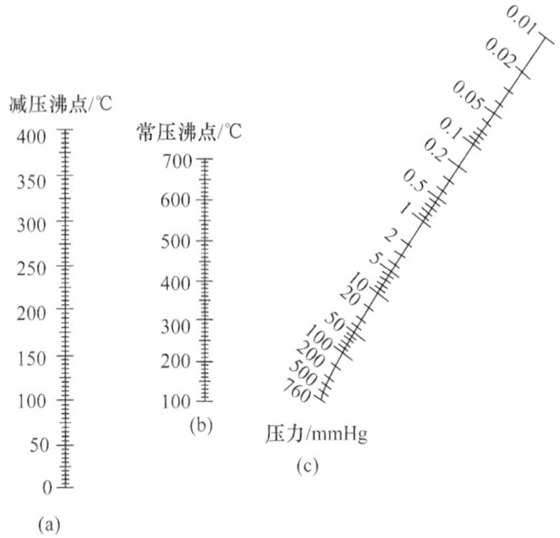

图 3-7　压力-温度关系图

一般把压力范围划分为几个等级：

“粗”真空[(1.333～100 kPa)(10～760 mmHg)]，一般可用水泵获得；

“次高”真空[(0.133～133.3 Pa)(0.001～1 mmHg)]，可用油泵获得；

“高”真空[＜0.133 Pa(10^{-3} mmHg)]，可用扩散泵获得。

3.4.2　减压蒸馏的装置

减压蒸馏装置由蒸馏瓶、克氏蒸馏头(或用 Y 形管与蒸馏头组成)、直形冷凝管、真空接引管(燕尾管)、接收瓶、安全瓶、压力计和油泵(或循环水泵)组成，如图 3-8 所示。

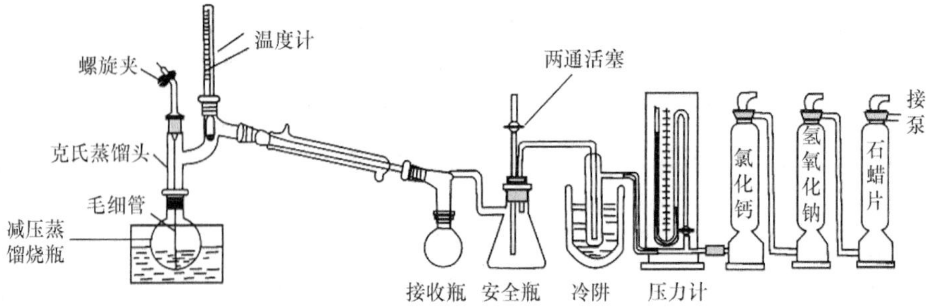

图 3-8　减压蒸馏装置图

(1) 蒸馏部分。减压蒸馏头也称克氏蒸馏头，有两个颈，能防止减压蒸馏时瓶内液体由于暴沸而冲入冷凝管中。在带支管的颈中插入温度计(安装要求与常压蒸馏相同)，另一颈中插入一根毛细管(也称起泡管)，其长度恰好使其下端距瓶底 1～2 mm。毛细管上端连一段带螺旋夹的橡皮管，以调节进入空气，使极少量的空气进入液体呈微小气泡冒出，产生液体沸腾的气化中心，使蒸馏平稳进行。减压蒸馏的毛细管要粗细合适，否则达不到预期的效果。一般检查方法是将毛细管插入少量丙酮或乙醚中，在另一端吹气，从毛细管中冒出一连串小气泡，则毛细管合适。

接收瓶常用圆底烧瓶(切不可用平底烧瓶或锥形瓶)。蒸馏时，若要收集不同的馏分而又不中断蒸馏，可用燕尾管。转动燕尾管，就可使不同馏分收集到不同的接收瓶中。

应根据减压时馏出液的沸点选用合适的热浴和冷凝管。一般使用热浴的温度比液体沸点高 20～30 ℃。为使加热温度均匀平稳，减压蒸馏中常选用水浴或油浴。

(2) 减压部分。实验室通常用水泵或油泵进行抽气减压。应根据实验要求选用减压泵。真空度越高，操作要求越严。如果能用水泵减压蒸馏的物质，则尽量使用水泵，否则容易导致成品损失，甚至损坏减压泵(沸点降低易被抽走或抽入减压泵中)。

(3) 保护及测压部分。使用水泵减压时，必须在馏液接收瓶与水泵之间装上安全瓶。安全瓶由耐压的抽滤瓶或其他广口瓶组装而成，瓶上的两通活塞可调节系统内压力，以及防止水压骤然下降时水泵的水倒吸入接收瓶中。

若用油泵减压时，油泵与接收瓶之间除连接安全瓶外，还需顺次安装冷阱和几种吸收塔以防止易挥发的有机溶剂、酸性气体和水蒸气进入油泵，污染泵油，腐蚀机体，降低油泵减压效能。冷阱置于盛有冷却剂(如冰-盐等)的广口保温瓶中，用以除去易挥发的有机溶剂；吸收塔装无水氯化钙或硅胶用以吸收水蒸气；装氢氧化钠(粒状)用以吸收酸性气体和水蒸气(装浓硫酸则可用以吸收碱性气体和水蒸气)；装石蜡片用以吸收烃类气体。使用时可按实验的具体情况加以组装。

减压装置的整个系统必须保持密封不漏气。

3.4.3　减压蒸馏的操作

如图 3-8 安装好仪器(注意安装顺序)，检查蒸馏系统是否漏气。方法是旋紧毛细管上的螺旋夹，打开安全瓶上的两通活塞，旋开水银压力计的活塞，然后开泵抽气(如用水泵，这时应开至最大流量)。逐渐关闭两通活塞，从压力计上观察系统所能达到的压力，若压力降不下来或变动不大，应检查装置中各部分的塞子和橡皮管的连接是否紧密，必要时可用熔融的石蜡密封。磨口仪器可在磨口接头的上部涂少量真空油脂进行密封(密封应在解除真空后进行)。检查完毕后，缓慢打开安全瓶的两通活塞，使系统与大气相通，压力计缓慢复原，关闭油泵停止抽气。

将被蒸馏物质装入蒸馏烧瓶中，以不超过其容积的 1/2 为宜。若被蒸馏物质中含有低沸点物质，则进行减压蒸馏前应先进行常压蒸馏，然后用水泵减压，尽可能除去低沸点物质。

按上述操作方法开泵减压，小心调节安全瓶上的两通活塞达到实验所需真空度。调节螺旋夹，使液体中有连续平稳的小气泡通过。若在现有条件下仍达不到所需真空度，可按 3.4.1 中所述方法，从图 3-8 中查出在所能达到的压力条件下该物质的近似沸点，进行减压蒸馏。

当调节到所需真空度时，将蒸馏烧瓶浸入水浴或油浴中，通入冷凝水，开始加热蒸馏。加热时，蒸馏烧瓶的圆球部分至少应有 2/3 浸入热浴中。待液体开始沸腾时，调节热源的温度，控制馏出速度为每秒 1～2 滴。

在整个蒸馏过程中要密切注意温度和压力的读数，并及时记录。纯物质的沸程为 1～2 ℃，但有时因压力有所变化，沸程会稍大。

蒸馏完毕时，应先移去热源，待稍冷后，稍稍旋松螺旋夹，缓慢打开安全瓶上的两通活塞解除真空，待系统内、外压力平衡后方可关闭减压泵。

减压蒸馏的注意事项：

(1) 减压蒸馏装置中与减压系统连接的橡皮管应都用耐压橡皮管，否则在减压时会抽瘪而堵塞。

(2) 一定要缓慢旋开安全瓶上的两通活塞，使压力计中的汞柱缓慢地恢复原状，否则汞柱急速上升，有冲破压力计的危险。

3.5 简单分馏

简单分馏主要用于分离两种或两种以上沸点相近且混溶的有机溶液。分馏在实验室和工业生产中应用广泛，工程上常称为精馏。

3.5.1 分馏原理

简单蒸馏只能使液体混合物得到初步的分离。为了获得高纯度的产品，理论上采用多次部分气化和多次部分冷凝的方法，即将简单蒸馏得到的馏出液再次部分气化冷凝，以得到纯度更高的馏出液。而将简单蒸馏剩余的混合液再次部分气化，则得到易挥发组分更少、难挥发组分更多的混合液。只要上面这一过程足够多，就可以将两种沸点相近的物质分离成纯度很高的易挥发组分和难挥发组分两种产品。简言之，分馏即为反复多次的简单蒸馏。分馏在实验室常采用分馏柱来实现，而工业上采用精馏塔。

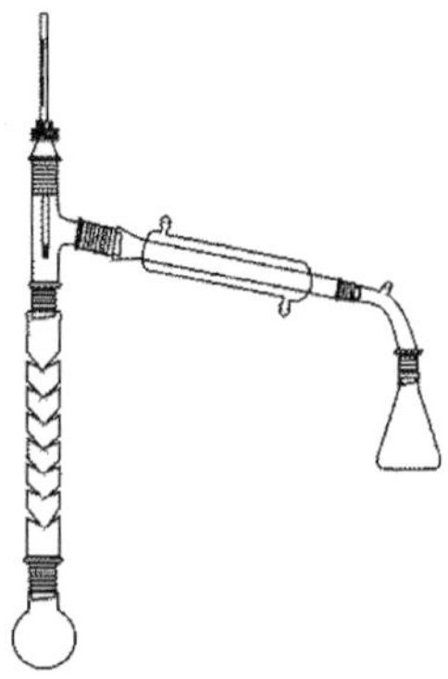

图 3-9　简单分馏装置

3.5.2 分馏装置

分馏装置与简单蒸馏装置类似，不同之处是在蒸馏瓶与蒸馏头之间加了一根分馏柱，如图 3-9 所示。分馏柱的种类很多，实验室常用韦氏分馏柱。半微量实验一般用填料柱，即在一根玻璃管内填上惰性材料，如玻璃、陶瓷或螺旋形、马鞍形等各种形状的金属小片。

3.5.3 分馏过程及操作要点

当液态混合物沸腾时，混合物蒸气进入分馏柱(可以是填料塔，也可以是板式塔)，蒸气沿柱身上升，通过柱身进行热交换，在塔内进行反复多次的冷凝—气化—再冷凝—再气化过程，以保证到达柱顶的蒸气为纯的易挥发组分，而蒸馏瓶中的液体为难挥发组分，从而高效率地将混合物分离。分馏柱沿柱身存在动态平衡，不同高度段存在温度梯度，此过程是一个热和质的传递过程。

为了得到良好的分馏效果，应注意以下几点：

(1) 在分馏过程中，无论使用哪种分馏柱，都应防止回流液体在柱内聚集，否则会减少液体和蒸气接触面积，或者使上升的蒸气将液体冲入冷凝管中，达不到分馏的目的。为了避免这种情况的发生，需在分馏柱外面包一定厚度的保温材料，以保证柱内具有一定的温度，防止蒸气在柱内冷凝太快。当使用填充柱时，往往由于填料装得太紧或不均匀，造成柱内液体聚集，这时需要重新装柱。

(2) 对分馏来说，在柱内保持一定的温度梯度是极为重要的。在理想情况下，柱温度与蒸馏瓶内液体沸腾时的温度接近。柱内自下而上温度不断降低，直至柱顶接近易挥发组分的沸点。一般情况下，柱内温度梯度的保持是通过调节馏出液速度来实现的，若加热速度快，蒸出速度也快，使柱内温度梯度变小，影响分离效果。若加热速度慢，蒸出速度也慢，使柱身被流下来的冷凝液阻塞，这种现象称为液泛。为了避免上述情况出现，可以通过控制回流比来实现。回流比是指冷凝液流回蒸馏瓶的速度与柱顶蒸气通过冷凝管流出速度的比值。回流比越大，分离效果越好。回流比的大小根据物系和操作情况而定，一般回流比控制在 4∶1，即冷凝液流回蒸馏瓶为每秒 4 滴，柱顶馏出液每秒 1 滴。

(3) 液泛能使柱身及填料完全被液体浸润，在分离开始时，可以人为地利用液泛将液体均匀地分布在填料表面，充分发挥填料本身的效率，这种情况称为预液泛。一般分馏时，先将电压调得稍大，一旦液体沸腾就应注意将电压调小，当蒸气冲到柱顶还未达到温度计水银球部位时，控制电压使蒸气保证在柱顶全回流，这样维持 5 min。再将电压调至合适的位置，此时应控制好柱顶温度，使馏出液以每两三秒 1 滴的速度平稳流出。

3.6　升　　华

升华是纯化固体物质的另一种方法，特别适用于纯化在熔点温度以下蒸气压较高(高于 20 mmHg)的固体物质。利用升华可除去不挥发性杂质或分离不同挥发度的固体混合物，升华的产品具有较高的纯度，但操作时间长，损失较大，因此在实验室中一般用于较少量(1～2 g)化合物的提纯。

与液体相同，固体物质也有一定的蒸气压，并随温度而变。当加热时，物质自固态不经过液态而直接气化为蒸气，蒸气冷却又直接凝固为固态物质，这个过程称为升华。常采用升华的方法提纯某些固体物质，升华是利用固体混合物中的被纯化固体物质与其他固体物质(或杂质)具有不同的蒸气压实现的。

固体物质在熔点温度以下具有足够大的蒸气压，则可用升华方法来提纯。显然，欲纯化物中杂质的蒸气压必须很低，分离的效果才好。但在常压下具有适宜升华蒸气压的有机化合物不多，通常需要减压以增加固体的气化速率，即采用减压升华。这与对高沸点液体进行减压蒸馏是同一道理。

把待精制的物质放入蒸发皿中，用一张穿有若干小孔的圆形滤纸把锥形漏斗的口包起来，把此漏斗倒盖在蒸发皿上，漏斗颈部塞一团棉花，加热蒸发皿，逐渐升高温度，使待精制的物质气化，蒸气通过滤纸孔，遇到漏斗的内壁冷凝为晶体，附在漏斗的内壁和滤纸上。在滤纸上穿小孔可防止升华后形成的晶体落回到下面的蒸发皿。

较大量物质的升华可在烧杯中进行。烧杯上放置一个通冷水的烧瓶，使蒸气在烧瓶底部凝结成晶体并附在瓶底上。升华前，必须把待精制的物质充分干燥。

图 3-10 为常用的升华装置，其中(a)、(b)为常压升华装置，(c)、(d)为减压升华装置。

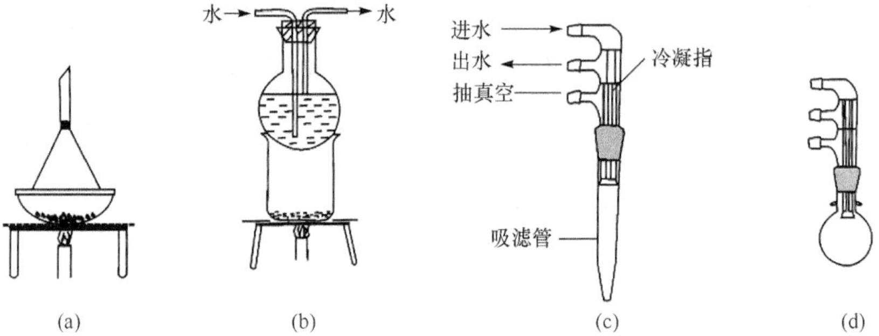

图 3-10　升华装置

3.7　干燥及干燥剂的使用

干燥是常用的除去固体、液体或气体中少量水分或有机溶剂的方法。当要对有机化合物进行波谱分析、定性或定量分析及物理常数测定时，往往要求预先干燥，否则测定的结果不准确。液体有机化合物在蒸馏前也要干燥，否则沸点前馏分较多，产物损失较大，甚至沸点也不准。此外，有些有机反应需要在绝对无水条件下进行，所用溶剂、原料和仪器等均要绝对干燥，反应过程中也要通过干燥管以防止潮气进入容器。可见，干燥在有机化学实验中是极其普遍而又重要的操作。

3.7.1　基本原理

干燥方法从原理上可分为物理方法和化学方法两大类。

1. 物理方法

物理方法中有烘干、晾干、吸附、分馏、共沸蒸馏和冷冻等。近年来，还常用离子交换树脂和分子筛等方法进行干燥。离子交换树脂是一种不溶于水、酸、碱和有机溶剂的高分子聚合物。分子筛是含水硅铝酸盐的晶体。它们都能可逆地吸附水分，加热解吸除水活化后可重复使用。

2. 化学方法

化学方法是采用干燥剂除水。根据除水原理又可分为以下两类：

(1) 能与水可逆地结合，生成水合物，如氯化钙、硫酸钠、硫酸镁和硫酸钙等。

(2) 与水发生不可逆的化学反应，生成新的化合物，如金属钠、五氧化二磷等。

3.7.2 液体有机化合物的干燥

(1) 干燥剂的选择。干燥剂应与被干燥的液体有机化合物不发生化学反应，包括溶解、络合、缔合和催化等，如酸性化合物不能用碱性干燥剂等，并且易与干燥后的有机化合物完全分离。

(2) 干燥剂的吸水容量和干燥效能。干燥剂的吸水容量是指单位质量干燥剂所吸收水的量。干燥效能是指达到平衡时液体被干燥的程度，对于形成水合物的无机盐干燥剂，常用吸水后结晶水的蒸气压来表示其干燥效能。例如，硫酸钠形成 10 个结晶水的水合物，其吸水容量为 1.25，在 25 ℃时结晶水的蒸气压为 256 Pa(1.92 mmHg)；氯化钙最多能形成 6 个结晶水的水合物，其吸水容量为 0.97，在 25 ℃时结晶水的蒸气压为 27 Pa(0.20 mmHg)。两者相比较，硫酸钠的吸水容量较大，但干燥效能弱；而氯化钙吸水容量较小，但干燥效能强。在干燥含水量较大而又不易干燥的化合物时，常先用吸水容量较大的干燥剂除去大部分水分，再用干燥效能强的干燥剂进行干燥。

(3) 干燥剂的用量。根据水在液体中的溶解度和干燥剂的吸水容量，可算出干燥剂的最低用量。但是，干燥剂的实际用量要大大超过计算量，一般每 10 mL 样品需 0.5～1.0 g 干燥剂。但由于液体产品中水分含量不同，干燥剂质量不同，颗粒大小不同，不能一概而论。实际操作中，一般是分批加入干燥剂，通过现场观察判断干燥的效果。

a. 观察被干燥液体。不溶于水的有机溶液在含水时常处于浑浊状态，加入适当的干燥剂进行干燥，当干燥剂吸水后，浊液会呈清澈透明状，这时即表明干燥合格。否则，应补加适量干燥剂继续干燥。

b. 观察干燥剂。有些有机溶剂溶于水，因此含水的溶液也呈清澈透明状，如乙醚。这种情况下要判断干燥剂用量是否合适，则应看干燥剂的状态。加入干燥剂后，因其吸水后会粘在器壁上，摇动容器也不易旋转，表明干燥剂用量不够，应适量补加，直到新的干燥剂不结块、不粘壁，且棱角分明，摇动时旋转并悬浮(尤其是硫酸镁等小晶粒干燥剂)，表示所加干燥剂用量合适。

由于干燥剂还能吸收一部分有机液体，影响产品收率，故干燥剂用量要适中。应先加入少量干燥剂后静置一段时间，观察用量不足时再补加。

(4) 干燥时的温度。对于生成水合物的干燥剂，加热虽可加快干燥速度，但远远不如水合物放出水的速度快，因此干燥通常在室温下进行。

(5) 操作步骤与要点：

a. 首先把被干燥液体中的水分尽可能除净，不应有任何可见的水层或悬浮水珠。因为干燥剂只适用于干燥少量水分，若水的含量大，则干燥效果不好。为此，萃取分液时应尽量将水层分净，这样干燥效果好，且产物损失少。

b. 把被干燥液体放入干燥的锥形瓶中，取颗粒大小合适(如无水氯化钙应为黄豆粒大小且不夹带粉末)的干燥剂放入液体中，用塞子盖住瓶口，轻轻振摇(干燥易挥发液体如乙醚时，注意轻摇，以免塞子冲出而损坏)，观察判断干燥剂是否足量，静置一段时间(0.5 h 以上，最好过夜)。

c. 把干燥好的液体滤入适当的容器中密封保存或者过滤后进行蒸馏。干燥剂与水的反应为不可逆反应时，蒸馏前不必滤除。

d. 有些溶剂的干燥不必加干燥剂，而借其与水可形成共沸混合物的特点直接蒸馏把水除去，如苯、甲苯和四氯化碳等。工业上制备无水乙醇就是利用乙醇、水和苯三者形成共沸物的特点，在 95%的乙醇中加入适量的苯进行共沸蒸馏。前馏分为三元共沸混合物(b.p. 64.9 ℃)；当把水蒸完后，即为乙醇和苯的二元共沸混合物(b.p. 69.3 ℃)，无苯后，沸点升高即为无水乙醇。但该乙醇中含有微量苯，不宜作光谱分析的溶剂。

3.7.3　固体有机化合物的干燥

干燥固体有机化合物主要是为了除去残留在固体中的少量低沸点溶剂，如水、乙醚、乙醇、酮和苯等。由于固体有机化合物的挥发性比溶剂小，所以可采用蒸发和吸附的方法来达到干燥的目的。常用干燥方法如下：晾干、冻干；用恒温烘箱、恒温真空干燥箱或红外灯烘干；用普通干燥器或真空干燥器干燥。

(1) 自然干燥。自然干燥是最经济、方便的方法。应注意，被干燥的固体有机化合物应稳定、不分解、不吸潮。干燥时应将被干燥的固体放在表面皿或其他敞口瓶中，薄薄摊开，须防灰尘落入。

(2) 加热干燥。对于熔点较高且遇热不分解的固体，可使用红外灯(放置温度计以便控制温度)或放置在恒温烘箱中烘干。加热温度应低于固体的熔点(至少 10 ℃)，并加以翻动，不能有结块现象。

(3) 干燥器干燥。对于不能用上述方法干燥的易分解或升华的固体有机化合物，应放在干燥器内干燥。常见干燥器有普通干燥器、真空干燥器、真空恒温干燥器等(图 3-11)。

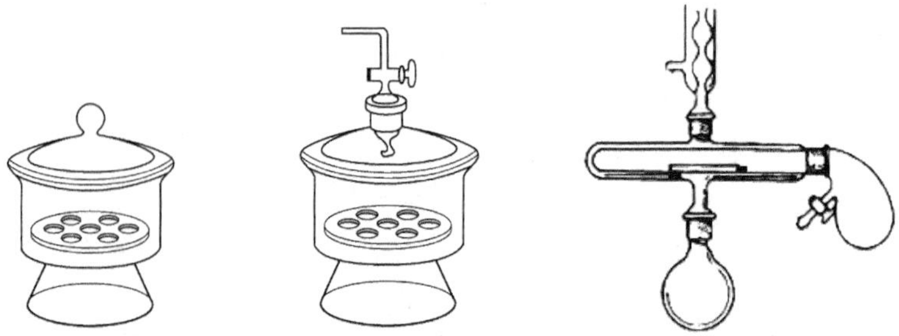

(a) 普通干燥器　　(b) 真空干燥器　　(c) 真空恒温干燥器

图 3-11　常见干燥器

a. 普通干燥器：干燥样品所需时间较长，效率不高，一般适用于保存易吸潮药品。

b. 真空干燥器：可提高干燥效率。使用时真空度不宜过高，以防干燥器炸裂，一般用水泵抽气，抽真空时，外面套以铁丝网或用布包裹，以防玻璃炸裂伤人。新的干燥器应先试抽检验是否耐压。抽气时应有防止倒吸的安全装置。取样放气时不宜太快，以防空气流入太快将样品冲散。

干燥器中干燥剂的选择依除去溶剂的性质而定，同时不与被干燥的固体有机化合物发生反应。干燥剂放在干燥器内的隔板下面，被干燥的样品用表面皿、培养皿等盛装放在隔板上面。

c. 真空恒温干燥器(干燥枪)：干燥效率高，尤其要除去结晶水或结晶醇，此法更好。但这种方法只适用于少量样品的干燥(若被干燥化合物量多，可采用真空恒温干燥箱)。使用时将装有样品的小舟放入夹层内，连接盛有干燥剂(一般用五氧化二磷)的曲颈瓶，然后用水泵减压，抽到一定真空度时，先将旋塞关闭，即停止抽气。若不关闭旋塞再连续抽真空，则干燥枪内的气体不能再流入水泵，反而有可能使水汽扩散到干燥枪内得到相反的结果。每隔一定的时间再抽一次气。根据被干燥有机化合物的性质，选用适当的溶剂进行加热(溶剂的沸点不能超过样品的熔点)，溶剂蒸气充满夹层外面，而使夹层内样品在减压和恒定的温度下进行干燥。

3.7.4　气体的干燥

有机化学实验中常用的气体有 N_2、O_2、H_2、Cl_2、NH_3、CO_2，有时要求气体中含很少或基本不含 CO_2、H_2O 等，因此需要对上述气体进行干燥。

干燥气体时常用的仪器有干燥管、干燥塔、U 形管、各种洗气瓶(用来盛液体干燥剂)等。

3.8　萃　　取

萃取是物质从一相向另一相转移的操作过程。它是有机化学实验中用来分离或提纯有机化合物的基本操作之一。应用萃取可以从固体或液体混合物中提取出所需要的物质，也可以用来洗去混合物中的少量杂质。通常前者称为“萃取”(或“抽提”)，后者称为“洗涤”。

根据被提取物质状态的不同，萃取分为两种：一种是用溶剂从液体混合物中提取物质，称为液-液萃取；另一种是用溶剂从固体混合物中提取物质，称为液-固萃取。

3.8.1　基本原理

1. 液-液萃取

液-液萃取是利用物质在两种互不相溶(或微溶)的溶剂中溶解度或分配系数的不同，使物质从一种溶剂转移到另一种溶剂中。分配定律是液-液萃取的主要理论依据。在两种互不相溶的混合溶剂中加入某种可溶性物质时，它能以不同的溶解度分别溶解于这两种溶剂中。实验证明，在一定温度下，若该物质的分子在这两种溶剂中不发生分解、电离、缔合和溶剂化等作用，则此物质在两液相中浓度之比是一个常数，无论所加物质的量是多少都是如此。用公式表示为

$$\frac{c_A}{c_B}=K$$

式中，c_A、c_B分别为一种物质在 A、B 两种互不相溶的溶剂中的物质的量浓度；K是一个常数，称为“分配系数”，它可以近似地看作物质在两溶剂中的溶解度之比。

由于有机化合物在有机溶剂中的溶解度一般比在水中大，因而可以用与水不互溶的有机溶剂将有机化合物从水溶液中萃取出来。为了节省溶剂并提高萃取效率，根据分配定律，用一定量的溶剂一次加入溶液中进行萃取，不如将同量的溶剂分成几份进行多次萃取效率高。经 n 次萃取后有机化合物(X)剩余量可用下式计算：

$$W_n=W\left(\frac{KV}{KV+S}\right)^n$$

式中，V 为被萃取溶液的体积，mL；W 为被萃取溶液中有机化合物(X)的总量，g；W_n为萃取 n 次后有机化合物(X)剩余量，g；S为萃取溶剂的体积，mL。

当用一定量的溶剂萃取时，希望在水中的剩余量越少越好。而上式 $KV/(KV+S)$总是小于 1，所以 n 越大，W_n就越小，即将溶剂分成数份进行多次萃取比用全部量的溶剂进行一次萃取的效果好。但是，萃取的次数也不是越多越好，因为溶剂总量不变时，萃取次数 n 增加，S 就要减小。当 $n>5$ 时，n 和 S 两个因素的影响就几乎相互抵消了，n 再增加，$W_n / (W_n+1)$的变化很小，所以一般同体积溶剂分为 3～5 次萃取即可。

一般从水溶液中萃取有机化合物时，选择合适萃取溶剂的原则是：溶剂在水中溶解度很小或几乎不溶；被萃取物在溶剂中比在水中溶解度大；溶剂与水和被萃取物都不发生反应；萃取后溶剂易与溶质分离，因此最好用低沸点溶剂，萃取后溶剂可用常压蒸馏回收。此外，也应考虑价格便宜，操作方便，毒性小、不易着火等因素。

经常使用的溶剂有乙醚、苯、四氯化碳、氯仿、石油醚、二氯甲烷、二氯乙烷、正丁醇、乙酸乙酯等。一般水溶性较小的物质可用石油醚萃取；水溶性较大的物质可用苯或乙醚萃取；水溶性极大的物质用乙酸乙酯萃取。

常用的萃取操作包括：

(1) 用有机溶剂从水溶液中萃取有机化合物。

(2) 通过水萃取，从混合物中除去酸碱催化剂或无机盐类。

(3) 用稀碱或无机酸溶液萃取有机溶剂中的酸或碱，使之与其他有机化合物分离。

2. 液-固萃取

从固体混合物中萃取所需要的物质是利用固体物质在溶剂中的溶解度不同来达到分离、提取的目的。通常用长期浸出法或采用索氏提取器(脂肪提取器，图 3-12)来提取物质。长期浸出法是通过溶剂长期的浸润溶解而将固体物质中所需物质浸出来，然

后用过滤或倾析的方法把萃取液和残留的固体分开。这种方法效率不高，时间长，溶剂用量大，实验室不常采用。

索氏提取器是利用溶剂加热回流和虹吸原理，使固体物质每一次都能被纯的溶剂所萃取，因而效率较高并节约溶剂，但对受热易分解或变色的物质不宜采用。索氏提取器由三部分构成，上面是冷凝管，中部是带有虹吸管的提取管，下面是烧瓶。萃取前应先将固体物质研细，以增加液体浸溶的面积。然后将固体物质放入滤纸套内，并将其置于中部，内装物不得超过虹吸管，溶剂由上部经中部虹吸加入烧瓶中。当溶剂沸腾时，蒸气通过通气侧管上升，被冷凝管冷凝成液体，滴入提取管中。当液面超过虹吸管的最高处时，产生虹吸，萃取液自动流入烧瓶中，因而萃取出溶于溶剂的部分物质。再蒸发溶剂，如此循环多次，直到被萃取物质大部分被萃取为止。固体中可溶性物质富集于烧瓶中，然后用适当方法将萃取物质从溶液中分离出来。

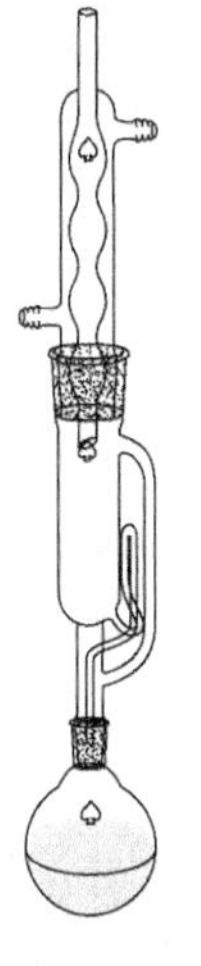

图 3-12　索氏提取器

固体物质还可用热溶剂萃取，特别是有的物质冷时难溶，热时易溶，则必须用热溶剂萃取。一般采用回流装置进行热提取，固体混合物在一段时间内被沸腾的溶剂浸润溶解，从而将所需的有机化合物提取出来。为了防止有机溶剂的蒸气逸出，常用回流冷凝装置，使蒸气不断地在冷凝管内冷凝，返回烧瓶中。回流的速度应控制在溶剂蒸气上升的高度不超过冷凝管的第一个小球为宜。

3.8.2　萃取操作方法

萃取常用的仪器是分液漏斗。使用前应先检查下口活塞和上口塞子是否有漏液现象。在活塞处涂少量凡士林，旋转几圈将凡士林涂均匀。在分液漏斗中加入一定量的水，将上口塞子塞好，上下摇动分液漏斗中的水，检查是否漏水，确定不漏后再使用。

将待萃取的原溶液倒入分液漏斗中，再加入萃取剂(如果是洗涤，应先将水溶液分离后，再加入洗涤溶液)，将塞子塞紧，用右手的拇指和中指拿住分液漏斗，食指压住上口塞子，左手的食指和中指夹住下口管，同时食指和拇指控制活塞。然后将分液漏斗平放，前后摇动或做圆周运动，使液体振荡，两相充分接触，如图 3-13 所示。在振荡过程中应注意不断放气，以免萃取或洗涤时内部压力过大，造成分液漏斗的塞子被顶开，使液体喷出，严重时还会引起分液漏斗爆炸，造成伤人事故。放气时，将分液漏斗的下口向上倾斜，使液体集中在下面，用控制活塞的拇指和食指打开活塞放气，注意不要对着人，一般振荡两三次就需放一次气。经几次摇动放气后，将分液漏斗放在铁架台的铁圈上，将塞子上的小槽对准分液漏斗上的通气孔，静置 2～5 min。待液体分层后将萃取相(有机相)倒出，放入干燥好的锥形瓶中，萃余相(水相)再加入新萃取剂继续萃取。重复以上操作过程，萃取后，合并萃取相，加入干燥剂进行干燥。干燥后，先将低沸点的物

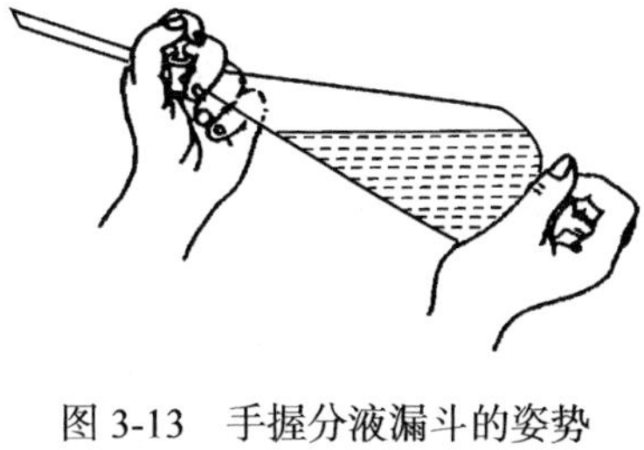

图 3-13　手握分液漏斗的姿势

质和萃取剂用简单蒸馏的方法蒸出，然后视产品的性质选择合适的纯化方法。

当被萃取的原溶液量很少时，可采取微量萃取技术进行萃取。取一支离心分液管放入原溶液和萃取剂，盖好盖子，用手摇动分液管或用滴管向液体中鼓气，使液体充分接触，并注意随时放气。静置分层后，用滴管将萃取相吸出，在萃余相中加入新的萃取剂继续萃取。以后的操作如前所述。

在萃取操作中应注意以下几个问题：

(1) 分液漏斗中的液体不宜太多，以免摇动时影响液体接触而使萃取效果下降。

(2) 液体分层后，上层液体由上口倒出，下层液体由下口经活塞放出，以免污染产品。

(3) 当溶液呈碱性时，常产生乳化现象。有时存在少量轻质沉淀、两液相密度接近、两液相部分互溶等都会引起分层不明显或不分层。此时，静置时间应长一些，或加入一些食盐增加两相的密度，使絮状物溶于水中，迫使有机化合物溶于萃取剂中，或加入几滴酸、碱、醇等，以破坏乳化现象。若上述方法不能将絮状物破坏，则分液时应将絮状物与萃余相(水相)一起放出。

(4) 液体分层后应正确判断萃取相(有机相)和萃余相(水相)，一般根据两相的密度来确定，密度大的在下面，密度小的在上面。如果一时判断不清，应将两相分别保存起来，待弄清后再弃掉不要的液体。

3.9 色谱法

色谱法(chromatography)又称层析法，1903 年由俄国植物学家茨维特首创。起初，色谱法用于有色化合物(如叶绿素等)的分离。目前，它已发展成为分析混合物组分或纯化各种类型物质的特殊技术。

色谱法的特点是集分离、分析于一体，简便、快速、微量。它解决了许多其他分析方法所不能解决的问题，在医药、卫生、生化、天然有机化学等学科有广泛的应用。随着电子计算机技术的迅速发展，出现了全自动气相色谱仪、高效液相色谱仪等，使色谱法这一分离分析技术的灵敏度及自动化程度不断提高。

色谱法的应用主要有以下几个方面：

(1) 分离混合物。含有多种组分的混合物样品，不需事先用其他化学方法消除干扰，可直接进行分离，而且能将有机同系物及同分异构体分离。

(2) 精制、提纯有机化合物。制备色谱可将有机化合物中少量结构类似的杂质除去，达到色谱纯度。

(3) 鉴定化合物。可利用化合物的物理常数(如 R_f 值)，同时将未知物与已知物进行对照，初步判断性质相似的化合物是否为同一种物质。

(4) 观察化学反应进行的程度。利用简便、快速的薄层色谱观察色点的变化，以监测反应是否完成。

凡色谱都存在两相。一相是固定的，称为固定相；另一相是流动的，称为流动相。原理是利用混合物中各组分在不同的两相中溶解、吸附或其他亲和作用的差异，当流动相流经固定相时，各组分在两相中反复多次受上述各种力的作用而得到分离。

色谱法有以下几种分类方法：

(1) 按其分离过程的原理可分为吸附色谱法、分配色谱法、离子交换色谱法等。

(2) 按固定相或流动相的物理状态可分为液固色谱法、气固色谱法、气液色谱法、液液色谱法等。

(3) 按操作形式不同可分为柱色谱法(column chromatography)、薄层色谱法(thin layer chromatography，TLC)和纸色谱法(paper chromatography)等。借助薄层色谱或纸色谱，可以摸索柱色谱的分离条件(如吸附剂、展开剂等的选择)，然后利用柱色谱较大量地分离和制备化合物。同时，柱色谱中也要利用薄层色谱与纸色谱来鉴定、分析分段收集洗脱液中的各组分。

3.9.1　薄层色谱

薄层色谱与柱色谱的原理相同，也可以分为吸附色谱和分配色谱(主要介绍固-液吸附色谱)，只不过固体吸附剂是在玻璃板或硬质塑料板上铺成均匀的薄层(0.25～1 mm)，用毛细管将样品点在板的一端，把板放在合适的流动相(展开剂)中。流动相带着混合物组分以不同的速率沿板移动，即组分被吸附剂不断地吸附，又被流动相不断地溶解(解吸)而向前移动。由于吸附剂对不同组分有不同的吸附能力，流动相也有不同的解吸能力，因此在流动相向前移动的过程中，不同的组分移动不同的距离，从而形成了互相分离的斑点。在给定条件(吸附剂、展开剂的选择，薄层厚度及均匀度等)下，化合物移动的距离与展开剂前沿移动的距离之比称为比移值(R_f)，是给定化合物特有的常数，即

$$R_f = \frac{\text{样品原点中心到斑点中心的距离}}{\text{样品原点中心到溶剂前沿的距离}}$$

利用薄层色谱进行分离及鉴定工作，比纸色谱灵敏、快捷、准确。薄层色谱的特点是：①设备简单，操作容易；②分离时间短，只需数分钟到几小时即可得到结果，因而常用来跟踪有机反应，监测有机反应完成的程度；③分离能力强，斑点集中，特别适用于挥发性小或在高温下易发生变化而不能用气相色谱分离的物质；④可采用腐蚀性的显色剂(如浓硫酸)，且可在较高温度下显色；⑤不仅适用于少量样品(几毫克)的分离，也适用于较大量样品(可达 500 mg)的精制。应该指出，薄层色谱能否成功，与样品、使用的吸附剂、展开剂及薄层的厚度等因素有关。

1. 吸附剂的选择

薄层色谱中常用的吸附剂(固定相)和柱色谱一样，有氧化铝、硅胶等，只不过要求的颗粒更细(一般约 200 目)。颗粒太大，展开速度太快，分离效果不好；颗粒太细，展开速度又太慢，可能会造成拖尾、斑点不集中等问题。由于用于薄层色谱的吸附剂颗粒较细，所以分离效率比相同长度的柱效率高得多。一般展开距离为 10～15 cm 的薄层比展开距离为 40～50 cm 的滤纸效率还高，斑点也比纸色谱的小。吸附剂常与少

量黏合剂[如羧甲基纤维素钠、煅石膏($2CaSO_4 \cdot H_2O$)、淀粉等]混合，以增大吸附剂在板上的黏着力。薄层板分为两种：通常将加黏合剂的薄层板称为硬板，不加黏合剂的板称为软板。大致来说，薄层色谱用的硅胶类型分为硅胶 H，不加黏合剂；硅胶 G，含煅石膏作黏合剂；硅胶 H_{254}，含荧光剂，可于波长 254 nm 紫外光下观察到荧光；硅胶 GF_{254}，含煅石膏又含荧光剂。氧化铝也因含黏合剂和荧光剂分为氧化铝 G、氧化铝 GF_{254} 及氧化铝 HF_{254} 等。

薄层色谱和柱色谱一样，所使用的吸附剂对分析样品的吸附能力与样品的极性有关。极性大的化合物吸附性强，因而 R_f 值较小。因此，利用硅胶或氧化铝薄层可将不同极性的化合物分离。

2. 展开剂的选择

薄层色谱展开剂的选择与柱色谱洗脱剂的选择相同，极性大的化合物需用极性大的展开剂，极性小的化合物需用极性小的展开剂。一般情况下，先选用单一展开剂，如苯、氯仿、乙醇等，若样品各组分的 R_f 值较大，可使用或加入适量极性较小的展开剂，如石油醚等；反之，若样品各组分的 R_f 值较小，则可加入适量极性较大的展开剂试行展开。在实际工作中，常用两种或三种溶剂的混合物作展开剂，这样更有利于调配展开剂的极性，改善分离效果。通常希望 R_f 值为 0.2～0.8，最理想的 R_f 值为 0.4～0.5。

在此过程中，选择合适的展开剂是至关重要的。一般展开剂的选择与柱色谱中洗脱剂的选择类似，即极性化合物选择极性展开剂，非极性化合物选择非极性展开剂。当一种展开剂不能将样品分离时，可选用混合展开剂。表 3-1 给出了常见溶剂在硅胶板上的展开能力，一般展开能力与溶剂的极性成正比。混合展开剂的选择请参考柱色谱中洗脱剂的选择。

表 3-1　TLC 常用的展开剂

溶剂名称
戊烷、四氯化碳、苯、氯仿、二氯甲烷、乙醚、乙酸乙酯、丙酮、乙醇、甲醇 极性及展开能力增加 →

3. 薄层板的制备

薄层板制备的好坏直接影响色谱的分离效果。要求薄层尽量均匀，厚度一致，否则展开时展开剂前沿不整齐，色谱结果也不易重复。首先在洗净干燥的玻璃板上铺一层均匀的厚度一定的吸附剂，铺层可分为干法和湿法两种，现分别介绍如下。

干法制板常用氧化铝作为吸附剂，将氧化铝倒在玻璃板上，取一根直径均匀的玻璃棒，将两端用胶布缠好，在玻璃板上滚压，把吸附剂均匀地铺在玻璃板上。这种方法操作简便，展开快，但是样品展开点易扩散，制成的薄板不易保存。

实验室最常用的是湿法制板。取 2 g 硅胶 GF_{254}，加入 5～7 mL 0.7%的羧甲基纤维素钠水溶液，调成糊状。将糊状硅胶均匀地倒在三块载玻片上，先用玻璃棒铺平，然后用手轻轻振动至平。大量铺板或铺较大板时，也可使用涂布器。

在薄层板制备过程中应注意以下几点：

(1) 铺板时，尽可能将吸附剂铺均匀，不能有气泡或颗粒等。

(2) 铺板时，吸附剂的厚度不能太厚也不能太薄，太厚展开时会出现拖尾，太薄样品分不开，一般厚度为 0.5～1 mm。

(3) 湿板铺好后，应放在较平的地方慢慢自然干燥，千万不要快速干燥，否则薄层板会出现裂痕。

4. 薄层板的活化

薄层板经过自然干燥后，再放入烘箱中活化，进一步除去水分。不同的吸附剂及配方需要不同的活化条件。例如，硅胶一般在烘箱中逐渐升温，在 105～110 ℃下加热 30 min；氧化铝在 200～220 ℃下烘干 4 h 可得到活性为Ⅱ级的薄层板，在 150～160 ℃下烘干 4 h 可得到活性为Ⅲ～Ⅳ级的薄层板。当分离某些易吸附的化合物时，可不用活化。

5. 点样

将样品用易挥发溶剂配成 1%～5%的溶液。在距薄层板的一端 10 mm 处，用铅笔轻画一条横线作为点样时的起点线，在距薄层板的另一端 5 mm 处，再画一条横线作为展开剂向上爬行的终点线(画线时不能将薄层板表面破坏)。

用内径小于 1 mm、干净且干燥的毛细管吸取少量的样品，轻轻触及薄层板的起点线(点样)，然后立即抬起，待溶剂挥发后，再触及第二次。这样点 3～5 次即可，如果样品浓度低可多点几次。在点样时应做到“少量多次”，即每次点的样品量要少一些，点的次数可以多一些，这样可以保证样品点既有足够的浓度点又小。点好样品的薄层板待溶剂挥发后再放入展开缸中进行展开。

6. 展开

展开时，在展开缸中注入配好的展开剂，将薄层板点有样品的一端放入展开剂中(注意展开剂液面的高度应低于样品斑点)。在展开过程中，样品斑点随着展开剂向上迁移，当展开剂前沿至薄层板上边的终点线时，立刻取出薄层板。将薄层板上分开的样品点用铅笔圈好，计算比移值。

7. R_f值的计算

对于一种化合物，当展开条件相同时，R_f值是一个常数。因此，可用 R_f值作为定性分析的依据。但是，由于影响 R_f值的因素较多，如展开剂、吸附剂、薄层板的厚度、温度等，因此同一化合物的 R_f值与文献值相差很大。在实验中常采用的方法是，在一块板上同时点一个已知物和一个未知物，进行展开，通过计算 R_f值来确定是否为同一化合物。

8. 显色

样品展开后，如果本身带有颜色，可直接看到斑点的位置。但是，大多数有机化合物是无色的，因此就存在显色的问题。常用的显色方法有以下两种：

(1) 显色剂法。常用的显色剂有碘和三氯化铁水溶液等。许多有机化合物能与碘生成棕色或黄色的络合物。利用这一性质，在一密闭容器(一般用展开缸即可)中放几粒碘，将展开并干燥的薄层板放入其中，稍稍加热使碘升华，当样品与碘蒸气反应后，薄层板上的样品点处即可显示出黄色或棕色斑点，取出薄层板用铅笔将点圈好即可。除饱和烃和卤代烃外，均可采用此方法。三氯化铁溶液可用于带有酚羟基化合物的显色。

(2) 紫外光显色法。用硅胶 GF_{254} 制成的薄层板，由于加入了荧光剂，在波长 254 nm 的紫外灯下可观察到暗色斑点，此斑点就是样品点。

以上这些显色方法在柱色谱和纸色谱中同样适用。

3.9.2　柱色谱

柱色谱可分为分配柱色谱和吸附柱色谱。实验中常采用吸附柱色谱。

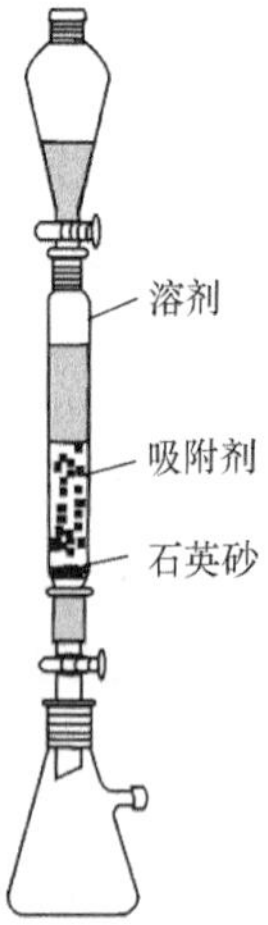

图 3-14　柱色谱装置图

图 3-14 是用来分离混合物的柱色谱装置图。柱内装有固定相(氧化铝或硅胶等)，将少量样品溶液放在顶部，然后让流动相(洗脱剂)通过柱，移动的液相带着混合物的组分下移，各组分在两相间连续不断地发生吸附、脱附、再吸附、再脱附的过程。由于不同的物质与固定相的吸附能力不同，各组分将以不同的速率沿柱下移。不易吸附的化合物比吸附力大的化合物下移得快些。

当混合物被分离开以后，可采用下列方法收集：①将柱内固体挤出，把含有所需层带的固体部分切割下来，再用适当溶剂萃取；②让洗脱剂不断流经柱，柱下方用不同容器收集不同时间洗脱下来的组分，然后将溶剂蒸去。

有色物质流经柱时，层带可直接观察到；对于无色物质，可通过加入显色剂或利用照射紫外光时有荧光出现加以区别。

利用柱色谱分离混合物，其分离效果受以下多种因素的影响。

1. 吸附剂的选择

进行柱色谱分离时，首先应考虑选择合适的吸附剂。常用的吸附剂有氧化铝、硅胶、氧化镁、碳酸钙、活性炭等。一般要求吸附剂：①有大的表面积和一定的吸附能力；②颗粒均匀，且在操作过程中不碎裂，不发生化学反应；③对待分离的混合物各组分有不同的吸附能力。现已发现供柱色谱使用的固体吸附剂与极性化合物结合能力的顺序为：纸＜纤维素＜淀粉＜糖类＜硅酸镁＜硫酸钙＜硅酸＜硅胶＜氧化镁＜氧化铝＜活性炭。

2. 洗脱剂的选择

在吸附色谱中，洗脱剂一般应符合下列条件：①纯度合格，即无论使用单一溶剂还是混合溶剂作洗脱剂，其杂质的含量一定要低；②洗脱剂与样品或吸附剂不发生化学反应；③黏度小，易流动，否则洗脱太慢；④对样品各组分的溶解度有较大差别，且洗脱剂的沸点不宜太高，一般为 40～80 ℃。通常根据被分离物质各组分的极性、溶解度和吸附剂活性三方面综合考虑。一般来说，极性化合物用极性洗脱剂洗脱，非极性化合物用非极性洗脱剂洗脱效果好。对于组分复杂的样品，首先使用极性最小的洗脱剂，使最易脱附的组分分离，然后加入不同比例的极性溶剂配成洗脱剂，将极性较大的化合物自色谱柱洗脱下来。常用的洗脱剂按其极性增大的顺序可排列如下：石油醚(低沸点＜高沸点)＜环己烷＜四氯化碳＜甲苯＜二氯甲烷＜三氯甲烷＜乙醚＜甲乙酮＜二氧六环＜乙酸乙酯＜乙酸甲酯＜正丁醇＜乙醇＜甲醇＜水＜吡啶＜乙酸。

需要指出的是，要找到最佳的分离条件往往不容易，较为方便的方法是参考前人的工作中类似化合物的分离条件，或用薄层色谱摸索出分离条件供柱色谱参考。

3. 操作方法

利用色谱柱进行色谱分离，其操作程序可分为装柱、加样、洗脱、收集、鉴定五个步骤，每一步都需要小心谨慎。

1) 装柱

装柱的质量直接影响分离效果，可采用干法和湿法两种方法装柱。干法装柱是首先将干燥的吸附剂经漏斗均匀地成一细流慢慢装入柱内，中间不应间断，时时轻轻敲打玻璃管，使柱装填得尽可能均匀且适当紧密。然后加入溶剂，使吸附剂全部润湿。此法装柱的缺点是容易使柱中混有气泡。湿法装柱可避免此缺点，其方法是用洗脱剂和一定量的吸附剂调成浆状，慢慢倒入柱中，此时应将柱的下端活塞打开，使溶剂慢慢流出，吸附剂即渐渐沉于柱底，这样柱装得比干法装柱紧密、均匀。无论采用哪种方法，都不能使柱中有裂缝或气泡。柱中所装吸附剂的用量一般为被分离样品量的 30～50 倍。若待分离的样品中各组分性质比较相近，则吸附剂的用量更大，甚至可增大至 100 倍。柱高和柱直径之比约为 7.5∶1。

2) 加样

若样品为液体，一般可直接加样。若样品为固体，则需将固体溶解在一定量的溶剂中，沿管壁加入柱顶部。加入时要小心，勿搅动表面。溶解样品的溶剂除要求其纯度合格、与吸附剂不发生化学反应、沸点不能太高等外，还要求：①溶剂的极性比样品的极性小，若溶剂的极性大于样品的极性，则样品不易被吸附剂吸附；②溶剂对样品的溶解度不能太大，溶解度太大易影响吸附，也不能太小，否则溶液体积增加，易使色谱分散。样品溶液加完后，打开活塞，使液体渐渐流出，至溶剂液面刚好与吸附剂表面相齐(勿使吸附剂表面干燥)，此时样品液集中在柱顶端的小范围区带内，开始用溶剂洗脱。

3) 洗脱

在洗脱过程中注意：①应连续不断地加入洗脱剂，并要求液面保持一定高度，使其产生足够的压力提供平稳的流速；②在整个操作中不能使吸附柱的表面流干，一旦流干后再加洗脱剂，易使柱中产生气泡和裂缝，影响分离效果；③应控制流速，一般流速不应太快，否则柱中交换来不及达到平衡，从而影响分离效果；流速太慢会延长整个操作时间，而且对某些表面活性较大的吸附剂(如氧化铝)来说，有时会因样品在柱上停留时间过长，而使样品成分有所改变。

4) 收集

如果样品各组分有颜色，在柱上分离的情况可直接观察到，分别收集各个组分即可。在多数情况下化合物无颜色，一般采用多份收集，每份收集量要小，对每份洗脱液采用薄层色谱或纸色谱进行定性检查。根据检查结果，可将组分相同的洗脱液合并后蒸去溶剂，留待做进一步的结构分析。对于组分重叠的洗脱液，可以再进行色谱分离。

3.9.3　纸色谱

纸色谱是一种分配色谱，滤纸作为载体，纸纤维上吸附的水(一般纤维能吸附20%～25%的水分)作为固定相，与水不相混溶的有机溶剂作为流动相。样品点在滤纸的一端，放在一个密闭的容器中，使流动相从有样品的一端通过毛细管作用流向另一端，依靠溶质在两相间的分配系数不同而达到分离。通常极性大的组分在固定相中分配得多，随流动相移动的速度较慢；极性小的组分在流动相中分配得多，随流动相移动速度较快。与薄层色谱一样，纸色谱也可将比移值(R_f)与已知物对比，作为鉴定化合物的方法，其 R_f值计算方法同薄层色谱。

纸色谱大多用于多官能团或极性较大的化合物(如糖、氨基酸等)的分离，对亲水性强的物质分离较好，对亲脂性的物质则较少用纸色谱。利用纸色谱进行分离，所费时间较长，一般需要几小时到几十小时，但其具有设备简单、试剂用量少、便于保存等优点，在实验室条件受限时常用此法。

纸色谱的操作方法和薄层色谱类似，分为滤纸和展开剂的选择、点样、展开、显色和结果处理五个步骤，其中前两步是做好纸色谱的关键。

1. 滤纸的选择与处理

(1) 滤纸要质地均匀、平整、无折痕、边缘整齐，以保证展开剂展开速度均一，滤纸应有一定的机械强度。

(2) 纸纤维应有适宜的松紧度。太疏松易使斑点扩散，太紧密则流速太慢，所需时间长。

(3) 纸质要纯，杂质少，无明显荧光斑点，避免与色谱斑点相混淆。

有时为了适应某些特殊化合物的分离，需将滤纸进行特殊处理。例如，分离酸、碱性物质时为保持恒定的酸碱度，可将滤纸浸于一定的 pH 缓冲溶液中预处理后再用，或在展开剂中加一定比例的酸或碱。在选用滤纸型号时，应结合分离对象考虑。对 R_f 值相差很小的混合物，宜采用慢速滤纸；对 R_f 值相差较大的混合物，则可采用快速或中速滤纸。厚纸载量大，供制备或定量用，薄纸则一般供定性用。

2. 展开剂的选择

选择展开剂时，要从欲分离物质在两相中的溶解度和展开剂的极性来考虑。对极性化合物来说，增加展开剂中极性溶剂的比例，可以增大 R_f 值；增加展开剂中非极性溶剂的比例，可以减小 R_f 值。此外，还应考虑分离的物质在两相中有恒定的分配比，最好不随温度而改变，易达到分配平衡。

分配色谱所选用的展开剂与吸附色谱有很大不同，多采用含水的有机溶剂。纸色谱最常用的展开剂是用水饱和的正丁醇、正戊醇、酚等，有时也加入一定比例的甲醇、乙醇等。加入这些溶剂，可增加水在正丁醇中的溶解度，增大展开剂的极性，增强对极性化合物的展开能力。

3. 样品的处理及点样

用于色谱分析的样品一般需初步提纯。例如，氨基酸的测定不能含有大量的盐类、蛋白质，否则互相干扰，分离不清。样品溶于适当的溶剂中，尽量避免用水，因为水溶液使斑点易扩散，并且水不易挥发除去，一般用丙酮、乙醇、氯仿等。最好用与展开剂极性相近的溶剂。若为液体样品，一般可直接点样，点样时用内径约 0.5 mm 的毛细管或微量注射器吸取试样，轻轻接触滤纸，控制斑点的直径为 2～3 mm，并立即用冷风将其吹干。

4. 展开

纸色谱也需在密闭的层析缸中展开。层析缸中先加入少量选择好的展开剂，放置片刻，使缸内空间被展开剂饱和，再将点好样的滤纸放入缸内。同样，展开剂的水平面应在点样线以下约 1 cm。也有在滤纸点好样后，将准备作为展开剂的混合溶剂振摇混合，分层后取下层水溶液作为固定相，上层有机溶剂作为流动相。方法是先将滤纸悬在用有机溶剂饱和的水溶液的蒸气中，但不与水溶液接触，密闭饱和一定时间，再将滤纸点样的一端放入展开剂中进行展开。这样做的原因是：①流动相若没有预先被水饱和，则展开过程就会把固定相中的水分夺去，使分配过程不能正常进行；②滤纸先在水蒸气中吸附足够量的作为固定相的水分。按展开方式，纸色谱又分为上行法、下行法、水平展开法。

5. 显色和结果处理

当展开剂移动到纸的 3/4 距离时取出滤纸，用铅笔画出溶剂前沿，然后用冷风吹干。通常先在日光下观察，画出有色物质的斑点位置，然后在紫外灯下观察有无荧光斑点，并记录其颜色、位置及强弱，最后利用物质的特性反应喷洒适当的显色剂使斑点显色。按 R_f 值计算公式计算出各斑点的 R_f 值。

3.9.4　气相色谱

气相色谱(GC)目前发展极为迅速，已成为许多工业部门(如石油、化工、环保等)必不可少的工具。气相色谱主要用于分离和鉴定气体和挥发性较强的液体混合物，对于沸点高、难挥发的物质可用高压液相色谱进行分离鉴定。气相色谱常分为气液色谱(GLC)和气固色谱(GSC)，前者属于分配色谱，后者属于吸附色谱。本节主要介绍气液色谱。

气相色谱中的气液色谱属于分配色谱，其原理与纸色谱类似，都是利用混合物中的各组分在固定相与流动相之间分配情况不同，从而达到分离的目的。所不同的是气液色谱中的流动相是载气，固定相是吸附在载体或担体上的液体。担体是一种具有热稳定性和惰性的材料，常用的担体有硅藻土、聚四氟乙烯等。担体本身没有吸附能力，对分离不起任何作用，只是用来支撑固定相，使其停留在柱内。分离时，先将含有固定相的担体装入色谱柱中。色谱柱通常是一根弯成螺旋状的不锈钢管，内径约为 3 mm，长度为 1～10 m。将配成一定浓度的溶液样品用微量注射器注入气化室后，样品在气化室中受热迅速气化，随载体(流动相)进入色谱柱中。由于样品中各组分的极性和挥发性不同，气化后的样品在柱中固定相和流动相之间不断产生分配平衡。挥发性较高的组分由于在流动相中溶解度大于在固定相中的溶解度，因此随流动相迁移快。这样，易挥发的组分先随流动相流出色谱柱，进入检测器鉴定，而难挥发的组分随流动相移动得慢，后进入检测器，从而达到分离的目的。气相色谱仪由气化室、进样器、色谱柱、检测器、记录仪、收集器组成，如图 3-15 所示。通常使用的检测器有热导检测器和氢火焰离子化检测器。热导检测器是将两根材料相同、长度一样且电阻值相等的热敏电阻丝作为惠斯通(Wheatstone)电桥的两臂，利用含有样品气的载气与纯载气不同的热导率，引起热敏丝的电阻值发生变化，使电桥电路不平衡，产生信号。将此信号放大并记录下来，就得到一条检测器电流随时间变化的曲线，通过记录仪画在纸上便得到一张色谱图。

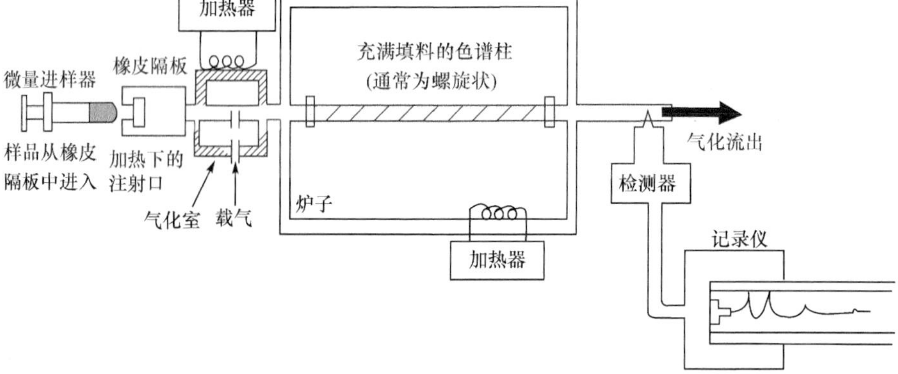

图 3-15　气相色谱仪示意图

在图谱中除空气峰以外，其余每个峰均代表样品中的一个组分。对应每个峰的时间是各组分的保留时间。保留时间是指一个化合物从注入时刻到流出色谱柱所需的时间。当分离条件给定时，就像薄层色谱中的 R_f值一样，每一种化合物都具有恒定的保留时间。利用这一性质，可对化合物进行定性鉴定。在进行定性鉴定时，最好用已知样品做参照对比，因为在一定条件下，有时不同的物质也可能具有相同的保留时间。利用气相色谱还可以进行化合物的定量分析。其原理是：在一定范围内色谱峰的面积与化合物各组分的含量呈直线关系，即色谱峰面积(或峰高)与组分的浓度成正比。

具体操作规程如下。

1. 开机前准备

(1) 根据实验要求，选择合适的色谱柱。

(2) 气路连接应正确无误，并打开载气检漏。

(3) 信号线连接所对应的信号输入端口。

2. 开机

(1) 打开所需载气气源开关，稳压阀调至 0.3～0.5 MPa，看柱前压力表有压力显示，方可开主机电源，调节气体流量至实验要求。

(2) 在主机控制面板上设定检测器温度、气化室温度、柱箱温度，被测物各组分沸点范围较宽时，还需设定程序升温速率，确认无误后保存参数，开始升温。

(3) 打开氢气发生器和纯净空气泵的阀门，氢气压力调至 0.3～0.4 MPa，空气压力调至 0.3～0.5 MPa，在主机气体流量控制面板上调节气体流量至实验要求；当检测器温度大于 100 ℃时，按“点火”按钮点火，并检查点火是否成功，点火成功后，待基线平稳，即可进样。

3. 关机

关闭氢火焰离子化检测器的氢气和空气气源，将柱温降至 50 ℃以下，关闭主机电源，关闭载气气源。关闭气源时应先关闭钢瓶总压力阀，待压力指针回零后，再关闭稳压表开关，方可离开。

4. 注意事项

(1) 气体钢瓶总压力表不得低于 2 MPa。

(2) 必须严格检漏。

(3) 严禁无载气气压时打开电源。

3.9.5　高效液相色谱

高效液相色谱(HPLC)又称高压液相色谱、高速液相色谱等，是色谱法的一个重要分支。高效液相色谱以液体为流动相，采用高压输液系统，将具有不同极性的单一溶剂或不同比例的混合溶剂、缓冲液等流动相泵入装有固定相的色谱柱，各组分在柱内被分离后，进入检测器进行检测，从而实现对试样的分析，是化学、医学、工业、农学、商检和法检等学科领域重要的分析技术。

随着技术的发展，高效液相色谱不再仅是一种分析方法，目前已发展出非常成熟的制备液相色谱。制备液相色谱是指采用液相色谱技术制备纯物质，即分离、收集一种或多种色谱纯物质。制备液相色谱中的“制备”这一概念指获得足够量的单一化合物，以满足研究和其他用途。该技术已成为重要的分离手段，在天然产物化学、生物化学、生物制药和有机合成化学等学科都有广泛的应用。制备液相色谱的出现，使液相色谱技术与经济利益建立了联系。制备量大小和成本高低是制备液相色谱的两个重要指标。

尽管制备型高效液相色谱和普通高效液相色谱存在差别，但其仪器分离原理相同，仪器结构相似，其最大的差别在于制备型高效液相色谱需要制备型色谱柱。

1. 高效液相色谱的基本原理

高效液相色谱按照分离原理主要分为吸附色谱、分配色谱、离子色谱、体积排阻色谱、亲和色谱等。制备色谱中应用最广泛的是液液分配色谱，因此在下面的讨论中，将以液液分配色谱为讨论对象。

当流动相携带样品通过色谱柱时，样品在流动相和固定相之间进行反复多次的分配平衡。由于各组分在两相间的分配系数不同，因而各组分沿着色谱柱移动，移动的速度也不同。当通过适当长度的色谱柱后，各组分彼此之间就会拉开一定的距离，先后流出色谱柱，即发生分离，检测器给出信号，最后由数据系统进行数据收集、存储、显示、打印和数据处理工作。

在液液分配色谱中，反相色谱最常用的固定相是十八烷基键合固定相，正相色谱中最常见的是氨基型和氰基型键合固定相。若固定相确定后，用适当的溶剂调节流速，可得到较好的分离，若改变流速后，仍不能得到满意的结果，可采用不同固定相的柱子进行串联使用；如果样品比较复杂，则需要用梯度洗脱方式，在整个分离过程中，溶剂强度连续变化，这种变化是按预定程序进行的。

2. 仪器基本装置

高效液相色谱系统一般由输液泵、进样器、色谱柱、检测器、数据记录及处理装置等组成，其中输液泵、色谱柱、检测器是关键部位。有的仪器还有梯度洗脱装置、在线脱气机、自动进样器、预柱或保护柱、柱温控制器等，现代高效液相色谱仪还有微机控制系统，进行自动化仪器控制和数据处理。制备型高效液相色谱仪还备有自动馏分收集装置。

1) 输液泵

(1) 泵的构造和性能。输液泵是高效液相色谱系统中最重要的部件之一。泵的性能好坏直接影响整个质量和分析结果的可靠性。输液泵应具备如下性能：①流量稳定，这关系到定性和定量分析的准确性；②流量范围宽，并可方便调节；③输出压力高；④液缸容积小；⑤密封性能好，耐腐蚀。

(2) 泵的种类。泵的种类很多，按输液性质可分为恒压泵和恒流泵。恒流泵按结构又可分为螺旋注射泵、柱塞往复泵和隔膜往复泵。恒压泵受柱阻影响，流量不稳定；螺旋注射泵缸体太大，这两种泵已被淘汰。目前应用最多的是柱塞往复泵和隔膜往复泵两种。柱塞往复泵的液缸容积小，可至 0.1 mL，易于清洗和更换流动相，特别适合再循环和梯度洗脱；改变电机转速能方便地调节流量，流量不受柱压影响；泵压高。其主要缺点是输出的脉冲性较大，现多采用双泵系统来克服。

2) 进样器

进样器的功能是将待分析样品引入色谱系统。进样方式主要有以下几种：①注射器进样；②停流进样；③六通阀进样；④自动进样。其中，六通阀进样器是高效液相色谱系统中最理想的进样器。一般高效液相色谱分析常用六通阀进样器，其关键部件由圆形密封垫(转子)和固定底座(定子)组成，耐高压，进样量准确、重复性好、操作方便。六通阀进样器进样方式有部分装液法和完全装液法两种。其中，用部分装液法进样时，进样量应不大于定量环体积的 50%(最多 75%)，并要求每次进样体积准确、相同。此法进样的准确度和重复性取决于注射器取样的熟练程度，而且易产生由进样引起的峰展宽。用完全装液法进样时，进样量最少应不小于定量环体积的 3 倍，这样才能完全置换定量环内的流动相，消除管壁效应，确保进样的准确度及重复性。

3) 色谱柱

色谱是一种分离分析手段，是分离样品中各物质的关键，因此担负分离作用的色谱柱是色谱系统的心脏。它需要承受巨大的压力，因此往往采用内壁抛光的不锈钢管作为柱体，内部填充 5～10 μm 高效微粒固定相。对色谱柱的要求是柱效高、选择性好、分析速度快等。市售的用于高效液相色谱的各种微粒填料有多孔硅胶及以硅胶为基质的键合相、氧化铝、有机聚合物微球(包括离子交换树脂)、多孔碳等，其粒度一般为 3 μm、5 μm、7 μm、10 μm 等，柱效理论值可达 50000～160000/m。对于一般的分析，只需塔板数 5000 的柱效；对于同系物分析，只要 500 即可；对于较难的分离物质，则可采用塔板数高达 20000 的柱子，因此一般 10～30 cm 的柱长就能满足复杂混合物分析的需要。

柱效受柱内外因素影响，为使色谱柱达到最佳效率，除柱外死体积要小外，还要有合理的柱结构(尽可能减少填充床以外的死体积)及装填技术。即使最好的装填技术，在柱中心部位和沿管壁部位的填充情况也总是不一样的，靠近管壁的部位比较疏松，易产生沟流，流速较快，影响冲洗剂的流形，使谱带加宽。

4) 检测器

检测器是高效液相色谱的眼睛。高效液相色谱的检测器分为两类：通用型检测器和专用型检测器。

(1) 通用型检测器可连续测量色谱柱流出物的全部特性变化，通常采用差分测量法，这类检测器包括示差折光检测器、介电常数检测器、电导检测器等。通用型检测器适用范围广，但由于对流动相有响应，因此易受温度、流动相和组分变化的影响，噪声和漂移都比较大，灵敏度较低，不能用于梯度洗脱。

(2) 专用型检测器用于测量被分离样品组分某种特性的变化。这类检测器对样品中组分的某种物理或化学性质敏感，而这一性质是流动相所不具备的，或至少在操作条件下不显示。这类检测器包括紫外检测器、荧光检测器、放射性检测器等。

3. 高效液相色谱的特点

高效液相色谱有“三高一广一快”的特点：

(1) 高压：流动相为液体，流经色谱柱时，受到的阻力较大，为了能迅速通过色谱柱，必须对载液加高压。

(2) 高效：分离效能高，可选择固定相和流动相以达到最佳分离效果，比工业精馏塔和气相色谱的分离效能高出许多倍。

(3) 高灵敏度：紫外检测器的灵敏度可达 0.01 ng，进样量在微升数量级。

(4) 应用范围广：70%以上的有机化合物可用高效液相色谱分析，特别是高沸点、大分子、强极性、热稳定性差的化合物的分离分析，具有很大的优势。

(5) 分析速度快、载液流速快：比经典液相色谱速度快得多，通常分析一个样品需 15～30 min，有些样品甚至在 5 min 内即可完成，一般小于 1 h。

此外，高效液相色谱还有色谱柱可反复使用、样品不被破坏、易回收等优点，但也有缺点，与气相色谱相比各有所长，相互补充。高效液相色谱的缺点是有“柱外效应”。从进样器到检测器之间，除了柱子以外的任何死空间(进样器、柱接头、连接管和检测池等)中，如果流动相的流形有变化，被分离物质的任何扩散和滞留都会显著地导致色谱峰的加宽，降低柱效率。高效液相色谱检测器的灵敏度不如气相色谱。

3.9.6 高速逆流色谱

高速逆流色谱 (high-speed countercurrent chromatography，HSCCC)是一种连续高效的液液分配色谱分离技术，它不用任何固态的支撑物或载体，是利用两相溶剂体系在高速旋转的螺旋管内建立起一种特殊的单向性流体动力学平衡，其中一相作为固定相，另一相作为流动相，在连续洗脱的过程中能保留大量固定相。

由于不需要固体支撑体，物质的分离依据其在两相中分配系数的不同而实现，因而避免了不可逆吸附而引起的样品损失、失活、变性等，不仅使样品能够全部回收，且回收的样品更能反映其本来的特性，特别适合天然生物活性成分的分离。而且，被分离物质与液态固定相之间能够充分接触，使得样品的制备量大大提高，是一种理想的制备分离手段。目前，高速逆流色谱技术正在发展成为一种备受关注的新型分离纯化技术，已经广泛应用于生物医药、天然产物、食品和化妆品等领域，特别在天然产物行业中已被认为是一种有效的新型分离技术，适用于中、小分子类物质的分离纯化。

早期逆流色谱是源于多极萃取技术(非连续性)、液滴逆流色谱和离心式分配的逆流色谱。目前多应用高速逆流色谱。其特点是：①基于流体动力学原理；②通过公转、自转(同步行星式运动)产生的二维力场，保留两相中的其中一相作为固定相；③通过高速旋转提高两相溶剂的萃取频率。

仪器的中心部分包括:①多层线圈分离柱,它是由长为 100～200 m、内径为 1.6 mm 左右的聚四氟乙烯管沿具有适当内径的内轴共绕十多层而成,其管内总体积可达 300 mL 左右；②平衡器，它可以调节质量，其作用是让多层线圈分离柱、平衡器相对于中心轴两边质量平衡。在旋转控制器的控制下，在齿轮传动装置作用下，多层线圈分离柱、平衡器同时绕中心轴做顺时针或逆时针的行星运动，即多层线圈分离柱、平衡器本身既在自转，同时又在绕中心轴公转，公转转速可从 0 到 4000 r/min。从线圈分离柱中通过中空的中心轴还同时牵引出了线圈的两端，一端供泵入液用，另一端输出液体。仪器工作需要互不相溶的两种液体，一相作固定相，另一相作移动相。仪器工作前，先将作为固定相的液体通过恒流泵压入线圈分离柱，然后用进样器将待分离的样品进样，最后用恒流泵压入移动相，同时启动中心部分运转直到转速大于 600 r/min。此时，两相在线圈分离柱中具有相对运动之势。由于移动相源源不断压入，阻止了固定相的流出，同时移动相带着样品在线圈分离柱中进行多次分配而使复杂样品得到分离。当移动相经过检测器时，由于不同的样品组分会产生不同大小的信号，用记录仪就能得到逆流色谱图，同时用收集器分步收集移动相就得到复杂样品被分开的组分。较大的制备型高速逆流色谱的柱容积可达 530 mL，一次最多进样可达 20 g 粗品；较小的分析型高速逆流色谱的柱容积为 8 mL，进样量为几十微克，最大转速可达 4000 r/min，分析能力堪与高效液相色谱相媲美。

溶剂系统的选择是同时选择色谱分离过程的两相，是样品成功分离的关键所在，而样品中各组分的分配系数决定这种溶剂系统是否合适，因此分配系数的测定是选择溶剂系统的重要环节。分配系数的测定多采用薄层色谱法、毛细管电泳法、高效液相色谱法。但溶剂系统的选择还没有充分的理论依据，而是根据实际积累的丰富经验来选择。通常来说，溶剂系统应该满足以下要求：①溶剂系统不会造成样品的分解或变性；②样品中各组分在溶剂系统中有合适的分配系数，一般认为分配系数为 0.2～5 比较合适，并且各组分的分配系数值要有足够的差异，分离因子最好大于或等于 1.5；③溶剂系统不会干扰样品的检测；④为了保证固定相的保留率不低于 50%，溶剂系统的分层时间不超过 30 s；⑤上、下两相的体积比合适，以免浪费溶剂；⑥尽量采用挥发性溶剂，以方便后续处理，尽量避免使用毒性大的溶剂。根据溶剂系统的极性，可以分为弱极性、中等极性和强极性三类。经典的溶剂系统有正己烷-甲醇-水、正己烷-乙酸乙酯-甲醇-水、氯仿-甲醇-水和正丁醇-甲醇-水等。在实验中，应根据实际情况，总结分析并参考相关的文献，根据所需分离物质的类别寻找相似的分离实例，选择极性适合的溶剂系统，调节各种溶剂的相对比例，测定目标组分的分配系数，最终选择合适的溶剂系统。

同时，溶剂体系的物理因素(如溶剂的黏度)对固定相的保留影响很大，低黏度的溶剂体系可望得到高的固定相保留；界面张力和两相间的密度差会对溶剂在临界点附近的分层时间产生较大的影响，一般为保证固定相保留值合适，溶剂体系的分层时间应小于 30 s。

在逆流色谱中，留在管中固定相的量是影响溶质峰分离度的一个重要因素，高保留量将会大大改进峰分离度。研究仪器对保留值的影响(外因)，结果表明：螺旋管支持件的自转半径 r 与公转半径 R 之比(B 值)是一个影响两相互不混溶的溶剂在旋转螺旋管内保留的关键因素。用大直径的支持件使 B 值进一步提高，能导致亲水性溶剂体系的单向性流体动力学分布反向；反之，用小直径的支持件使 B 值减小，能使疏水性溶剂体系的单向性流体动力学分布反向；而介于疏水性和亲水性溶剂之间的中间极性溶剂，其两相分布状况则受离心力条件的影响。

螺旋管的旋转速度对两相溶剂在流体动力学平衡时的体积比，也就是对固定相的保留值的影响很大，从而影响了分离效果。当然，并不是转速越快越好，一般对于分配得不是太好的溶剂体系，如两相体系中有氯仿的，还有固定相分层比较慢的两相体系，通常情况下转速越高，越易产生乳化现象。

流动相流速也会影响两相的分布。一般情况下，流动相流速越大，固定相流失加重，但流速过慢会导致分离时间过长，从而造成溶剂的浪费。

温度的升高对溶剂的黏度有很大的影响，一般升高温度会获得高的保留值，相反降低温度则得到低的保留值，但一般温度不可能升高太多，因为所用的都是有机溶剂，沸点很低。

高速逆流色谱的检测与高效液相色谱类似，常用可见光-紫外光检测技术。若组分在可见光-紫外光区域无吸收，或是固定相的流失导致流出液乳化，则可采用高速逆流色谱与质谱、红外光谱联用。

总之，高速逆流色谱是一种独特的不用固态载体的液液分配色谱技术，是一种能实现连续有效分离的实用分离制备技术，能采用多种多样的溶剂系统对任何极性范围的样品进行分离，能实现从微克、微升量级的分离分析到上百毫克、数克量级的制备提纯，适用于未经严格处理的大量粗制样品的中间级分离，应用前景十分广阔。

第 4 章　有机化合物的制备和测定

实验 1　环己烯的制备

一、实验目的

(1) 学习使用酸催化脱水制取烯烃的原理及方法。

(2) 掌握蒸馏、分馏及液体干燥等操作。

二、实验原理

烯烃是重要的有机化工原料。工业上主要通过石油裂解的方法制备烯烃，有时也利用醇在氧化铝等催化剂存在下进行高温催化脱水制取。实验室则主要用浓硫酸、浓磷酸作催化剂使醇脱水或卤代烃在醇钠作用下脱卤化氢制备烯烃。本实验采用浓硫酸作催化剂使环己醇脱水制备环己烯，反应式如下：

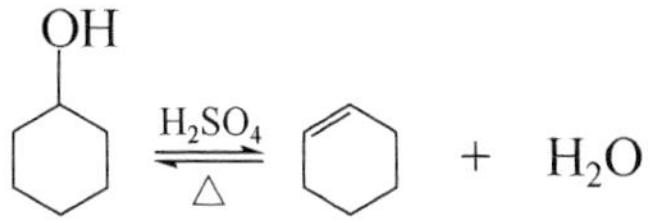

醇的脱水是在强酸催化下的单分子消除反应，酸使醇的羟基质子化，使其易于离去而生成碳正离子，后者失去一个质子，生成烯烃。

三、实验用品

圆底烧瓶、刺形分馏柱、温度计(100 ℃)、直形冷凝管、真空接引管、分液漏斗。

环己醇、浓硫酸、氯化钠、无水氯化钙、5%碳酸钠溶液。

四、实验步骤

(1) 在 10 mL 干燥的圆底烧瓶中加入 3.0 g 环己醇、0.2 mL 浓硫酸和两粒沸石，充分振摇使其混合均匀。烧瓶上装刺形分馏柱，接上冷凝管，接收瓶浸在冷水中冷却。用小火缓慢加热至沸腾，控制分馏柱顶部的馏出温度不超过 90 ℃，馏出物为带水的浑浊液。至无液体蒸出时，可把火加大，当烧瓶中只剩下很少残液并出现阵阵白雾时，即可停止蒸馏。全部蒸馏时间约需 25 min。

(2) 馏出液用氯化钠饱和，然后加 0.5～1 mL 5%碳酸钠溶液中和微量的酸。将液体转移到 25 mL 分液漏斗中，振摇后静置分层，分出有机相。用无水氯化钙干燥 30 min

后，水浴蒸馏，收集 80～85 ℃的馏分，若蒸出产物浑浊，必须重新干燥后再蒸馏。产量约 1 g。

纯环己烷的沸点为 82.98 ℃，折光率 $n_D^{20} = 1.4465$。

本实验约需 3 h。

五、思考题

(1) 醇类的酸催化脱水的反应机理是什么？

(2) 制备环己烯时，反应后期出现的阵阵白雾是什么？

(3) 在粗产物环己烯中加入氯化钠使水层饱和的目的何在？

(4) 写出无水氯化钙吸水后的化学反应方程式，为什么蒸馏前一定要将它过滤？

六、注意事项

(1) 环己烷在室温下是黏稠液体，量取体积时误差太大，故称其质量。

(2) 最好用简易空气浴，即将烧瓶底向上移动，稍微离开石棉网进行加热，使蒸馏瓶受热均匀。环己烯与水形成共沸物(沸点 70.8 ℃，含水 10%)；环己醇与环己烯形成共沸物(沸点 64.9 ℃，含环己醇 30.5%)；环己醇与水形成共沸物(沸点 97.8 ℃，含水 80%)。因此，在加热时温度不可过高，蒸馏速度不宜太快，以减少未反应的环己醇蒸出。

(3) 加入无水氯化钙放置 30 min 形成澄清液体，用无水氯化钙干燥还可以除去少量环己醇。

实验 2　叔丁基氯的制备

一、实验目的

了解叔丁基氯的制备原理及方法。

二、实验原理

叔醇在无催化剂条件下，室温下即可与氢卤酸进行反应，生成叔卤代烷，反应式如下：

$$(CH_3)_3COH + HCl(浓) \longrightarrow (CH_3)_3CCl + H_2O$$

三、实验用品

分液漏斗、锥形瓶、圆底烧瓶、蒸馏头、温度计、温度计套管、直形冷凝管、真空接引管。

叔丁醇、浓盐酸、5%碳酸氢钠溶液、无水氯化钙。

四、实验步骤

(1) 在 50 mL 分液漏斗中，先后加入 4 mL 叔丁醇和 5 mL 浓盐酸。打开分液漏斗上口，轻轻摇晃 1 min，然后将分液漏斗上口塞紧，翻转振摇 2～3 min。注意振摇过程中及时打开塞子放气，以免分液漏斗内压力过大，使反应物喷出。

(2) 静置分层后分出有机相，依次用等体积水、5%碳酸氢钠溶液、水洗涤。用碳酸氢钠溶液洗涤时要小心操作，及时放气。

(3) 将产物放入 10 mL 锥形瓶中，加入少许氯化钙干燥，过滤，转入 5 mL 圆底烧瓶中，用水浴加热蒸馏。接收瓶用冰水浴冷却，收集 48～52 ℃的馏分，称量。

叔丁基氯的沸点为 52 ℃，折光率 $n_D^{20} = 1.3877$。

本实验约需 2 h。

五、思考题

(1) 洗涤粗产物时，如果碳酸氢钠溶液浓度过高，洗涤时间过长有什么影响?

(2) 本实验中未反应的叔丁醇如何除去?

六、注意事项

叔丁醇的熔点为 25 ℃，在室温较低时易固化，需在温水中温热熔化后取用。

实验 3　1,2-二溴乙烷的合成

一、实验目的

(1) 了解 1,2-二溴乙烷的制备原理及方法。

(2) 掌握制备 1,2-二溴乙烷的特殊装置。

二、实验原理

1,2-二溴乙烷为具有特殊气味的无色液体，可用作溶剂、熏蒸消毒的溶剂、有机合成的中间体和汽油抗爆剂的添加剂等。本实验采用新生成的乙烯为原料与溴加成合成 1,2-二溴乙烷，反应式如下：

$$C_2H_5OH \xrightarrow[170℃]{浓H_2SO_4} CH_2{=}CH_2 + H_2O$$

$$CH_2{=}CH_2 + Br_2 \longrightarrow BrCH_2CH_2Br$$

在生成乙烯的过程中，浓硫酸既是脱水剂又是氧化剂，因此反应过程中还伴有乙醇被氧化的副反应，生成二氧化碳、二氧化硫等气体。二氧化硫可与溴发生如下反应：

$$Br_2 + 2H_2O + SO_2 \longrightarrow 2HBr + H_2SO_4$$

所以，生成的乙烯要先经过氢氧化钠溶液洗涤，以除去这些酸性的气体杂质。反应完毕，粗产物中混有少量未反应的溴，可以用水和氢氧化钠溶液洗涤除去。

三、实验用品

三颈烧瓶、恒压滴液漏斗、温度计、温度计套管、安全瓶、洗气瓶、吸收瓶、分液漏斗、锥形瓶、圆底烧瓶、蒸馏头、直形冷凝管、真空接引管。

溴、95%乙醇、浓硫酸、5%氢氧化钠溶液、10%氢氧化钠溶液。

四、实验步骤

(1) 用 50 mL 三颈烧瓶作为乙烯生成反应器，瓶内加入 2 g 干沙，以免过高温加热产生乙烯时出现泡沫，影响反应进行。三颈烧瓶的左端口插入温度计并浸于反应液中，中间口装蒸馏头，蒸馏头上装恒压滴液漏斗(使反应体系与漏斗的压力平衡，漏斗内的液体借重力滴下)，蒸馏头侧口通过乙烯出口玻璃管与安全瓶相连，安全瓶内盛少许水，将一根长玻璃管插到水面以下作为安全管；如发现玻璃管内水柱上升很高甚至喷出，应停止反应，检查系统是否堵塞。吸滤管内装 3.2 g 溴，上面覆盖 3～5 mL 水，以减少溴的挥发，管外可用冷水冷却。洗气瓶内装 16 mL 5%氢氧化钠溶液，以吸收被气体带出的少量溴。仪器连接好后要先检查连接部分是否紧密。

(2) 在冰水浴冷却下将 8 mL 浓硫酸慢慢加到 4 mL 95%乙醇中，混合均匀后取出 2 mL，加到三颈烧瓶中，剩余部分倒入恒压滴液漏斗中，关好旋塞。加热前，先切断洗气瓶与吸滤管的连接处，待温度上升到约 120 ℃时，系统内大部分空气已被排出，然后连接洗气瓶与吸滤管，当瓶内反应温度升至 170 ℃左右，从恒压滴液漏斗中慢慢滴加乙醇-硫酸混合物，产生的乙烯被溴吸收。产生的乙烯气体要连续而均匀地通入装有溴的吸滤管。如果滴加速度过快，会使产生的乙烯来不及被溴吸收而损失，同时带走未反应的溴进入吸收瓶。当溴的颜色全部褪掉时，反应结束。先拆下反应管，然后停止加热，将产物倒入分液漏斗中，依次用等体积的水、10%氢氧化钠溶液洗涤，再用等体积的水洗两次。产物装入 10 mL 锥形瓶中，用少许无水氯化钙干燥，待溶液澄清后，进行蒸馏，收集 129～133 ℃馏分。

纯 1,2-二溴乙烷的沸点为 131.4 ℃，折光率 $n_{\mathrm{D}}^{20}=1.5387$。

本实验约需 8 h。

五、思考题

(1) 为什么将乙烯通入反应管前需将系统内大部分空气排出？

(2) 本实验中的恒压滴液漏斗、安全瓶、洗气瓶和吸滤管各有什么作用？

六、注意事项

(1) 溴为剧毒、强腐蚀性试剂，取用时应特别小心。

(2) 本实验成败的关键是仪器连接是否紧密，如果有漏气的地方，就没有足够压力使乙烯通入反应管内，必须补充一定量乙醇-硫酸混合液。

(3) 反应进行到后期时，吸滤管的冷却温度最好不要太低，因为 1,2-二溴乙烷的凝固点为 9 ℃。

实验 4　溴乙烷的制备

一、实验目的

(1) 学习以醇为原料制备溴乙烷的原理和方法。
(2) 掌握低沸点有机化合物微型蒸馏的操作。

二、实验原理

主反应：

$$NaBr + H_2SO_4 \longrightarrow HBr + NaHSO_4$$
$$CH_3CH_2OH + HBr \longrightarrow CH_3CH_2Br + H_2O$$

副反应：

$$2CH_3CH_2OH \longrightarrow CH_3CH_2OCH_2CH_3 + H_2O$$
$$2HBr + H_2SO_4 \longrightarrow SO_2 + Br_2 + H_2O$$
$$CH_3CH_2OH \longrightarrow C_2H_4 + H_2O$$

三、实验用品

圆底烧瓶、直形冷凝管、真空接引管、水浴锅、接收弯头、温度计、蒸馏头、分液漏斗、锥形瓶、烧杯、铁架台、电子天平。

95%乙醇、无水溴化钠、浓硫酸(d=1.84)、亚硫酸氢钠饱和溶液。

四、实验步骤

(1) 在 50 mL 圆底烧瓶中加入 4 mL 95%乙醇和 3.6 mL 水，在冰水浴冷却和不断搅拌下，慢慢地加入 7.6 mL 浓硫酸。冷至室温后，加入 6 g 研细的溴化钠及两粒沸石，装上蒸馏头、直形冷凝管和温度计作蒸馏装置。将烧瓶用 75°弯管与直形冷凝管相连，冷凝管下端连接接引管。溴乙烷的沸点很低，极易挥发，为了避免损失，在接收瓶中加冷水及 3 mL 亚硫酸氢钠饱和溶液，放在冰水浴中冷却，并使接引管的末端浸没在接收瓶的水溶液中。

(2) 用小火加热蒸馏瓶。瓶中溶液开始发泡，油状物开始蒸出来。约 10 min 后慢慢加大热功率，直至无油滴蒸出为止。馏出液为乳白色油状物，沉于瓶底。

(3) 将馏出物倒入分液漏斗中，静置分出有机层后，倒入 10 mL 干燥的锥形瓶中，把锥形瓶浸入冰水浴中冷却。在摇动下逐滴向瓶中滴入浓硫酸，以除去乙醚、乙醇及水等杂质，直到溴乙烷变得澄清透明，且有明显的液层分出为止(约需 2 mL 浓硫酸)，用干燥的分液漏斗仔细分去下面的硫酸层，将得到的溴乙烷粗品从上面倒入 10 mL 圆底烧瓶中。

(4) 安装蒸馏装置，加两粒沸石，水浴加热蒸馏溴乙烷，收集 34～40 ℃的馏分，收集产品的接收瓶要用冰水浴冷却。

纯溴乙烷为无色液体，沸点为 38.4 ℃，折光率 $n_D^{20}=1.4239$，相对密度 $d_4^{20}=1.46$。

本实验约需 5 h。

五、思考题

(1) 为什么用硫酸可除去溴乙烷中的乙醚和乙醇？

(2) 蒸馏时，反应瓶气泡过多有什么影响？这时应该怎样处理？

(3) 本实验中得到的产品溴乙烷产量往往不高，试分析可能由哪些因素造成。

(4) 为了减少溴乙烷的挥发损失，本实验采取了哪些措施？

六、注意事项

(1) 反应物中加入少量水可防止反应进行时产生大量泡沫，减少副产物乙醚的生成和避免氢溴酸的挥发。

(2) 溴乙烷的沸点较低，为使冷凝充分，必须选用效果较好的冷凝管，装置的接头处要严密。

(3) 溴乙烷在水中的溶解度很小(1∶100)，在低温时又不与水作用。为了减少其挥发，常在接收瓶内预盛些冷水。

(4) 加浓硫酸洗涤之前，应尽可能将水层分净，否则当用浓硫酸洗涤时会产生热量而使产物挥发损失。

(5) 加浓硫酸可除去乙醚、乙醇及水等杂质，为了防止产物挥发，应在冷却下操作。

实验 5　2-甲基-2-丁醇的制备

一、实验目的

(1) 学习格氏(Grignard)试剂的制备、应用和进行格氏反应的条件。

(2) 掌握电动搅拌(或磁力搅拌)、回流、萃取、蒸馏(包括低沸点有机化合物蒸馏)等操作技能。

二、实验原理

$$C_2H_5Br + Mg \xrightarrow{\text{无水}Et_2O} C_2H_5MgBr \xrightarrow[\text{无水}Et_2O]{(CH_3)_2CO} \xrightarrow{H_2O,\ H^+} CH_3CH_2\underset{\displaystyle OH}{\underset{|}{C}}(CH_3)_2$$

三、实验用品

三颈烧瓶、恒压滴液漏斗、球形冷凝管、干燥管、分液漏斗、蒸馏装置、氯化钙干燥管、磁力搅拌器、电热套。

镁屑、碘、溴乙烷、丙酮、无水乙醚、5%碳酸钠溶液、20%硫酸、无水碳酸钾、无水氯化钙、普通乙醚。

四、实验步骤

(1) 乙基溴化镁的制备：在三颈烧瓶中放入 1.7 g 镁屑和一小粒碘。在恒压滴液漏斗中加入 6.5 mL 溴乙烷和 15 mL 无水乙醚，混匀。从恒压滴液漏斗中滴入约 1.7 mL 混合液于三颈烧瓶中，溶液呈微沸，随即碘的颜色消失(必要时可用温水浴温热)。开动搅拌，慢慢滴加剩下的混合液，维持反应液呈微沸状态。滴加完毕后，用温水浴回流搅拌 30 min，使镁屑基本作用完全。

(2) 与丙酮的加成反应：将反应瓶置于冰水浴中，在搅拌下从恒压滴液漏斗中滴入 5 mL 丙酮及 5 mL 无水乙醚混合液，滴加完毕后，在室温下搅拌 15 min，瓶中有灰白色黏稠状固体析出。

(3) 加成物的水解和产物的提取：将反应瓶在冰水冷却和搅拌下，从恒压滴液漏斗中滴入 30 mL 20%硫酸溶液分解产物。然后在分液漏斗中分离出醚层，水层用乙醚萃取两次，每次 6.5 mL。合并醚层，用 8 mL 5%碳酸钠溶液洗涤，再用无水碳酸钾干燥。用热水浴蒸去乙醚，再直接加热蒸馏，收集 95～105 ℃馏分。称量，计算产率。

五、思考题

(1) 格氏反应应注意哪些问题？为什么？

(2) 萃取技术的关键是什么？

(3) 搅拌装置的装配应注意什么？

六、注意事项

(1) 格氏反应所用的仪器和药品必须经过干燥处理；实验装置与大气相连处需接上装有无水氯化钙的干燥管。

(2) 滴加溴乙烷的速度必须控制。

(3) 2-甲基-2-丁醇与水能形成共沸物，最后用无水碳酸钾干燥时一定要完全。

(4) 乙醚容易燃烧，必须远离火源。

(5) 乙醚和溴乙烷的沸点都很低，操作时应尽量防止其挥发。

实验 6　苯乙醇的制备

一、实验目的

(1) 学习硼氢化反应制备醇的原理和方法。

(2) 掌握减压蒸馏、萃取及低沸点有机化合物的蒸馏等基本操作。

二、实验原理

金属氢化物是还原醛、酮制备醇的重要还原剂。常用的金属氢化物有氢化锂铝和硼氢化钠(钾)。硼氢化钠的还原性较氢化铝锂温和，对水、醇稳定，故能在水或醇溶液中进行。该反应为放热反应，需控制反应温度。反应式如下：

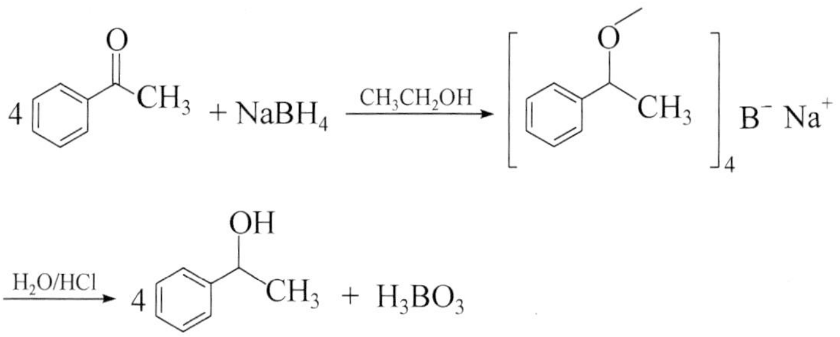

三、实验用品

电热套、升降台、水浴锅、铁圈、减压毛细管、橡皮管、烧杯、滴管、玻璃搅拌棒、分液漏斗、圆底烧瓶、蒸馏头、螺帽接头、温度计(100 ℃、200 ℃)、直形冷凝管、真空接引管、锥形瓶、克氏蒸馏头、燕尾管。

硼氢化钠、95%乙醇、苯乙酮、3 mol/L 盐酸、乙醚、无水碳酸钾、无水硫酸镁。

四、实验步骤

(1) 把 15 mL 95%乙醇和 0.1 g 硼氢化钠加入 100 mL 烧杯中。

(2) 搅拌下，把 8 mL 苯乙酮滴加到上述烧杯中，整个过程温度控制在 50 ℃下。

(3) 滴加完毕，室温下放置 15 min。

(4) 边搅拌边往上述烧杯中滴加 6 mL 3 mol/L 盐酸。

(5) 水浴蒸出烧杯中大部分乙醇，使其分层，再加入 10 mL 乙醚。

(6) 用分液漏斗分离上述液体，水层再用 10 mL 乙醚萃取，合并有机相。

(7) 用无水硫酸镁干燥有机相。

(8) 在被干燥的有机相中加入 0.6 g 无水碳酸钾，再进行简单蒸馏除去乙醚。

(9) 减压蒸馏，收集 102～103.5 ℃(19 mmHg)的馏分，产量 4～5 g。

五、思考题

(1) 滴加苯乙酮时，为什么要控制体系温度在 50 ℃以下？

(2) 实验中加入碳酸钾的作用是什么？

六、注意事项

(1) 滴加苯乙酮时搅拌速度要均匀，控制一定的滴加速度，同时保证反应温度为 48～50 ℃。

(2) 滴加盐酸是在低温下进行，要慢慢加入，过程中会放出氢气，严禁明火。

(3) 回收乙醇的蒸馏装置仪器不需要干燥，但要防明火。

(4) 分液时注意上下层的判断。

(5) 了解干燥剂的选择依据、用量及干燥时间、后处理。

(6) 低沸物蒸馏时选择水浴加热，不能有明火，且接收部分要用冰水冷却，有毒、易燃、易爆物要注意尾气吸收。

(7) 减压蒸馏装置仪器一定要干燥，使用前一定要检查气密性，整个体系不能封闭，要求控制较高的真空度，不能太低，然后记录此压力下收集馏分对应的温度范围。

(8) 拆除装置时一定要注意操作顺序，防止倒吸。

实验 7　乙醚的制备

一、实验目的

(1) 了解酸催化作用下乙醇分子间脱水制备乙醚的原理及方法。

(2) 掌握通过控制反应温度控制反应进行的方法。

(3) 熟悉低沸点有机化合物的蒸馏方法。

二、实验原理

醚是有机合成中常用的溶剂，单醚常用醇分子间脱水的方法来制备。实验室常用的脱水剂是浓硫酸，其作用是将醇的羟基转变成更好的离去基团 $R—OH_2^+$。除硫酸外，催化剂还可用磷酸和离子交换树脂。由于反应是可逆的，通常采用蒸出反应产物(醚或水)的方法，使反应向有利于生成醚的方向移动。同时，必须严格控制反应温度，以减少副产物烯及二烷基硫酸酯的生成。

制备乙醚时，反应温度比原料乙醇的沸点高得多，因此可先将催化剂加热至所需要的温度，再将乙醇直接加到催化剂中，立即进行反应，以避免乙醇的蒸出。由于乙醚的沸点(34.6 ℃)较低，生成后就立即从反应瓶中被蒸出。

主反应：

$$2C_2H_5OH \xrightleftharpoons[140℃]{H_2SO_4} C_2H_5OC_2H_5 + H_2O$$

副反应：

$$C_2H_5OH \xrightarrow{H_2SO_4} H_2C{=}CH_2 + H_2O$$

$$C_2H_5OH + H_2SO_4 \longrightarrow CH_3CHO + SO_2 + 2H_2O$$

$$CH_3CHO + H_2SO_4 \longrightarrow CH_3COOH + SO_2 + H_2O$$

三、实验用品

三颈烧瓶、温度计、温度计套管、锥形瓶、水浴锅、恒压滴液漏斗、直形冷凝管、真空接引管、烧瓶、分液漏斗、蒸馏装置。

无水氯化钙、95%乙醇、浓硫酸、氯化钙饱和溶液、氯化钠饱和溶液、5.5%氢氧化钠溶液。

四、实验步骤

(1) 在 100 mL 三颈烧瓶中放入搅拌子，加入 15 mL 95%乙醇，置于冰水浴中，边搅拌边缓慢加入 13 mL 浓硫酸，混合均匀。

(2) 取 25 mL 95%乙醇加入恒压滴液漏斗中，加入沸石，用电热套加热，使温度迅速升至 140 ℃，由恒压滴液漏斗慢慢滴加乙醇使滴加速度与蒸馏液流出速度大致相等，约每秒 1 滴，保持温度在 135～145 ℃，乙醇加完，继续加热至 160 ℃，停止加热。

(3) 将馏出物移入 125 mL 分液漏斗中，分别用 7.5 mL 5%氢氧化钠溶液、7.5 mL 氯化钠饱和溶液、7.5 mL 氯化钙饱和溶液各洗一次，分出醚层，将醚层从分液漏斗上口倒入 100 mL 锥形瓶中，加入 2 g 粒状无水氯化钙，塞好，干燥 0.5 h 以上。

(4) 将产物转入 50 mL 烧瓶中，用热水浴(50～80 ℃)加热蒸馏，收集 33～38 ℃馏分，称量并计算产率。

本实验约需 5 h。

五、思考题

(1) 制备乙醚时，为什么不采用回流装置?

(2) 为什么温度计要伸入液面以下？

(3) 为什么在开始时乙醇-浓硫酸混合液超过乙醇沸点而乙醇却蒸不出来？

实验 8　正丁醚的制备

一、实验目的

掌握醇脱水制备醚的原理和方法。

二、实验原理

醇分子间脱水生成醚是制备简单醚的常用方法。用硫酸作为催化剂，在不同温度下正丁醇和硫酸作用生成的产物会有所不同，主要是正丁醚或丁烯，因此反应须严格控制温度。

主反应：

$$2CH_3CH_2CH_2CH_2OH \underset{134\sim135℃}{\overset{H_2SO_4}{\rightleftharpoons}} (CH_3CH_2CH_2CH_2)_2O + H_2O$$

副反应：

$$CH_3CH_2CH_2CH_2OH \underset{135℃}{\overset{H_2SO_4}{\rightleftharpoons}} C_4H_8 + H_2O$$

原料正丁醇(沸点 117.7 ℃)和产物正丁醚(沸点 142 ℃)的沸点都比较高，故在控制反应温度的条件下，反应在装有油水分离器的回流装置中进行，使生成的水或水的共沸物不断蒸出，促进可逆反应朝有利于生成醚的方向进行。虽然蒸出的水中会带有正丁醇等有机化合物，但是它们在水中溶解度较小，相对密度也较小，浮于水层之上。因此，用油水分离器使大部分正丁醇自动连续地返回反应瓶中继续反应，而水沉于油水分离器的下部，根据蒸出的水的体积，可以估计反应的进行程度。

三、实验用品

三颈烧瓶、温度计套管、温度计、球形冷凝管、油水分离器、烧瓶、直形冷凝管、真空接引管、蒸馏头、分液漏斗、锥形瓶。

正丁醇、浓硫酸、无水氯化钙、氯化钠饱和溶液、5%氢氧化钠溶液、氯化钙饱和溶液。

四、实验步骤

(1) 在 25 mL 三颈烧瓶中加入 6.2 mL 正丁醇，边搅拌边加 0.9 mL 浓硫酸，充分摇匀，加入几粒沸石。先在油水分离器中加入 0.6 mL 氯化钠饱和溶液，然后安装在烧瓶上；油水分离器上接球形冷凝管。

(2) 加热使瓶内液体微沸，开始回流。反应液的蒸气经冷凝管冷凝收集于油水分离器中。由于相对密度不同，水往下沉，有机层浮在水面，当液体在油水分离器中达到一定高度时，上层的有机液体可自动流回烧瓶。继续加热，使烧瓶内反应液的温度达到 135 ℃(约需 40 min)。当油水分离器中水层不再变化，瓶中反应温度达 150 ℃，表示反应已经基本完成。待反应液冷却后，拆下油水分离器，将仪器改成蒸馏装置，再加 2 粒沸石，蒸馏至无馏出物为止。将馏出液倒入盛有 10 mL 水的分液漏斗中，充分振摇。静置弃去下层水液。上层粗正丁醚依次用 5 mL 水、3 mL 5%氢氧化钠溶液、3 mL 水和 3 mL 氯化钙饱和溶液洗涤。分净水层，将粗产物自漏斗上口倒入洁净干燥的锥形瓶中，然后用 0.2～0.4 g 无水氯化钙干燥。干燥后产物滤入 10 mL 烧瓶中，蒸馏收集 140～144 ℃馏分，称量。

纯正丁醚的沸点为 142.4 ℃，折光率 $n_D^{20} = 1.3992$ 。

本实验需 5 h。

五、思考题

(1) 使用油水分离器的目的是什么?

(2) 制备正丁醚时，理论上应分出多少体积的水？实际上往往超过理论值，为什么?

(3) 反应物冷却后，为什么要倒入 10 mL 水中？精制时，各步洗涤的目的何在?

六、注意事项

(1) 正丁醇与浓硫酸混合后应充分振荡，否则硫酸局部过浓，加热后易使反应溶液变黑。

(2) 按反应方程式计算，生成水约为 0.6 g，实际分出水层的体积大于理论计算量，因为有单分子脱水的副产物生成。

(3) 用饱和食盐水的目的是降低正丁醇和正丁醚在水中的溶解度。

(4) 在反应溶液中，正丁醚和正丁醇、水形成三元恒沸物，沸点为 90.6 ℃，含正丁醇 34.6%，含水 29.9%。恒沸物冷凝后，在油水分离器中分层。上层主要是正丁醇和正丁醚，下层主要是水。利用油水分离器就可以使上层有机化合物流回反应器中继续反应。

(5) 反应开始回流时，因为有恒沸物的存在，温度不可能马上达到 135 ℃。但随着水被蒸出，温度逐渐升高，最后达到 135 ℃，应停止加热。如果温度升得太高，反应溶液会炭化变黑，并有大量副产物丁烯生成。

(6) 在用碱洗涤过程中，不宜剧烈摇动分液漏斗，否则会严重乳化，难以分层。

实验 9　环戊酮的制备

一、实验目的

(1) 学习用己二酸脱羧制备环戊酮的原理和方法。

(2) 学习盐浴的使用方法及反应过程中的蒸馏操作。

二、实验原理

实验室中常用的脂肪酮是通过相应的仲醇氧化制备得到的。最常用的氧化剂有重铬酸钾(钠)与浓硫酸的混合物、三氧化铬的冰醋酸溶液等。环状的酮还可以通过二元酸的脱水、脱酸反应制备。例如，己二酸和庚二酸受热时既脱水又脱羧，可分别得到环戊酮和环己酮。本实验采用二元酸的脱水、脱羧反应制备环戊酮，反应式如下：

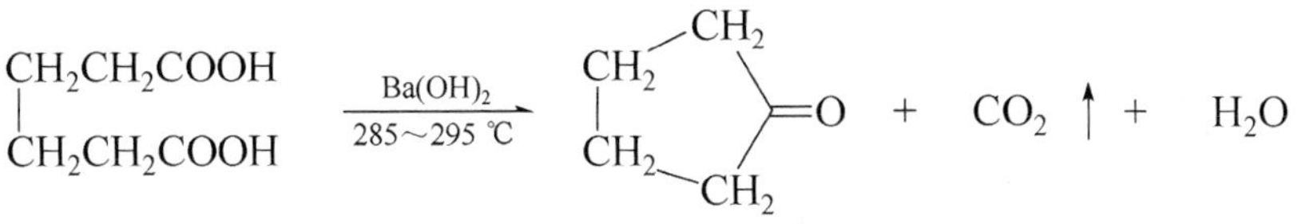

三、实验用品

圆底烧瓶、蒸馏头、接引管、直形冷凝管、锥形瓶、温度计(200 ℃)。

己二酸、氢氧化钡、碳酸钾、无水碳酸钾。

四、实验步骤

将 22 g 己二酸粉末与 2 g 氢氧化钡在研钵中混合均匀后置于 100 mL 圆底烧瓶中，装配蒸馏装置，把温度计插入圆底烧瓶中(温度计末端距瓶底约 0.5 cm)，将 50 mL 锥形瓶置于冰水浴中接收蒸馏物。用熔融的盐浴小心加热进行脱羧反应。维持反应温度在 285～295 ℃。带有水和己二酸的环戊酮慢慢蒸出，直至瓶内仅有少量残渣为止。在馏出液中加入适量碳酸钾粉末，振摇锥形瓶，直至水层饱和。将其移至分液漏斗中，静置后分去水层，有机层置于 50 mL 干燥的锥形瓶中，用无水碳酸钾干燥过夜。将干燥后的粗产物滤入 50 mL 圆底烧瓶中，用电热套加热蒸馏，收集 128～131 ℃的馏分。称量，计算产率。

纯环戊酮的沸点为 130.6 ℃，折光率 $n_D^{20} = 1.4366$。

五、思考题

(1) 除用二元酸脱羧的方法外，还可以用什么方法制备环戊酮？写出反应方程式。

(2) 为什么馏出液要先用碳酸钾饱和后再进行分离?

六、注意事项

(1) 盐浴是由等量的硝酸钾和硝酸钠混合而成，将混合盐置于蒸发皿中，使用时应加倍小心，勿使熔融的盐触及皮肤。

(2) 若温度过高，未作用的己二酸将被大量蒸出。

实验 10　环己酮的制备

一、实验目的

(1) 学习铬酸氧化法制备环己酮的原理和方法，掌握二级醇转变为酮的实验方法。

(2) 掌握电动搅拌器的使用。

二、实验原理

控制一定条件，以铬酸为氧化剂，可使二级醇氧化成酮，反应式如下：

$$3R_2CHOH + Na_2Cr_2O_7 + 4H_2SO_4 \longrightarrow 3R_2CO + Na_2SO_4 + Cr_2(SO_4)_3 + 7H_2O$$

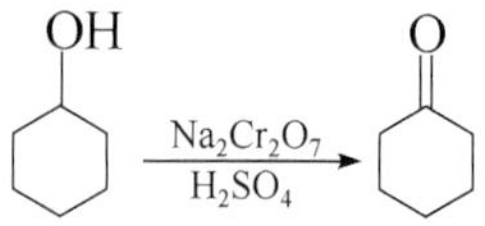

在乙醚存在下，可用两种不同的方法制备环己酮，一种是加化学计量的铬酸溶液，于 25 ℃时进行反应；另一种是加过量 100%的铬酸溶液，于 0 ℃进行反应。上述两种方法都比较省时，前者一般需要 2 h，后者一般只需 30 min。同时，萃取反应物，分离和洗涤操作简便，这类方法还可广泛用于制备其他酮。

本实验采用方法二，将环己醇氧化为环己酮，最后通过蒸馏法纯化反应物。

三、实验用品

三颈烧瓶、电动搅拌器、球形冷凝管、恒压滴液漏斗、分液漏斗、直形冷凝管、蒸馏头、真空接引管、温度计(200 ℃)、温度计套管。

重铬酸钾、浓硫酸、环己醇、乙醚、5%碳酸钠溶液、无水硫酸钠。

四、实验步骤

溶解 20 g 重铬酸钾($K_2Cr_2O_7 \cdot 2H_2O$)于 60 mL 水中，在搅拌下慢慢加入 14.8 mL 浓硫酸，最后稀释成 100 mL，使用前冷至 0 ℃。

在一个装配有 50 mL 恒压滴液漏斗、电动搅拌装置和回流冷凝管的 250 mL 三颈烧瓶中，加入 10.4 mL 环己醇和 50 mL 乙醚，搅匀，冷却至 0 ℃。将已冷至 0 ℃的铬酸溶液 100 mL(分成两次)倒入恒压滴液漏斗中，在搅拌下于 10 min 内(为什么要控制时间？)滴入反应瓶中，加完后继续剧烈搅拌 20 min。分出有机层，水层用乙醚萃取两次(每次 30 mL)，萃取液并入有机层，用 5%碳酸钠溶液洗涤一次，用水洗涤四次。有机层干燥后转入蒸馏烧瓶中，用 50～55 ℃水浴蒸馏回收乙醚，再蒸馏收集 152～155 ℃的馏分。称量，产量为 6～7 g，产率为 66%～72%。

纯环己酮的沸点为 155.65 ℃，折光率 $n_D^t = 1.4507$ 。

做产物的 MS 和核磁共振氢谱(^1H NMR)，指出各主要谱峰的归属。

五、思考题

(1) 本实验所用重铬酸钾能否用重铬酸钠代替？为什么？

(2) 现有 2-甲基-2-丙醇和 2-丁醇各一瓶，可否用铬酸溶液把它们区别开？怎样操作？观察到什么现象？为什么？

六、注意事项

铬酸和硫酸的水溶液即为琼斯(Jones)试剂。

实验 11　对硝基苯甲酸的制备

一、实验目的

(1) 掌握利用对硝基甲苯制备对硝基苯甲酸的原理及方法。
(2) 掌握电动搅拌装置的安装及使用。
(3) 掌握固体酸性产品的纯化方法。

二、实验原理

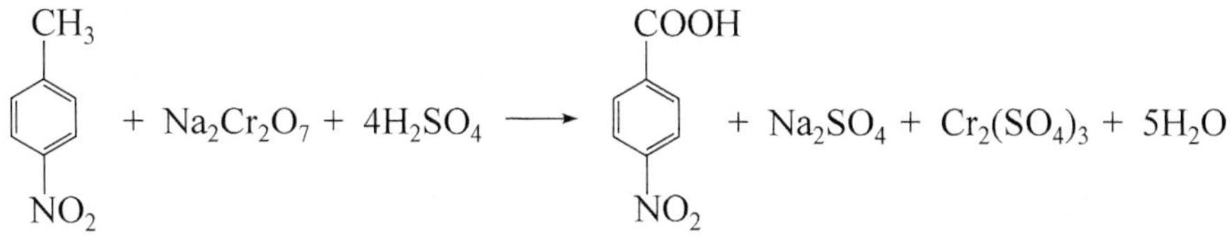

该反应为两相反应，还要不断滴加浓硫酸。为了增加两相的接触面，尽可能使其迅速均匀地混合，以避免因局部过浓、过热而导致其他副反应或有机化合物的分解，本实验采用电动搅拌装置。这样不但可以较好地控制温度，同时也能缩短反应时间和提高产率。

生成的粗产物为酸性固体物质，可通过加碱溶解、再酸化的方法纯化。纯化的产品用蒸汽浴干燥。

三、实验用品

三颈烧瓶、恒压滴液漏斗、球形冷凝管、电动搅拌器、布氏漏斗、抽滤瓶、烧杯。

对硝基甲苯、重铬酸钠、冰醋酸、浓硫酸、15%硫酸、5%硫酸、5%氢氧化钠溶液、活性炭。

四、实验步骤

(1) 安装带搅拌、回流、滴液的装置。

(2) 在 250 mL 三颈烧瓶中依次加入 6 g 对硝基甲苯、18 g 重铬酸钠粉末、30 mL 水和 30 mL 冰醋酸。

(3) 在搅拌下将 28 mL 浓硫酸从恒压滴液漏斗滴入反应瓶中(注意用冷水冷却，以免对硝基甲苯因温度过高挥发而凝结在冷凝管上)。

(4) 浓硫酸滴完后，装上回流冷凝管，加热回流 0.5 h，反应液呈黑色(此过程中，冷凝管可能会有白色的对硝基甲苯析出，可适当关小冷凝水，使其熔融滴下)，冷却至室温。

(5) 待反应物冷却后，搅拌下加入 100 mL 冰水，有沉淀析出，抽滤滤饼并用 50 mL 水分两次洗涤。

(6) 将洗涤后的滤饼对硝基苯甲酸黑色固体放入盛有 30 mL 5%硫酸的烧杯中，沸水浴上加热 10 min，冷却至室温后抽滤(目的是除去未反应完的铬盐)。

(7) 将滤饼溶于 30 mL 5%氢氧化钠溶液中，50 ℃温热后抽滤，在滤液中加入 0.3 g 活性炭，趁热抽滤(此步操作很关键，温度过高对硝基苯甲酸熔化被滤入滤液中，温度过低对硝基苯甲酸会析出，影响产物的纯度或产率)。

(8) 将滤液在搅拌下慢慢倾入 60 mL 15%硫酸中得到浅黄色沉淀，抽滤，用少量冷水洗涤两次，干燥后称量。熔点 236～238 ℃，产品以乙醇为溶剂重结晶得精品，熔点可达 239 ℃。

五、注意事项

(1) 滴加浓硫酸的速度要均匀且不宜过快(否则烧瓶中有大量白雾甚至火花，如出现上述现象应立即停止滴加浓硫酸，并用冷水冷却烧瓶)，滴加时间为 40～60 min，反应控制在沸腾状态下。

(2) 浓硫酸滴加完后，缓慢加热时，加热速度不宜过快(否则会发生冲料现象，并且物料会冷凝在管壁上，使产率降低)，保持微沸 30 min。

(3) 反应终点的控制：以时间来判断。

(4) 用 15%硫酸酸化时要明显呈酸性。抽滤时滤饼要用少量水洗至中性，否则影响产率。

实验 12　己二酸的制备

一、实验目的

(1) 学习由环己醇合成己二酸的原理和方法。

(2) 掌握采用硝酸和高锰酸钾进行氧化反应的操作。

二、实验原理

己二酸是合成尼龙-66 的主要原料之一。它可以用硝酸或高锰酸钾氧化环己醇而制得，反应式如下：

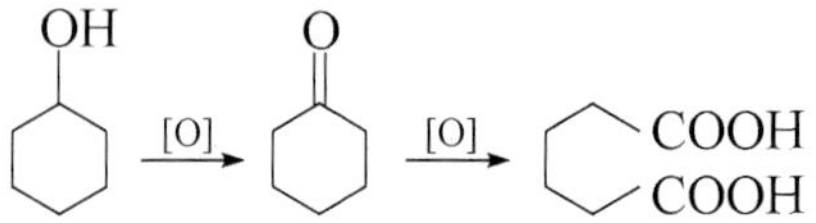

三、实验用品

三颈烧瓶、球形冷凝管、温度计、恒压滴液漏斗、烧杯、布氏漏斗、抽滤瓶、磁力加热搅拌器。

50%硝酸、钒酸铵、环己醇、高锰酸钾、10%碳酸钠溶液。

四、实验步骤

1. 用硝酸作氧化剂制备

(1) 在装有回流冷凝管、温度计和恒压滴液漏斗的 125 mL 三颈烧瓶中放入 16 mL 50%硝酸及少许钒酸铵(约 0.01 g)，并在冷凝管上接气体吸收装置，用碱液吸收反应过程中产生的二氧化氮气体。

(2) 三颈烧瓶用水浴预热到 50 ℃左右，移去水浴，用恒压滴液漏斗先滴加 6～8 滴环己醇，同时加以摇动，至反应开始，瓶内反应物温度升高，并有红棕色二氧化氮气体放出。然后慢慢加入剩余的环己醇，总量共 5.3 mL(约 5 g)。

(3) 控制滴加速度，使瓶内温度维持在 50～60 ℃(滴加时应经常加以摇动)。反应瓶内温度过高时，可用冷水浴冷却；温度过低时，可用水浴加热。滴加完需 20～30 min，加完后继续振荡，并用 80～90 ℃的热水浴再加热约 15 min，至几乎无红棕色气体放出为止。

(4) 稍冷后，将反应物小心地倒入一个外面用冰水浴冷却的烧杯中，冷却后即有己二酸晶体析出。抽滤收集析出的晶体，用 20 mL 冰水洗涤，干燥。粗产物约 6 g，熔点 146～149 ℃。

2. 用高锰酸钾作氧化剂制备

(1) 在装有搅拌器、温度计的 250 mL 三颈烧瓶中加入 5.2 mL 环己醇和 7.5 g 碳酸钠溶于 50 mL 水的溶液。

(2) 开动搅拌器，在迅速搅拌下，分批小量地加入研细的 22.5 g 高锰酸钾。加入高锰酸钾时，必须控制反应温度在 30 ℃以下。

(3) 加完后继续搅拌，直至反应温度不再上升为止。然后在 50 ℃水浴中加热并不断搅拌 0.5 h，反应过程中有大量二氧化锰沉淀生成。

(4) 将反应混合物过滤，用 20 mL 10%碳酸钠溶液洗涤滤渣，洗涤液并入滤液中。在搅拌下慢慢往滤液中滴加浓硫酸，直到溶液呈强酸性，抽滤，晾干，产量约 4.5 g。

粗己二酸可以在水中进行重结晶。纯己二酸为白色棱柱状晶体，熔点 153 ℃。确定分析方法对产品进行含量与结构测定。

五、思考题

采用滴定法测定己二酸含量应如何操作?

六、注意事项

(1) 环己醇与浓硝酸不可用同一量筒量取，因两者相遇会发生剧烈反应，甚至发生意外。

(2) 本实验最好在通风橱中进行，因为产生的二氧化氮是有毒气体，反应装置要求密封良好无泄漏；如发现漏气现象，应暂停实验，改正后再继续进行。

(3) 此反应为强烈放热反应，滴加环己醇的速度不宜过快，以避免反应过于剧烈而引起爆炸。

(4) 环己醇熔点为 24 ℃，熔融时为黏稠液体，为了减少转移时的损失，可用少量水冲洗量筒并加入恒压滴液漏斗中。在室温较低时，这样做还可以降低其熔点，以免堵住漏斗。

(5) 用高锰酸钾氧化时，加入高锰酸钾后反应可能不会马上开始，可用 40 ℃水浴加热，当温度升到 30 ℃时，必须立刻撤去温水浴，反应温度超过 30 ℃就难以控制，会引起内容物冲出反应器。为使反应进行更完全，这一步必须进行至撤去温水浴后反应温度不再上升时为止。

(6) 在二氧化锰滤渣中夹杂己二酸钾盐，可用碳酸钠溶液淋洗滤饼。

实验 13　乙酸乙酯的制备

一、实验目的

(1) 了解酯化反应的原理，学习乙酸乙酯的制备。

(2) 熟练掌握蒸馏及液体有机化合物的萃取、洗涤、蒸馏等操作。

二、实验原理

乙酸和乙醇在浓硫酸催化下生成乙酸乙酯的反应是有机化学实验中典型的可逆反应。基于反应平衡的原理，为了提高酯的质量，可以采取多种方法提高反应的转化率。本实验采取加入过量乙醇和不断把反应中生成的酯和水蒸出的方法。

$$CH_3COOH + CH_3CH_2OH \underset{110\sim120\,^\circ C}{\overset{H_2SO_4}{\rightleftharpoons}} CH_3COOC_2H_5 + H_2O$$

三、实验用品

三颈烧瓶、恒压滴液漏斗、温度计、蒸馏头、直形冷凝管、接引管、分液漏斗、锥形瓶、烧瓶。

冰醋酸、95%乙醇、浓硫酸、碳酸钠饱和溶液、氯化钙饱和溶液、氯化钠饱和溶液、无水硫酸镁。

四、实验步骤

(1) 在 250 mL 三颈烧瓶中加入 9 mL 95%乙醇，摇动下慢慢加入 12 mL 浓硫酸，混合均匀，并加入几粒沸石。三颈烧瓶一侧口插入温度计到液面下，中间口连接蒸馏装置，另一侧口安装恒压滴液漏斗，漏斗末端应浸入液面以下，距离瓶底 0.5～1 cm。

(2) 仪器装好后，在恒压滴液漏斗内加入由 14 mL 95%乙醇和 14.3 mL 冰醋酸组成的混合液，先向瓶内滴入 3～4 mL，然后将三颈烧瓶在石棉网上用小火加热到 110～

120 ℃，滴加完毕后，继续加热 15 min，直至温度升高到 130 ℃不再有馏出液为止。

(3) 馏出液含有乙酸乙酯及少量乙醇、乙醚、水和乙酸，在摇动下慢慢向粗产物中加入碳酸钠饱和溶液约 10 mL，至无二氧化碳气体逸出，用 pH 试纸检验呈中性。移入分液漏斗中，充分振摇(注意及时排气)后静置，分去下层水相。酯层用 10 mL 氯化钠饱和溶液洗涤后，再每次用 10 mL 氯化钙饱和溶液洗涤两次。弃去下层液，酯层从漏斗上口倒入干燥的锥形瓶中，用无水硫酸镁干燥。

将干燥好的粗乙酸乙酯滤入 50 mL 蒸馏烧瓶中，加入沸石后在水浴上进行蒸馏，收集 73～78 ℃馏分，称量并计算产率。

本实验需 6～8 h。

五、思考题

(1) 酯化反应有什么特点？本实验如何创造条件促使酯化反应尽量向生成物方向进行？

(2) 本实验可能有哪些副反应？

六、注意事项

(1) 本实验控制反应温度是反应的关键，同时滴加速度也不能过快。

(2) 开始反应时温度不宜过高，否则会增加产物中乙醇的含量。滴加速度太快也会使乙酸和乙醇来不及作用而被蒸出。

(3) 用碳酸钠饱和溶液洗涤后，必须洗净碳酸钠，否则下一步用氯化钠饱和溶液洗去醇时，会产生絮状的碳酸钠沉淀，造成分离的困难。为减少酯在水中的溶解度(每 17 份水溶解 1 份乙酸乙酯)，用氯化钠饱和溶液洗涤。

(4) 水与乙醇、乙酸乙酯易形成二元或三元恒沸物，故在干燥前已是透明溶液。因此，不能以产品是否透明作为是否干燥好的标准，而应以干燥剂加入后吸水情况而定，并放置 30 min，期间要不时摇动。

实验 14　苯甲酸乙酯的制备

一、实验目的

(1) 学习羧酸酯化反应的原理。

(2) 了解酯化反应可逆、平衡的特点。

(3) 掌握利用反应平衡移动提高产率的实验方法。

二、实验原理

苯甲酸乙酯可以由苯甲酸与乙醇在硫酸的催化下合成，反应式如下：

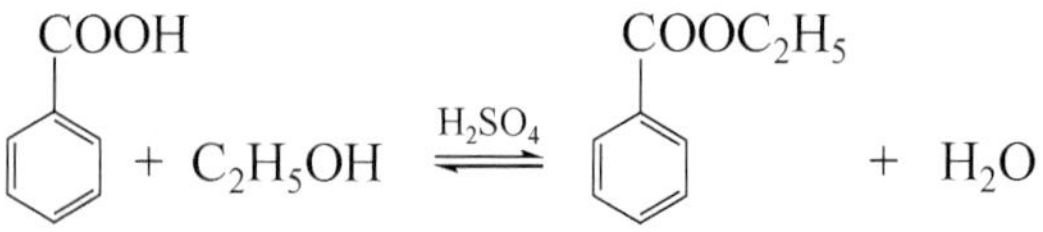

该反应是一个平衡反应，实验中通过油水分离器将反应生成的水不断蒸出，使反应向正反应方向移动。

三、实验用品

圆底烧瓶、球形冷凝管、油水分离器、磁力加热搅拌器、烧杯、分液漏斗、锥形瓶。

苯甲酸、无水乙醇、苯、浓硫酸、碳酸钠、乙醚、无水氯化钙。

四、实验步骤

(1) 在 100 mL 圆底烧瓶中加入 8 g 苯甲酸、20 mL 无水乙醇、16 mL 苯和 3.0 mL 浓硫酸，摇匀后加入几粒沸石，再装上油水分离器，从油水分离器上端小心加水至油水分离器支管处再放去 6 mL，油水分离器上端接回流冷凝管。

(2) 将烧瓶在水浴上加热回流，开始时回流速度要慢，随着回流的进行，油水分离器中出现上、中、下三层液体，且中层越来越多。约 1.5 h 后，油水分离器中的中层液体已达 6 mL 左右，即可停止加热。放出中、下层液体并记下体积。继续用水浴加热，使多余的乙醇和苯蒸至油水分离器中(当充满时可由旋塞放出，注意放时应移去火源)。

(3) 将瓶中残液倒入盛有 30 mL 冷水的烧杯中，在搅拌下分批加入碳酸钠粉末(要慢)至无二氧化碳气体产生，用 pH 试纸检验呈中性。

(4) 用分液漏斗分去粗产物，用 20 mL 乙醚萃取水层。合并粗产物和醚萃取液，用无水氯化钙干燥。水层倒入公用的回收瓶，回收未反应的苯甲酸。先用水浴蒸去乙醚，再加热收集 210～213 ℃的馏分(空气冷凝)，产量 3～4 g。

纯苯甲酸乙酯的沸点为 213 ℃。

本实验需 5～6 h。

五、思考题

(1) 本实验应用什么原理和措施提高平衡反应的产率？

(2) 在实验中如何运用化合物的物理常数分析现象和指导操作？

六、注意事项

(1) 根据理论计算，反应带出的总水量为 2 g 左右。因为反应是借共沸蒸馏带走反应中生成的水，共沸物下层的总体积约为 6 mL。

(2) 油水分离器中的三层液体分别为：下层为原来加入的水。由反应瓶中蒸出的馏出液为三元共沸物(沸点为 64.6 ℃，含苯 74.1%、乙醇 18.5%、水 7.4%)，它从冷凝管流入油水分离器后分为两层，上层占 84%(含苯 86.0%、乙醇 12.7%、水 1.3%)，下层占 16%(含苯 4.8%、乙醇 52.1%、水 43.1%)，此下层即为油水分离器中的中层。

(3) 加碳酸钠的目的是除去硫酸及未作用的苯甲酸，要研细后分批加入，否则会产生大量泡沫而使液体溢出。

(4) 若粗产物中含有絮状物难以分层，则可直接用 25 mL 乙醚萃取。

(5) 可用盐酸小心酸化碳酸钠中和后分出的水溶液，至溶液用 pH 试纸检验呈酸性，抽滤析出的苯甲酸沉淀，并用少量冷水洗涤后干燥。

实验 15　苯乙酮的制备

一、实验目的

(1) 了解傅-克(Friedel-Crafts)反应的原理及过程。

(2) 学习无水操作条件下的搅拌装置、蒸馏操作等。

二、实验原理

在无水三氯化铝存在下，芳烃与酰氯或酸酐作用，芳环的氢原子被酰基取代生成芳酮的反应称为傅-克酰基化反应。反应式如下：

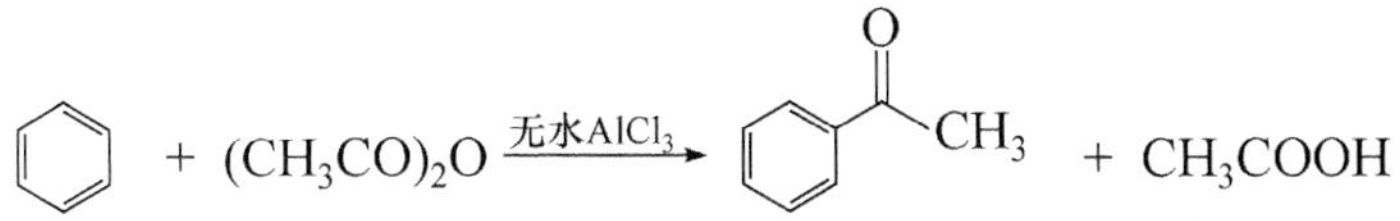

三、实验用品

三颈烧瓶、球形冷凝管、恒压滴液漏斗、干燥管、氯化氢气体吸收装置、电热套、水浴锅、分液漏斗、锥形瓶、蒸馏装置。

无水三氯化铝、无水苯、乙酸酐、浓盐酸、无水硫酸镁、5%氢氧化钠溶液。

四、实验步骤

1. 常量实验

(1) 在 250 mL 三颈烧瓶中分别装配恒压滴液漏斗及球形冷凝管，在冷凝管上端装氯化钙干燥管，干燥管与氯化氢气体吸收装置相连。

(2) 放入搅拌子，迅速称取 10 g 研碎的无水三氯化铝，放入三颈烧瓶中，再加入 15 mL 无水苯，在搅拌下滴入 3 mL 乙酸酐与 5 mL 无水苯的混合液(约 20 min 滴完)。加完后，在电热套上加热回流 0.5 h，至无氯化氢气体逸出为止。

(3) 将三颈烧瓶浸入冷水浴中，在搅拌下慢慢滴入 25 mL 浓盐酸与 25 mL 冰水的混合液，当瓶内固体物完全溶解后，分出苯层。水层每次用 8 mL 苯萃取两次，合并苯层，依次用 5%氢氧化钠溶液、水各 10 mL 洗涤，分出苯层，用无水硫酸镁干燥。

(4) 将干燥后的粗产物先在电热套上蒸出苯回收。当温度升至 140 ℃时，停止加热，稍冷，换用空气冷凝管，收集 198～202 ℃的馏分，产量 2～3 g。

纯苯乙酮为无色透明液体，熔点为 20.5 ℃，沸点为 202.0 ℃，相对密度为 1.0281，折光率为 1.5372。

本实验需 6～8 h。

2. 微量实验

(1) 按上述实验内容安装好反应装置，称取 3.0 g 研细的无水三氯化铝，放入三颈烧瓶中，再加入 4.5 mL 无水苯。在搅拌下，由恒压滴液漏斗慢慢加入 1.5 mL 无水苯和 1.07 g 乙酸酐的混合物。加完后，在水浴上加热到无氯化氢气体产生为止，约需 15 min。

(2) 将三颈烧瓶浸入冷水浴中，搅拌反应液，用恒压滴液漏斗慢慢滴入 9 mL 浓盐酸和 3 mL 冰水的混合液。在滴加过程中先出现白色沉淀，继续滴加，沉淀溶解，液体分层。将其转入分液漏斗中，分出有机层。水层用苯萃取三次，每次 2 mL，合并有机层，再依次用 2 mL 5%氢氧化钠溶液和 2 mL 水各洗涤一次，有机层用适量无水硫酸镁干燥。

(3) 将干燥后的液体直接抽滤到三颈烧瓶中，先在电热套上蒸出苯，再减压蒸馏，收集 78 ℃/1.333 kPa(10 mmHg)或 98 ℃/3.225 kPa(25 mmHg)的馏分，产量约为 0.6 g。

五、注意事项

(1) 仪器必须充分干燥，否则影响反应顺利进行。装置中凡是与空气接触的地方应装置干燥管。

(2) 无水三氯化铝的质量是实验成败的关键之一，研细、称量、投料都要迅速，避免长时间暴露在空气中，可在带塞的锥形瓶中称量。

(3) 由于最终产物不多，宜选用较小的蒸馏瓶，苯溶液可用分液漏斗分数次加入蒸馏瓶中。

(4) 也可用减压蒸馏提纯苯乙酮。

实验 16　二苯酮的制备

一、实验目的

(1) 学习傅-克反应的原理与操作。

(2) 掌握二苯酮的制备方法。

二、实验原理

傅-克反应是向芳环上引入烷基和酰基最重要的方法，在合成上具有很大的实用价值。在无水三氯化铝存在下，酰氯或酸酐与活泼的芳香化合物反应，得到高产率的烷基芳基酮或二芳基酮，反应式如下：

$$RCOCl + ArH \xrightarrow{\text{无水}AlCl_3} RCOAr + HCl$$

$$Ar'COCl + ArH \xrightarrow{\text{无水}AlCl_3} Ar'COAr + HCl$$

$$(RCO)_2O + ArH \xrightarrow{\text{无水}AlCl_3} RCOAr + RCOOH$$

酰基化反应与烷基化反应不同，烷基化反应所用无水三氯化铝是催化量的(0.1 mol)；而在酰基化反应中，当用酰氯作为酰基化试剂时，无水三氯化铝的用量为 1.1 mol，因三氯化铝与反应中所产生的芳香酮形成配合物；当使用酸酐时，则无水三氯化铝的用量为 2.1 mol，因反应中产生的有机酸也会与三氯化铝反应。

$$(RCO)_2O + 2AlCl_3 \longrightarrow [RCO]^+[AlCl_4]^- + RCO_2AlCl_2$$

制备反应中，常用酸酐代替酰氯作酰化试剂。这是由于与酰氯相比，酸酐原料易得，纯度高，操作方便，无明显的副反应或有害气体放出；反应平稳且产率高，产生的芳酮容易提纯。

方法一是由四氯化碳和无水苯在无水三氯化铝催化下制备二苯酮：

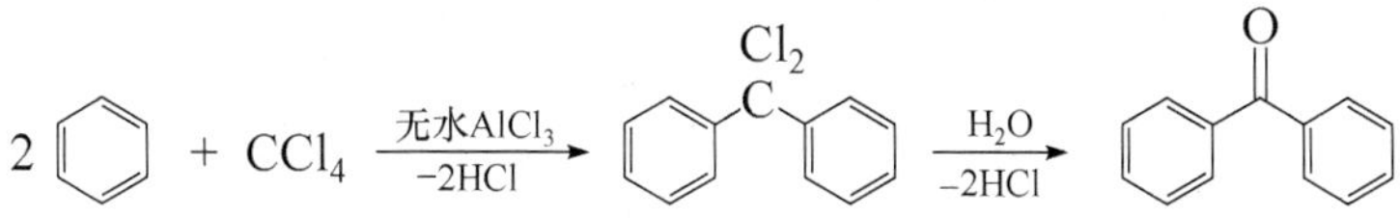

方法二是由苯甲酰氯和无水苯在无水三氯化铝催化下制备二苯酮：

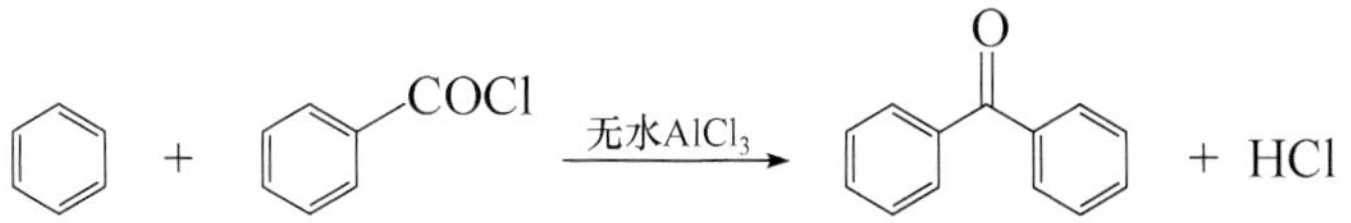

三、实验用品

三颈烧瓶、磁力搅拌器、球形冷凝管、恒压滴液漏斗、温度计(100 ℃、200 ℃)、Y 形管、干燥管、直形冷凝管、蒸馏头、真空接引管、温度计套管、分液漏斗。

无水三氯化铝、苯、四氯化碳、无水硫酸镁、苯甲酰氯、浓盐酸、5%氢氧化钠溶液。

四、实验步骤

1. 方法一：由四氯化碳和无水苯在无水三氯化铝催化下制备

在 250 mL 三颈烧瓶上分别装上 Y 形管、磁力搅拌器和球形冷凝管。冷凝管上口安装一填有氯化钙的干燥管，干燥管再接一气体吸收装置。Y 形管上分别装上恒压滴液漏斗和温度计。

放入搅拌子，迅速称取 6 g 无水三氯化铝置于三颈烧瓶中，再加入 14 mL 四氯化碳，将三颈烧瓶在冷水浴中冷却到 10～15 ℃，开动搅拌。自恒压滴液漏斗中慢慢加入 8 mL 无水苯及 7 mL 四氯化碳的混合液，维持反应温度在 5～10 ℃，10～15 min 滴完。加完后，在 10 ℃左右继续搅拌 1 h。然后将三颈烧瓶浸入冰水浴中，在搅拌下慢慢滴加 100 mL 水，加完后改为蒸馏装置，在水浴上尽量蒸去四氯化碳及未反应的苯。再在石棉网上用小火加热蒸馏 0.5 h，以除去残留的四氯化碳，并促使二苯基二氯甲烷水解完全。分出下层粗产物，水层用蒸出的四氯化碳萃取一次，四氯化碳合并后用无水硫酸镁干燥，先在常压下蒸出四氯化碳，当温度升到 90 ℃左右时停止加热，稍冷后再进行减压蒸馏，收集 156～259 ℃的馏分。产物冷却后凝固，熔点 47～48 ℃，产量 6～7 g。

2. 方法二：由苯甲酰氯和无水苯在无水三氯化铝催化下制备

在 250 mL 三颈烧瓶上分别装上 Y 形管、磁力搅拌器和球形冷凝管。冷凝管上安装一填有氯化钙的干燥管，干燥管再接一气体吸收装置。

迅速称取 7.5 g 无水三氯化铝置于三颈烧瓶中，再加入 30 mL 无水苯，开动搅拌。自恒压滴液漏斗中滴加 6 mL 新蒸馏过的苯甲酰氯。反应液由无色变为黄色，三氯化铝逐渐溶解。加完后(约需 10 min)，在 50 ℃水浴上加热 1.5～2 h 至无 HCl 气体逸出。此时反应液为深棕色。将三颈烧瓶浸入冰水浴中，慢慢滴加 50 mL 冰水和 25 mL 浓盐酸的混合液，分解反应产物。分解完全后，分出苯层，依次用 15 mL 5%氢氧化钠和 15 mL 水各洗一次，粗产物用无水硫酸镁干燥。干燥后的液体按实验方法一处理，产量约 5 g。

纯二苯酮的熔点为 49 ℃。

做产物的 UV 和 ^{1}H NMR 谱，指出各主要谱峰的归属。

本实验约需 8 h。

五、思考题

(1) 方法一中为什么是四氯化碳过量而不是苯过量？若苯过量会有什么后果？

(2) 反应完成后，方法一加入水、方法二加入冰水和浓盐酸混合物的目的是什么？

六、注意事项

(1) 方法一中反应温度若低于 5 ℃则反应缓慢，高于 10 ℃则有焦油状物产生。

(2) 方法一可回收 14 mL 左右的四氯化碳，其中含少量苯。

(3) 二苯酮有多种晶形，α 型熔点 49 ℃，β 型熔点 26 ℃，γ 型熔点 45～48 ℃，δ 型熔点 51 ℃。二苯酮冷却后有时不易立即得到晶体，这是由于形成了低熔点(26 ℃)的 β 型二苯酮。也可用石油醚(30～60 ℃)进行重结晶，代替减压蒸馏。

(4) 二苯酮可用格氏反应制备：

在 50 mL 二颈烧瓶上分别装上回流冷凝管和恒压滴液漏斗，在冷凝管和恒压滴液漏斗的上口装上氯化钙干燥管，称取 0.4 g 除去氧化膜的镁条，剪成小块，加入反应瓶，再加一小粒碘，在恒压滴液漏斗中放置 2 mL 溴苯和 7 mL 无水乙醚，混匀。

从恒压滴液漏斗中滴入 2～3 mL 溴苯-乙醚混合溶液(若不发生反应，可用温水浴加热)。待反应开始后，把剩余的溶液缓缓滴入烧瓶中，保持反应液微沸，并随时振摇。

加完后，水浴回流 0.5 h，使镁条基本作用完全。稍冷，在振摇下自恒压滴液漏斗中慢慢滴入 0.9 mL 苯甲酸乙酯和 2 mL 无水乙醚的混合液，温水浴回流 20 min。

烧瓶用冰水冷却，在振摇下自恒压滴液漏斗中慢慢滴加氯化铵溶液(2 g 氯化铵溶于 15 mL 水)以分解加成物。然后在水浴上蒸去乙醚，剩余物中加入 5 mL 石油醚，搅拌、过滤，收集产品，产量约 0.8 g。

实验 17　邻硝基苯酚和对硝基苯酚的制备

一、实验目的

(1) 掌握酚的单硝化反应的实验方法。

(2) 巩固重结晶、熔点测定、水蒸气蒸馏等实验操作。

二、实验原理

苯酚很容易硝化，与冷的稀硝酸作用即生成邻位和对位硝基苯酚的混合物。实验室多用硝酸钠(或硝酸钾)与稀硫酸的混合物代替稀硝酸，以减少苯酚被硝酸氧化的可能性，并有利于增加对硝基苯酚的产量。尽管如此，仍不可避免地有部分苯酚被氧化，生成少量焦油状物质。

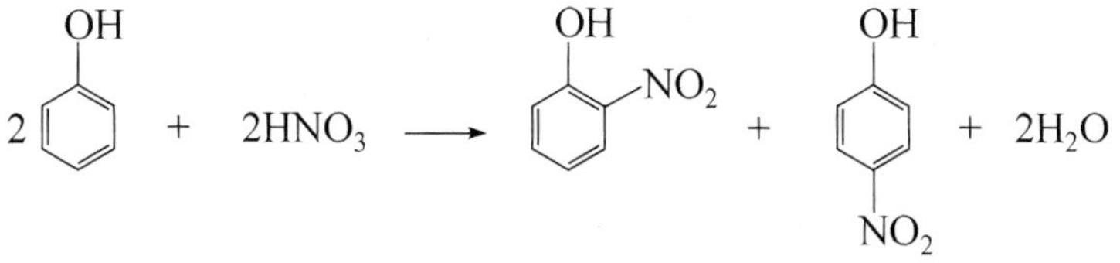

由于邻硝基苯酚通过分子内氢键形成六元螯合环，而对硝基苯酚只能通过分子间氢键形成缔合体，因此邻硝基苯酚的沸点较对位的低，在水中的溶解度也较对位低得多，可采用水蒸气蒸馏的方法与对位异构体分离。

三、实验用品

三颈烧瓶、温度计、温度计套管、恒压滴液漏斗、烧杯、水浴锅、水蒸气发生器、T 形管、烧瓶、直形冷凝管、真空接引管、蒸馏头、布氏漏斗、抽滤瓶。

苯酚、硝酸钠、浓硫酸、浓盐酸。

四、实验步骤

1. 常量实验

在 250 mL 三颈烧瓶中放入 30 mL 水和搅拌子，慢慢加入 10.5 mL 浓硫酸，再加入 11.5 g 硝酸钠。待硝酸钠全溶后，装上温度计和恒压滴液漏斗，将三颈烧瓶置于冰水浴中冷却。在小烧杯中称取 7 g 苯酚并加入 2 mL 水，温热搅拌使苯酚溶解，冷却后转入恒压滴液漏斗中。在摇荡下自恒压滴液漏斗向三颈烧瓶中逐滴加入苯酚水溶液，用冰水浴控制反应温度为 10～15 ℃。滴加完毕后，保持同样温度放置 0.5 h，并时加振摇，使反应完全。此时，反应液为黑色焦油状物质，用冰水浴冷却，使焦油状物质固化，如长时间不固化，可向反应瓶中加入少量活性炭吸附油状物。小心倾析出酸液，固体物每次用 20 mL 水洗涤三次，以除去剩余的酸液。然后将黑色油状固体进行水蒸气蒸馏，直至冷凝管中无黄色油滴馏出为止。馏出液冷却后，其中的粗邻硝基苯酚迅速凝成黄色固体，抽滤收集后，干燥，粗产物约 3 g，用乙醇-水混合溶剂重结晶，可得亮黄色针状晶体约 2 g，熔点 45 ℃。

在水蒸气蒸馏后的残液中加水至总体积约为 80 mL，再加入 50 mL 浓盐酸和 0.5 g 活性炭，加热煮沸 10 min，趁热过滤。滤液再用活性炭脱色一次。将两次脱色后的溶液加热，用滴管分批滴入浸在冰水浴内的另一烧杯中，边滴加边搅拌，立即析出粗对硝基苯酚。抽滤，干燥后 2～2.5 g，用 2%稀盐酸重结晶，得无色针状晶体约 1.5 g，熔点 114 ℃。

纯邻硝基苯酚的熔点为 45.3～45.7 ℃，纯对硝基苯酚的熔点为 114.9～115.6 ℃。

本实验需 8～10 h。

2. 微量实验

在小烧杯中放入 2 g 苯酚，并加入 0.6 mL 水，温热搅拌使其熔化，冷却后转入恒压滴液漏斗中。在 100 mL 烧瓶中放置 9 mL 水，慢慢加入 3 mL 浓硫酸，再加入 3.5 g 硝酸钠，待硝酸钠全溶后，放入温度计，安装恒压滴液漏斗，将烧瓶置于冰水浴中冷却。

在摇荡下自恒压滴液漏斗向三颈烧瓶中逐滴加入苯酚水溶液，用冰水浴控制反应温度为 10～15 ℃。滴加完毕后，保持同样温度放置 0.5 h，并时加振摇，使反应完全。此时反应液应为黑色焦油状物质，用冰水浴冷却，使焦油状物质固化，如长时间不固化，可向反应瓶中加入少量活性炭吸附油状物。小心倾析出酸液，固体物每次用 5 mL 水洗涤 3 次，以除去剩余的酸液。然后加入 50 mL 水，加热蒸馏，直至冷凝管中无黄色油滴馏出为止。馏出液冷却后，其中的粗邻硝基苯酚迅速凝成黄色固体，抽滤收集后，干燥，粗产物约 0.9 g，用乙醇-水混合溶剂重结晶，可得亮黄色针状晶体约 0.6 g，熔点 45 ℃。

在水蒸气蒸馏后的残液中加水至总体积约为 25 mL，再加入 1.5 mL 浓盐酸和 0.2 g 活性炭，加热煮沸 10 min，上接回流冷凝管，趁热过滤。

将母液加热后自然冷却析出结晶，抽滤，干燥后得棕色针状晶体约 0.6 g，熔点 114 ℃。

五、思考题

(1) 本实验有哪些可能的副反应？如何减少这些副反应的产生？

(2) 试比较苯、硝基苯、苯酚硝化的难易性，并解释其原因。

(3) 为什么邻硝基苯酚和对硝基苯酚可采用水蒸气蒸馏加以分离？

(4) 在重结晶邻硝基苯酚时，为什么在加入乙醇温热后常易出现油状物？如何使它消失？在后来滴加水时，也常会析出油状物，应如何避免？

(5) 为什么在纯化固体产物时，总是先用其他方法除去副产物、原料和杂质后，再进行重结晶提纯？反应完后直接用重结晶提纯是否可行？为什么？

六、注意事项

(1) 苯酚室温时为固体(熔点 41 ℃)，可用温水浴温热熔化，加水可降低苯酚的熔点，使其呈液态，有利于反应。苯酚对皮肤有较大的腐蚀性，如不慎弄到皮肤上，应立即用肥皂和水冲洗，最后用少许乙醇擦洗至不再有苯酚味。

(2) 由于酚与酸不互溶，故需不断振荡使其充分接触，达到反应完全，同时可防止局部过热现象。反应温度超过 20 ℃时，硝基苯酚可继续硝化或被氧化，产量降低；若温度较低，则对硝基苯酚所占比例有所增加。

(3) 最好将反应瓶放入冰水浴中冷却，使油状物固化，这样洗涤较为方便。如反应温度过高，黑色油状物难以固化，用倾析法洗涤时，可先用滴管吸取少量酸液。残余酸液必须洗除，否则在水蒸气蒸馏过程中，由于温度升高，硝基苯酚将进一步硝化或氧化。

(4) 水蒸气蒸馏时，往往由于邻硝基苯酚的晶体析出而堵塞冷凝管。此时必须调节冷凝水，让热的水蒸气通过，使其熔化，然后再慢慢开大水流，以免热的水蒸气使邻硝基苯酚伴随逸出。

(5) 邻硝基苯酚重结晶时，先将粗邻硝基苯酚溶于热的乙醇(40～45 ℃)中，过滤后，滴入温水至出现浑浊，然后在温水浴(40～45 ℃)温热或滴入少量乙醇至澄清，冷却后即析出亮黄色针状的邻硝基苯酚。

(6) 水蒸气蒸馏后的烧瓶内黏有黑色焦油状固体，不易洗去，可用少量 10%氢氧化钠溶液洗涤，该洗液可多次使用，可转给其他同学继续使用。

实验 18　硝基苯的制备

一、实验目的

(1) 通过硝基苯的制备加深对芳烃亲电取代反应的理解。

(2) 了解硝化反应中混酸的浓度、反应温度和反应时间与硝化产物的关系。

(3) 掌握液体干燥、简单蒸馏的实验操作。

二、实验原理

芳香族硝基化合物一般由芳香族化合物直接硝化制得。最常用的硝化剂是浓硝酸与浓硫酸的混合液，常制成混酸。在硝化反应中，因被硝化物的结构不同，所需的混酸浓度和反应温度也不相同。硝化反应是不可逆反应，混酸中浓硫酸的作用不仅在于脱水，更重要的是有利于 NO_2^+ 的生成，增加 NO_2^+ 的浓度，加快反应速率，进而提高硝化能力。硝化反应是强放热反应，进行硝化反应时，必须严格控制反应温度和加料速度，同时进行充分的搅拌。

以苯为原料，用混酸作硝化剂制备硝基苯的反应方程式如下：

主反应：

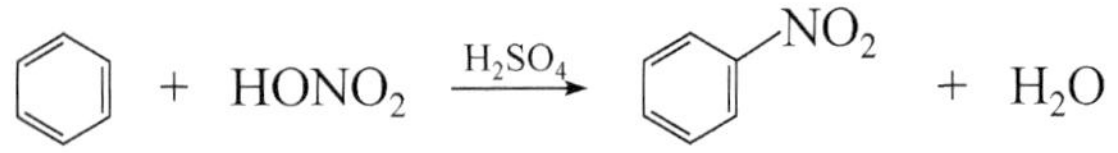

副反应：

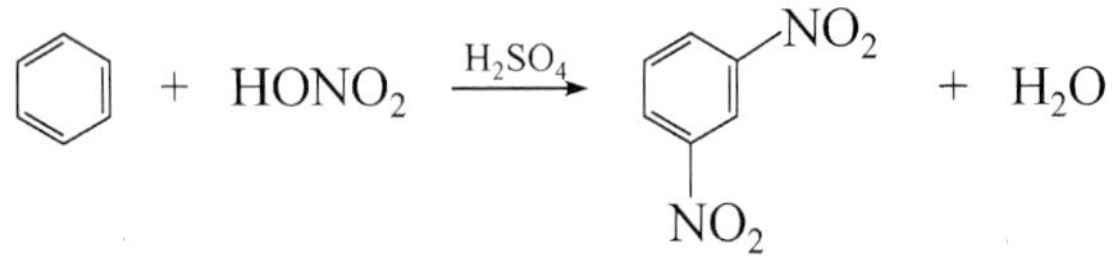

三、实验用品

三颈烧瓶、温度计、量筒、分液漏斗、玻璃漏斗、玻璃管、蒸馏烧瓶、空气冷凝管、锥形瓶、电热套。

苯、浓硝酸、浓硫酸、10%碳酸钠溶液、氯化钠饱和溶液、无水氯化钙、pH 试纸。

四、实验步骤

(1) 在 250 mL 三颈烧瓶中加入 17.8 mL 苯。三颈烧瓶的中间口配上一支 300 mm 长的玻璃管作为空气冷凝管，左侧口装一支 0～100 ℃温度计，右侧口通过玻璃漏斗将冷却的混酸分批加入。每加一次后必须充分振荡烧瓶，使苯和混酸充分接触。此时反应液温度升高，待反应液温度不再上升且趋于下降时，再继续加混酸。

(2) 加酸时，要使反应物的温度控制在 40～50 ℃。若超过 50 ℃，可用冷水浴冷却。加料完毕后，将烧瓶放在 50 ℃水浴中，加热使烧瓶中反应液的温度控制在 60～65 ℃并保持 40 min。在此期间应间歇地振荡烧瓶。

(3) 反应结束后，将烧瓶移出水浴，待反应液冷却后，将其倒入分液漏斗中。静置，分层，分出酸层。将酸液倒入指定的回收瓶中，粗硝基苯用等体积的冷水洗涤，再用 10%碳酸钠溶液洗涤多次，直至洗涤液不显酸性，最后用去离子水洗至中性。将粗硝基苯从分液漏斗中放入干燥的锥形瓶中，加入无水氯化钙干燥，并间歇地振荡锥形瓶。

(4) 把澄清的硝基苯倒入 50 mL 蒸馏烧瓶中，装上 250 ℃水银温度计和空气冷凝管，用电热套加热蒸馏，收集 204～210 ℃的馏分。为了避免残留在烧瓶中的二硝基苯在高温下分解而引起爆炸，注意切勿将产物蒸干。称量，并计算产率。

五、思考题

(1) 硫酸和硝酸在硝化时各起什么作用？

(2) 混酸若一次加完，将产生什么后果？

(3) 若用相对密度为 1.52 的硝酸(发烟硝酸)配制混酸进行苯的硝化，将得到什么产物？

(4) 硝化反应温度过高将会怎样？

(5) 如何判断硝化反应已经结束？

六、注意事项

(1) 混酸配法：在 100 mL 锥形瓶中加入 14.6 mL 浓硝酸，把锥形瓶放入冷水浴中，在摇动条件下，将 20.0 mL 浓硫酸慢慢加入浓硝酸中，混匀。

(2) 苯的硝化是一个放热反应。开始加入混酸时，硝化反应速度较快，每次加入的混酸量宜为 0.5～1.0 mL。随着混酸的加入，硝基苯逐渐生成，反应混合物中苯的浓度逐渐降低，硝化反应的速度也随之减慢，所以在加后一半混酸时，每次混酸可加入 1.5～2.0 mL。

(3) 用吸量管吸取少量上层反应液滴到氯化钠饱和溶液中，当观察到油珠下沉时，则表示硝化反应已经完成。

(4) 硝基苯有毒，处理时应多加小心，如果溅到皮肤上，可先用少量乙醇溶液洗擦，再用肥皂水洗净。

(5) 如果使用工业硫酸，因其中含有的少量汞盐等杂质具有催化作用，生成副产物如苦味酸和 2,4-二硝基苯酚，它们的碱溶液呈深黄色，故产物水洗时应洗至接近无色。

(6) 浓硫酸具有腐蚀性。若实验时不小心溅到皮肤上，应先用布擦干，然后用 3%～5%碳酸氢钠溶液冲洗，不能直接用大量清水冲洗。若实验时滴落在桌面上，应先用布擦干，再用水冲洗。

(7) 浓硝酸加热时分解，产生有毒烟雾，同时具有强氧化性、刺激性和腐蚀性，易引起爆炸及对人体黏膜和皮肤的损伤，实验操作时务必谨慎。

(8) 苯有特殊气味，易挥发、易燃，是有毒气体，使用时在通风橱操作。

实验 19　苯亚甲基苯乙酮的制备

一、实验目的

(1) 了解羟醛缩合反应的条件与实验操作。

(2) 熟练掌握重结晶技术。

二、实验原理

具有α-活泼氢的醛、酮在稀碱催化下，分子间发生羟醛缩合反应，首先生成β-羟基醛、酮，升高反应温度，β-羟基醛、酮往往进一步脱水生成α，β-不饱和醛、酮。常用的催化剂是氢氧化钠、氢氧化钾、氢氧化钙、氢氧化钡等的水溶液或醇溶液，也可以用醇钠或仲胺。反应式如下：

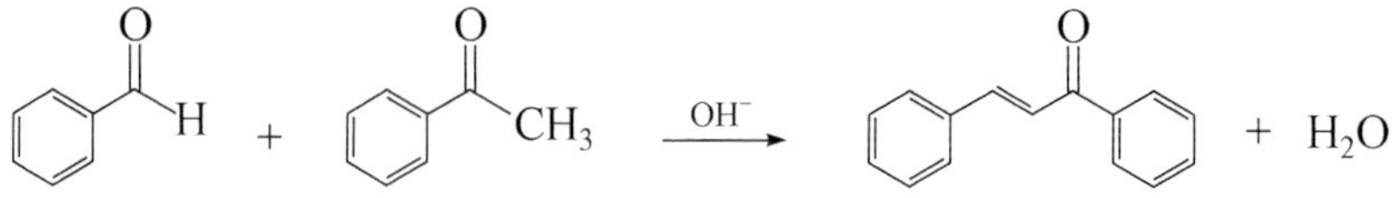

三、实验用品

三颈烧瓶、恒压滴液漏斗、温度计、抽滤瓶、布氏漏斗、烧杯。

10%氢氧化钠溶液、95%乙醇、苯乙酮、苯甲醛。

四、实验步骤

在 50 mL 三颈烧瓶中加入 5 mL 10%氢氧化钠溶液、4 mL 95%乙醇和 1.2 g 苯乙酮。三颈烧瓶装上温度计和恒压滴液漏斗，在磁力搅拌下，慢慢滴加 1.04 g 新蒸的苯甲醛，控制反应温度为 20～25 ℃。滴加完毕，继续搅拌 0.5 h。在冰浴中冷却，待晶体析出完全后，抽滤得粗产物并用少量水洗涤至中性。粗产物用 95%乙醇重结晶，得浅黄色片状晶体 1.5 g，熔点 56～57 ℃。

五、思考题

(1) 本实验可能产生哪些副反应？如何避免？

(2) 羟醛缩合反应为什么用 10%氢氧化钠溶液而不用浓碱作催化剂？

六、注意事项

(1) 控制好反应温度，温度过低产物发黏，温度过高副反应多。

(2) 产物熔点较低，重结晶应注意熔融和溶解的区别。

实验 20　2-乙基-2-己烯醛的制备

一、实验目的

(1) 学习利用羟醛缩合反应制备α，β-不饱和醛的原理和方法。

(2) 巩固搅拌、回流、分液、洗涤、干燥等基本操作。

二、实验原理

$$2CH_3CH_2CH_2CHO \xrightarrow{\text{稀NaOH溶液}} CH_3CH_2CH_2\underset{\displaystyle OH}{\underset{|}{C}}H\overset{\displaystyle C_2H_5}{\overset{|}{C}}HCHO \xrightarrow[\triangle]{-H_2O} CH_3CH_2CH_2CH{=}\overset{\displaystyle C_2H_5}{\overset{|}{C}}CHO$$

三、实验用品

磁力搅拌器、回流搅拌装置、锥形瓶、减压蒸馏装置。

正丁醛(新蒸)、5%氢氧化钠溶液、无水硫酸钠。

四、实验步骤

(1) 投料：在 50 mL 三颈烧瓶上安装搅拌磁子、回流冷凝管、恒压滴液漏斗和温度计，加入 5 mL 5%氢氧化钠溶液，在充分搅拌下，从恒压滴液漏斗不断滴入 13 mL 新蒸的正丁醛，约 10 min 滴完。

(2) 加热回流：在 90 ℃水浴上加热搅拌 1 h，使反应完全，此时反应液变成黄色或橙色。

(3) 洗涤粗产物：将反应液移至分液漏斗中，分去碱层，油层每次用 5 mL 水洗涤三次。粗产物转入干燥的锥形瓶中，放置后变为清亮的溶液，可加入适量的无水硫酸钠干燥。

(4) 收集产物：将干燥好的产物移至小蒸馏瓶中，减压蒸馏，收集产物。

五、思考题

(1) 以本实验为例，写出羟醛缩合反应在酸或碱催化下的反应机理。

(2) 碱的浓度过大，反应温度过高，可能产生哪些副反应？

六、注意事项

(1) 正丁醛易被空气氧化，放置已久的正丁醛，使用前必须重新蒸馏，否则影响产率。

(2) 这是一个放热反应，滴加正丁醛的速度不宜过快，控制反应温度不超过 90 ℃。

(3) 实验的副反应有氧化、树脂化反应(烯醛可进一步发生聚合生成有颜色的树脂状物)。

(4) 2-乙基-2-己烯醛易氧化，常压蒸馏产品常呈淡黄色，而且易树脂化。

实验 21　乙酸乙酯的制备

一、实验目的

(1) 掌握酯化反应原理及由乙酸和乙醇制备乙酸乙酯的方法。

(2) 学会回流反应装置的搭建方法。

(3) 复习蒸馏、分液漏斗的使用、液体的洗涤与干燥等基本操作。

二、实验原理

本实验用冰醋酸和乙醇为原料，乙醇过量，利用浓硫酸的吸水作用使反应顺利进行。除生成乙酸乙酯的主反应外，还有生成乙醚的副反应。

主反应：

$$CH_3COOH + CH_3CH_2OH \xrightleftharpoons[\triangle]{浓H_2SO_4} CH_3COOCH_2CH_3 + H_2O$$

副反应：

$$CH_3CH_2OH \xrightleftharpoons[170℃]{浓H_2SO_4} H_2C=CH_2 + H_2O$$

$$2CH_3CH_2OH \xrightleftharpoons[140℃]{浓H_2SO_4} (CH_3CH_2)_2O + H_2O$$

三、实验用品

圆底烧瓶(50 mL、100 mL)、直形冷凝管、温度计、分液漏斗、恒压滴液漏斗、电热套、分馏柱、接引管、铁架台、胶管、量筒等。

无水乙醇、冰醋酸、浓硫酸、碳酸钠饱和溶液、氯化钠饱和溶液、氯化钙饱和溶液、无水硫酸镁。

四、实验步骤

1. 制备乙酸乙酯

向烧瓶中加入 19 mL 无水乙醇和 5 mL 浓硫酸，向恒压滴液漏斗中加入 8 mL 冰醋酸。开始加热，加热电压控制在 70～80 V，将冰醋酸缓慢滴入烧瓶中，微沸 30～40 min。蒸馏温度严格控制在 73～78 ℃，直至反应结束。

2. 产品精制

(1) 加入 7 mL 碳酸钠饱和溶液，用分液漏斗分离，目的是分离除去冰醋酸。

(2) 向分液漏斗上层液中加入 7 mL 氯化钠饱和溶液，目的是防止乙酸乙酯水解。

(3) 加入 7 mL 氯化钙饱和溶液，目的是除去无水乙醇。

(4) 加入 2 g 无水硫酸镁，目的是除水。

3. 数据处理

最后量取乙酸乙酯为 A mL(冰醋酸相对分子质量 60.05，相对密度 1.049；乙酸乙酯相对分子质量 88.10，相对密度 0.905)。

$$产率=[A\times0.905/88.10/(8\times1.049/60.05)]\times100\%$$

五、思考题

(1) 酯化反应有什么特点？本实验如何创造条件促使酯化反应尽量向生成物方向进行？

(2) 本实验可能有哪些副反应？

六、注意事项

(1) 浓硫酸加入时会放热，应在摇动中缓慢加入。

(2) 加入碳酸钠饱和溶液时，应在摇动后放气，以避免产生二氧化碳而使分液漏斗内压力过大。

(3) 若碳酸钠洗涤不完全，加入氯化钙饱和溶液时会有碳酸钙沉淀生成，应加入稀盐酸溶解。

(4) 干燥时应塞上瓶塞，并间歇振荡。

(5) 蒸馏时，所有仪器均需烘干。

实验 22　乙酸异戊酯的制备

一、实验目的

(1) 熟悉酯化反应原理，掌握乙酸异戊酯的制备方法。

(2) 掌握带油水分离器的回流装置的安装与操作。

(3) 熟悉液体有机化合物的干燥，掌握分液漏斗的使用方法。

(4) 学会利用萃取洗涤和蒸馏的方法纯化液体有机化合物的操作技术。

二、实验原理

乙酸异戊酯为无色透明液体，不溶于水，易溶于乙醇、乙醚等有机溶剂。它是一种香精，因具有香蕉气味，又称为香蕉油。实验室通常采用冰醋酸和异戊醇在浓硫酸的催化下发生酯化反应制取。反应式如下：

$$CH_3COOH + HOCH_2CH_2\overset{\overset{CH_3}{|}}{C}HCH_3 \underset{\triangle}{\overset{浓H_2SO_4}{\rightleftharpoons}} CH_3\overset{\overset{O}{\|}}{C}OCH_2CH_2\overset{\overset{CH_3}{|}}{C}HCH_3 + H_2O$$

酯化反应是可逆的，本实验加入过量冰醋酸，并除去反应中生成的水，使反应不断向右进行，提高酯的产率。

生成的乙酸异戊酯中混有过量的冰醋酸、未完全转化的异戊醇、起催化作用的硫酸及副产物醚类，经过洗涤、干燥和蒸馏予以除去。

三、实验用品

三颈烧瓶、球形冷凝管、油水分离器、蒸馏烧瓶、直形冷凝管、接引管、分液漏斗、量筒、温度计(200 ℃)、锥形瓶、电热套。

异戊醇、冰醋酸、浓硫酸、10%碳酸钠溶液、氯化钠饱和溶液、无水硫酸镁。

四、实验步骤

(1) 酯化。在干燥的三颈烧瓶中加入 18 mL 异戊醇和 15 mL 冰醋酸，在振摇与冷却下加入 1.5 mL 浓硫酸，混匀后放入一两粒沸石。安装带油水分离器的回流装置，三颈烧瓶中间口安装油水分离器，油水分离器中事先充水至支管口处，然后放出 3.2 mL

水。三颈烧瓶一侧口安装温度计(温度计应浸入液面以下)，另一侧口用磨口塞塞住。

检查装置气密性后，用电热套(或甘油浴)缓缓加热，当温度升至约 180 ℃时，三颈烧瓶中的液体开始沸腾。继续升温，控制回流速度，使空气浸润面不超过冷凝管下端的第一个球。当油水分离器充满水，反应温度达到 130 ℃时，反应基本完成，约需要 1.5 h。

(2) 洗涤。停止加热，稍冷后拆除回流装置。将烧瓶中的反应液倒入分液漏斗中，用 15 mL 冷水淋洗烧瓶内壁，洗涤液并入分液漏斗。充分振摇，接通大气静置，待分界面清晰后，分去水层。再用 15 mL 冷水重复操作一次。然后酯层用 20 mL 10%碳酸钠溶液分两次洗涤。最后用 15 mL 氯化钠饱和溶液洗涤一次。

(3) 干燥。经过水洗、碱洗和食盐水洗涤后的酯层由分液漏斗上口倒入干燥的锥形瓶中，加入 2 g 无水硫酸镁，配上塞子，充分振摇后，静置 30 min。

(4) 蒸馏。安装一套普通蒸馏装置。将干燥好的粗酯小心滤入干燥的蒸馏烧瓶中，放入一两粒沸石，开始蒸馏。用干燥的量筒收集 138～142 ℃馏分，量取体积并计算产率。

五、思考题

(1) 制备乙酸异戊酯时，使用的哪些仪器必须是干燥的？为什么？

(2) 油水分离器内为什么事先要充有一定量水？

(3) 酯化反应制得的粗酯中含有哪些杂质？如何除去这些杂质？洗涤时能否先碱洗再水洗？

(4) 酯可用哪些干燥剂干燥？为什么不能使用无水氯化钙进行干燥？

(5) 酯化反应时，实际出水量往往多于理论出水量，这是什么原因造成的？

六、注意事项

(1) 加浓硫酸时，要分批加入，并在冷却下充分振摇，以防止异戊醇被氧化。

(2) 回流酯化时，要缓慢均匀加热，以防止炭化并确保反应完全。

(3) 分液漏斗使用前要涂凡士林试漏，防止洗涤时漏液，造成产品损失。

(4) 碱洗时放出大量热并有二氧化碳产生，因此洗涤时要不断放气，防止分液漏斗内的液体冲出来。

(5) 最后蒸馏时仪器要干燥，不得将干燥剂倒入蒸馏瓶内。

(6) 冰醋酸具有强烈的刺激性，要在通风橱内取用。

实验 23　水杨酸甲酯的制备

一、实验目的

(1) 学习在酸催化下有机酸与醇作用制备酯的原理和方法。

(2) 巩固减压蒸馏操作技术。

二、实验原理

水杨酸甲酯俗称冬青油，起初是由冬青植物中提取出来的，后来发现该化合物具有止痛和退热的活性，可以治疗灼伤。该化合物具有很好的香味，更多地被用于制作香料。

水杨酸甲酯可通过甲醇和水杨酸在硫酸催化下酯化脱水合成，反应式如下：

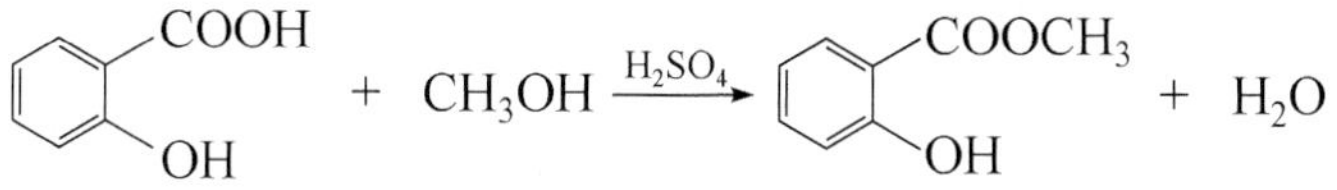

实验中用增加甲醇量的方法使反应向正方向移动。

三、实验用品

真空泵、克氏蒸馏头、锥形瓶、接引管、直形冷凝管、圆底烧瓶、油水分离器、球形冷凝管、分液漏斗、温度计、烧杯、真空接引管等。

水杨酸、甲醇、浓硫酸、6%碳酸氢钠溶液。

四、实验步骤

在圆底烧瓶中加入 6.9 g 水杨酸和 30 mL 甲醇，然后缓慢加入 8 mL 浓硫酸，充分摇匀后，再加入两粒沸石，装上球形冷凝管，用电热套加热回流 3 h。待冷却后倒入烧杯中，再加入 50 mL 水。分批加入 6%碳酸氢钠溶液，使溶液呈碱性。将反应液移至分液漏斗中，分去水层，酯层用 30 mL 水洗涤。把酯层移入锥形瓶中，加入 0.5 g 无水氯化钙干燥。用 100 mL 圆底烧瓶和克氏蒸馏头组装减压系统，检查并记录体系的真空度。

把上述粗产物滤入烧瓶中，先常压蒸馏，蒸去溶剂，冷却后打开水泵，调节减压毛细管上端的螺旋夹直至能从管尖持续冒出小气泡为止。用水浴加热蒸馏残留的溶剂，待冷却后改用油泵减压蒸馏。当液体开始沸腾时，调节油浴温度，收集 105 ℃的馏分，产量约 7 g，并计算产率。

纯水杨酸甲酯的沸点为 224 ℃，折光率 $n_D^{20} = 1.5369$ 。

五、思考题

(1) 试写出水杨酸和甲醇在酸催化下进行酯化反应的机理。

(2) 硫酸和过剩的甲醇在反应完成后是如何从粗酯中除去的？为什么中和时不用氢氧化钠溶液？

(3) 减压蒸馏时为什么一定要达到大致所需的真空度后才开始加热，而不是先加热后减压？

六、注意事项

(1) 加碳酸氢钠溶液的速度不能太快，否则产生的气体会使溶液溢出。

(2) 全部仪器之间的接头都应紧密，如真空度不符合要求，应查明漏气原因并加以改进。

(3) 可将 3～4 份粗产物合并在一起蒸馏。

实验 24　乙酰水杨酸的制备

一、实验目的

(1) 了解水杨酸乙酰化合成阿司匹林的方法和操作。

(2) 进一步熟悉重结晶、熔点测定、抽滤等基本操作。

二、实验原理

乙酰水杨酸即阿司匹林(aspirin)，是 19 世纪末合成成功的，作为一种有效的解热镇痛、治疗感冒的药物，至今仍广泛使用。有关报道表明，人们正在发现它的某些新功能。水杨酸可以止痛，常用于治疗风湿病和关节炎。它是一种具有双官能团的化合物，一个是酚羟基，另一个是羧基，羧基和羟基都可以发生酯化，而且还可以形成分子内氢键，阻碍酰化和酯化反应的发生。

乙酰水杨酸是由水杨酸(邻羟基苯甲酸)与乙酸酐进行酯化反应制得的。水杨酸可由水杨酸甲酯，即冬青油(由冬青树提取而得)水解制得。本实验就是用邻羟基苯甲酸(水杨酸)与乙酸酐反应制备乙酰水杨酸。反应式如下：

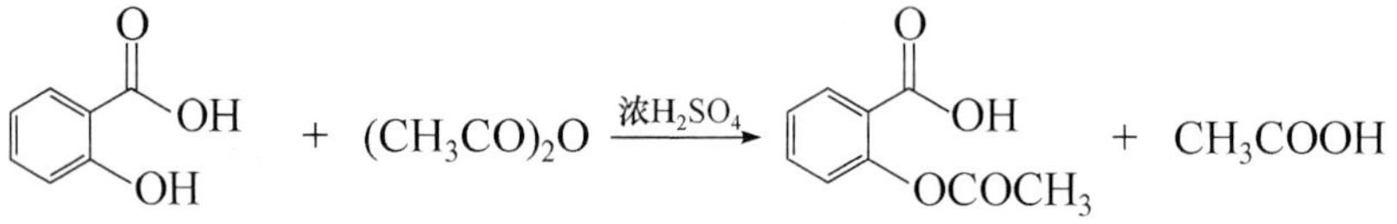

副反应：

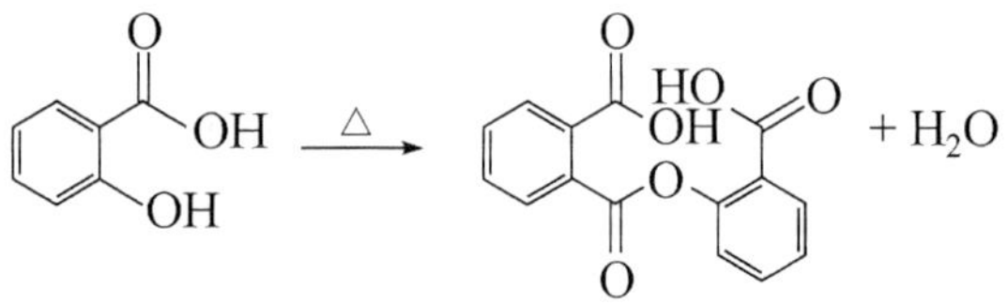

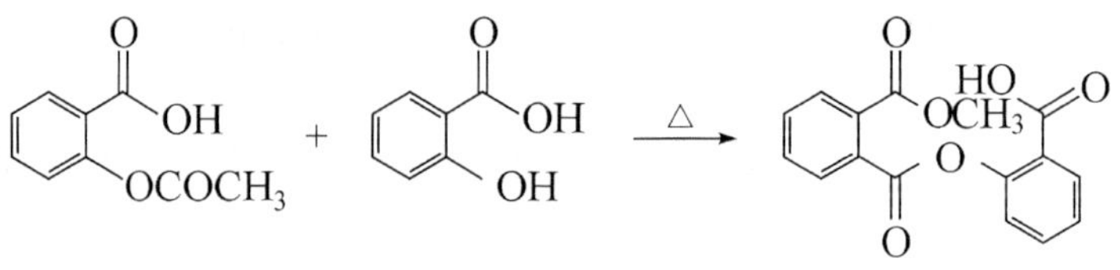

主要试剂和产物的物理常数见表 4-1。

表 4-1　主要试剂和产物的物理常数

名称	相对分子质量	m.p.或 b.p./℃	水中溶解性	醇中溶解性	醚中溶解性
水杨酸	138	158(s)	微溶	易溶	易溶
乙酸酐	102.09	139.35(l)	易溶	溶	∞
乙酰水杨酸	180.17	135(s)	溶、热	溶	微溶

三、实验用品

圆底烧瓶、滴管、水浴锅、温度计、玻璃棒、布氏漏斗、水泵、烧杯、回流冷凝管、锥形瓶、试管、表面皿、烧杯。

水杨酸、乙酸酐、浓硫酸、乙酸乙酯、乙醇、1%三氯化铁溶液。

四、实验步骤

乙酰水杨酸的制备：在 50 mL 圆底烧瓶中加入 7.0 g(0.050 mol)干燥的水杨酸和 10 mL(0.100 mol)新蒸的乙酸酐，再加 10 滴浓硫酸，充分摇动。水浴加热，水杨酸全部溶解，保持瓶内温度在 70 ℃左右，维持 20 min，并经常摇动。稍冷后，在不断搅拌下倒入 100 mL 冷水中，并用冰水浴冷却 15 min，抽滤，冰水洗涤，得乙酰水杨酸粗产物。

粗产物重结晶纯化：将粗产物转移至 250 mL 圆底烧瓶中，装好回流装置，向烧瓶内加入 100 mL 乙酸乙酯和两粒沸石，加热回流，进行热溶解。然后趁热过滤，冷却至室温，抽滤，用少许乙酸乙酯洗涤，干燥，得无色晶体。称量，计算产率，测熔点。

纯乙酰水杨酸为白色针状晶体，熔点 132～135 ℃。

五、思考题

(1) 为什么使用新蒸馏的乙酸酐？

(2) 加入浓硫酸的目的是什么？

(3) 为什么控制反应温度在 70 ℃左右？

(4) 怎样洗涤产品？

(5) 乙酰水杨酸还可以使用什么溶剂进行重结晶？重结晶时需要注意什么？

(6) 若在硫酸存在下，水杨酸与乙醇作用将得到什么产物？

(7) 本实验中可产生什么副产物？写出反应方程式。

(8) 本实验是否可以用乙酸代替乙酸酐？

六、注意事项

(1) 热过滤时，应该避免明火，以防着火。

(2) 为了检验产物中是否还有水杨酸，利用水杨酸属酚类物质可与三氯化铁发生颜色反应的特点，将几粒晶体加入盛有 3 mL 水的试管中，加入 1～2 滴 1%三氯化铁溶液，观察有无颜色反应(紫色)。

(3) 乙酰水杨酸受热易分解，因此熔点不明显，它的分解温度为 128～135 ℃。因此，重结晶时不宜长时间加热，控制水温，产物采取自然晾干。用毛细管测熔点时宜先将溶液加热至 120 ℃左右，再放入样品管测定。

(4) 仪器要全部干燥，药品也要经干燥处理，乙酸酐要使用新蒸馏的，收集 139～140 ℃的馏分。

(5) 本实验中要注意控制好温度(水温 90 ℃)。

(6) 粗产物用乙醇-水或苯-石油醚(60～90 ℃)重结晶。

实验 25　乙酰苯胺的制备

一、实验目的

(1) 掌握苯胺酰基化制备乙酰苯胺的原理和方法。

(2) 学习活性炭脱色的操作。

(3) 复习重结晶和分馏等基本操作。

二、实验原理

主反应：

以过量的乙酸和苯胺反应，并将产生的水脱离反应体系提高转化率。

三、实验用品

蒸馏烧瓶、锥形瓶、分馏柱、分馏头、温度计、玻璃弯管、烧杯、热水漏斗、抽滤瓶、安全瓶、水泵、表面皿、熔点测定装置。

苯胺、冰醋酸、锌粉、活性炭。

四、实验步骤

1. 制备

在蒸馏烧瓶或锥形瓶中加入 5 mL 新蒸馏的苯胺、7 mL 冰醋酸及少许锌粉(约 0.2 g)。装上一支分馏柱，柱顶接分馏头，分馏头上端放一支 150 ℃温度计，用橡皮管在分馏柱的侧管接一根玻璃弯管，导入一置于冷水浴的锥形瓶或试管中，收集反应中蒸出的水和乙酸。加热烧瓶，维持柱顶温度在 105 ℃左右约 50 min，当温度下降或瓶内出现白雾时，反应基本完成，停止加热。

在不断搅拌下，将产物趁热以细流慢慢倒入盛有 100 mL 冷水的烧杯中，剧烈搅拌，冷却，待粗乙酰苯胺完全析出时，减压抽滤，用 5～10 mL 冷水洗涤，以除去酸液，抽干，得粗乙酰苯胺。

2. 提纯

将粗乙酰苯胺转入盛有 150 mL 热水的烧杯中，加热至沸腾，使其溶解。稍冷后，加入 0.1～0.2 g 活性炭，搅拌均匀，加热煮沸，趁热用热水漏斗过滤，将滤液自然冷却至室温，析出白色晶体。抽滤，将产物放入干净的表面皿，在 100 ℃以下的烘箱中烘干，得干燥的乙酰苯胺，称量。

五、思考题

(1) 用冰醋酸法制备乙酰苯胺，采用了哪些措施以提高产率？

(2) 用冰醋酸法制备乙酰苯胺时，为什么要控制分馏柱上端的温度在 100～110 ℃？温度过高有什么不好？

六、注意事项

(1) 制备时，所用仪器必须干燥。

(2) 应加入少许锌粉。

实验 26　二苯乙醇酮的制备

一、实验目的

(1) 学习用安息香缩合反应制备二苯乙醇酮的原理和方法。

(2) 了解维生素 B_1 的催化原理及其优点。

(3) 巩固并熟练掌握配制溶液、加热回流、冰浴冷却、抽滤、重结晶等有机化学基本操作及技能。

二、实验原理

安息香缩合反应一般采用氰化钠(或氰化钾)作催化剂，在碳负离子的作用下，两分子苯甲醛发生缩合反应生成二苯乙醇酮。但氰化钠是剧毒品，对人体有害，操作困难，且“三废”处理困难。20 世纪 70 年代后，开始采用具有生物活性的辅酶维生素 B_1 代替氰化物作催化剂进行缩合反应。以维生素 B_1 作催化剂具有操作简单，反应条件温和，无毒且产率高，节省原料，耗时短，污染轻等特点。

反应式如下：

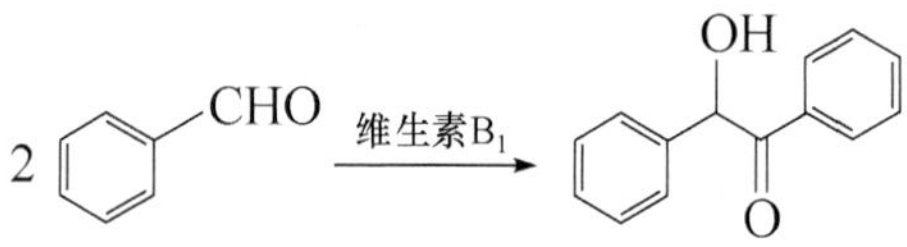

三、实验用品

圆底烧瓶、磁力搅拌器、量筒、玻璃棒、烧杯、电热套、温度计、冷凝管、抽滤瓶、布氏漏斗、锥形瓶、滴管、热水漏斗、玻璃漏斗、酒精灯、广口瓶、pH 试纸、活性炭。

维生素 B_1、95%乙醇、苯甲醛、10%氢氧化钠溶液。

四、实验步骤

(1) 在 50 mL 圆底烧瓶中加入 0.9 g 维生素 B_1、1.8 mL 水和 75 mL 95%乙醇，摇匀溶解后，将烧瓶置于冰水浴中冷却。

(2) 量取 25 mL 10%氢氧化钠溶液，在冰水浴中冷却，并在冰水浴下将其加入实验步骤(1)的溶液中。

(3) 在上述溶液中加入 5 mL 新蒸馏的苯甲醛，并用 10%氢氧化钠溶液调节 pH 至 9～10。

(4) 装上回流冷凝管，在磁力搅拌下回流 1 h，水浴温度 60～75 ℃。

(5) 反应液冷却至室温，析出浅黄色晶体，将晶体完全抽滤，用冷水洗涤两次。

(6) 将所得粗产物用 95%乙醇重结晶，得白色针状晶体。干燥，称量。

物理常数：

二苯乙醇酮相对分子质量：212.24，沸点：212.6 ℃，相对密度：1.31；

苯甲醛相对分子质量：106.12，沸点：178 ℃，相对密度：1.0415。

五、思考题

(1) 本实验中在加入苯甲醛之前为什么需在冰水中冷却?

(2) 本实验的反应机理与典型羟醛缩合反应有什么不同?

六、注意事项

(1) 配制的维生素 B_1、水和乙醇混合溶液及量取的 10%氢氧化钠溶液要在冰水浴中冷却。

(2) 反应溶液 pH 保持在 9～10。

(3) 苯甲醛易氧化为苯甲酸，所以要使用新蒸馏的苯甲醛。

(4) 搅拌回流时间不能少于 1.5 h，使其充分反应。

(5) 水浴加热时应严格控制温度，切勿加热过剧。

实验 27　对氨基苯磺酸的制备

一、实验目的

(1) 掌握磺化反应制备对氨基苯磺酸的原理和方法。

(2) 掌握磺化反应的基本操作，了解氨基的简单检验方法。

二、实验原理

苯和浓硫酸反应生成苯磺酸，即在苯环上引入磺酸基，称为磺化反应。磺化一般指磺酸基(—SO_3H)直接和烃基相连(硫原子直接和碳原子相连)。

磺化反应的实质是苯和三氧化硫的亲电取代反应。三氧化硫虽然不带电荷，但是中心的硫原子为 sp^2 杂化，为平面结构，最外层只有六个电子。另外，硫原子和三个电负性较大的氧原子连接，增强了硫原子的缺电子程度，即为缺电子试剂，容易与苯发生亲电取代反应。反应机理如下所示：

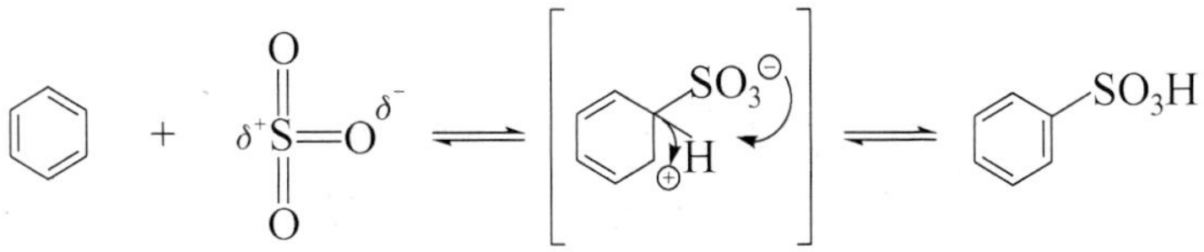

本实验以苯胺为原料，经浓硫酸磺化得到目标产物对氨基苯磺酸。反应式如下：

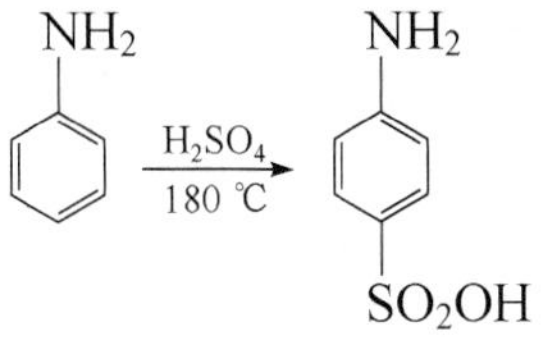

三、实验用品

三颈烧瓶、空气冷凝管、布氏漏斗、滴管、抽滤瓶、烧杯。

苯胺、浓硫酸、10%氢氧化钠溶液。

四、实验步骤

(1) 在 15 mL 三颈烧瓶中加入 1 g 新蒸馏的苯胺，装上空气冷凝管，滴加 1.7 mL 浓硫酸。油浴加热，在 180～190 ℃反应约 1.5 h，检查反应完全后停止加热，冷却至室温。

(2) 将混合物在不断搅拌下倒入 10 mL 盛有冰水的烧杯中，析出灰白色对氨基苯磺酸，抽滤，水洗，热水重结晶，得到产物约 0.8 g。

五、思考题

(1) 对氨基苯磺酸较易溶于水，而难溶于苯及乙醚，试解释。

(2) 反应产物中是否会有邻位取代物？若有，邻位和对位取代产物哪一种较多？说明理由。

六、注意事项

(1) 浓硫酸要分批加入，边加边振荡烧瓶，并冷却，加料时装上空气冷凝管。

(2) 反应温度为 180～190 ℃。

(3) 可用 10%氢氧化钠溶液测试，若得澄清溶液则反应完全。

实验 28　乙酰乙酸乙酯的制备

一、实验目的

(1) 了解利用酯缩合反应制备乙酰乙酸乙酯的原理和方法。

(2) 掌握无水操作和减压蒸馏等基本操作。

(3) 了解机械搅拌装置的拆装顺序和应用。

二、实验原理

乙酰乙酸乙酯是一种重要的有机合成原料，在医药上用于合成氨基吡啉、维生素 B 等；用于偶氮黄色染料的制备，还用于调和苹果香精及其他果香香精；在农药生产上用于合成有机磷杀虫剂蝇毒磷的中间体α-氯代乙酰乙酸乙酯、嘧啶氧磷的中间体、杀菌剂恶霉灵、除草剂咪唑乙烟酸、杀鼠剂、杀鼠醚、杀鼠灵等，也是杀菌剂新品种嘧菌环胺、氟嘧菌胺、呋吡菌胺及植物生长调节剂杀雄啉的中间体。此外，乙酰乙酸乙酯还广泛用于塑料、清漆及添加剂等行业。

含有α-活泼氢的酯类在醇钠等碱性缩合剂作用下缩合，失去一分子醇得到β-酮酸酯类的反应称为克莱森(Claisen)酯缩合反应。反应可在不同的酯之间进行，称为交叉酯缩合；也可将本反应用于二元羧酸酯的分子内环化反应，这时反应又称为迪克曼(Dieckmann)反应。反应机理如下所示：

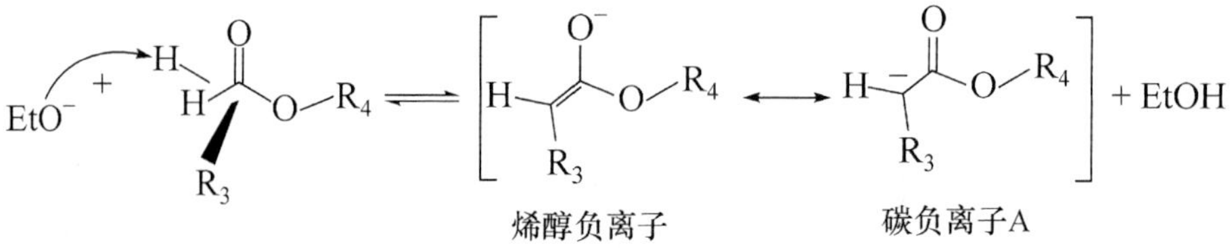

反应通常以酯和金属钠为原料，利用酯中所含的微量醇与金属钠反应生成醇钠。

随着反应进行，由于醇的不断生成，反应就不断进行下去，直至金属钠消耗完。本实验是相同酯间的克莱森缩合反应，即乙酸乙酯在乙醇钠作用下缩合得到乙酰乙酸乙酯，反应式如下：

$$2\,CH_3\overset{\overset{O}{\|}}{C}—OC_2H_5 \xrightleftharpoons{NaOC_2H_5} CH_3\overset{\overset{O}{\|}}{C}—CH_2—\overset{\overset{O}{\|}}{C}—OC_2H_5 + C_2H_5OH$$

三、实验用品

圆底烧瓶、球形冷凝管、干燥管、分液漏斗、蒸馏装置。

二甲苯、金属钠、乙酸乙酯、50%乙酸、苯、氯化钠饱和溶液、无水硫酸钠。

四、实验步骤

将 0.9 g(约 0.04 mol)新切的金属钠放入装有回流冷凝管的 50 mL 圆底烧瓶中，冷凝管上口安装氯化钙干燥管，立即加入 5 mL 干燥的二甲苯，将混合物加热直至金属钠全部熔融。停止加热，拆下烧瓶，立即用塞子塞紧后包在毛巾中用力振荡，使钠分散成尽可能小而均匀的钠珠。随着二甲苯逐渐冷却，钠珠迅速固化。待二甲苯冷却至室温后，将二甲苯倾去，立即加入 10 mL(约 0.1 mol)乙酸乙酯，迅速装上带有氯化钙干燥管的回流冷凝管，反应立即开始。为使反应处于微沸状态，可用水浴加热，反应开始后移去热源。若反应过于剧烈，则用冷水冷却。保持反应体系一直处于微沸状态，直至金属钠全部消耗完(约需 2 h)。反应结束时，整个体系为红棕色的透明溶液(但有时也可能夹带少量黄白色沉淀)。待反应液稍冷后，将圆底烧瓶取下，然后一边振荡一边不断加入 50%乙酸，直至整个体系呈弱酸性(pH=5～6)。将反应液移入分液漏斗中，加入等体积氯化钠饱和溶液，用力振荡后静置，取有机层，水层用 8 mL 苯萃取，萃取液和酯层合并后，用无水硫酸钠干燥。将干燥过的有机层转移入蒸馏烧瓶中，水浴蒸去苯和未反应的乙酸乙酯。当馏出液的温度升至 95 ℃时，停止蒸馏。

将瓶内剩余液体进行减压蒸馏，收集 54～55 ℃/931 Pa(7 mmHg)的馏分即为产物，产量约 1.8 g(产率约 35%)。

纯乙酰乙酸乙酯的沸点为 180.4 ℃(同时分解)，折光率 $n_D^{20} = 1.4194$。

五、思考题

(1) 本实验所用仪器若未经干燥处理，对反应有何影响？

(2) 加入 50%乙酸及氯化钠饱和溶液的目的是什么？

实验 29　甲基橙的制备

一、实验目的

(1) 通过甲基橙的制备学习重氮化反应和偶联反应的实验过程。

(2) 巩固盐析和重结晶的原理和操作。

二、实验原理

偶氮化合物是含有偶氮基—N═N—的化合物。偶氮染料是偶氮基两端连接芳基的一类有机化合物，是主要的偶氮化合物品种，是种类最多、应用最广的一类合成染料，可用于纤维、纸张、墨水、皮革、塑料、彩色照相材料和食品着色，也可用作分析化学中的酸碱指示剂和金属指示剂。在偶氮染料的生产中，重氮化反应和偶联反应是两个主要的基本反应。

重氮化反应是一级胺与亚硝酸在低温下作用生成重氮盐的反应。芳伯胺常称为重氮组分，亚硝酸为重氮化剂。亚硝酸不稳定，采用亚硝酸钠和盐酸(或硫酸)作用使生成的亚硝酸立即与芳伯胺反应，避免了亚硝酸的分解，重氮化反应后生成重氮盐。脂肪族、芳香族和杂环的一级胺均可进行重氮化反应。偶联反应是重氮盐与酚或芳胺作用生成偶氮化合物的反应。

本实验中指示剂甲基橙的制备采用了重氮化和偶联两步反应。它是由对氨基苯磺酸重氮盐与 *N,N*-二甲基苯胺的乙酸盐在弱酸性介质中偶联得到的。偶联首先得到的是嫩红色的酸式甲基橙，称为酸性黄，在碱中酸性黄转变为橙黄色的钠盐，即甲基橙。反应式如下：

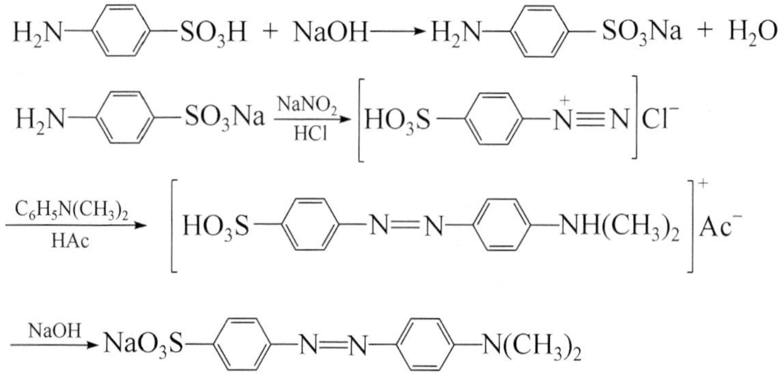

三、实验用品

烧杯、试管、布氏漏斗、抽滤瓶。

对氨基苯磺酸、亚硝酸钠、*N,N*-二甲基苯胺、浓盐酸、氢氧化钠溶液(5%、10%)、乙醇、乙醚、冰醋酸、氯化钠饱和溶液、淀粉-碘化钾试纸。

四、实验步骤

1. 对氨基苯磺酸重氮盐的制备

在 100 mL 烧杯中放入 2 g 对氨基苯磺酸晶体，加 10 mL 5%氢氧化钠溶液，在热水浴中温热使其溶解。冷却至室温后，加 0.8 g 亚硝酸钠溶解，于搅拌下将该混合物溶液分批滴入装有 13 mL 冷水和 2.5 mL 浓盐酸的烧杯中，使温度保持在 5 ℃以下，滴加完后用淀粉-碘化钾试纸检验。若反应顺利，很快就有对氨基苯磺酸重氮盐的细粒状白色沉淀生成。为了使反应完全，继续在冰浴中放置 15 min。

2. 偶联

取一支试管加入 1.3 mL *N*,*N*-二甲基苯胺和 1 mL 冰醋酸，振荡使其混合。在搅拌下将此溶液慢慢加入上述冷却的对氨基苯磺酸重氮盐溶液中，加完后继续搅拌 10 min，此时有红色的酸性黄沉淀产生。然后在冷却下搅拌，慢慢加入 15 mL 10%氢氧化钠溶液，反应液变为橙色，析出粒状甲基橙沉淀。

将反应液加热至沸腾，使粗甲基橙溶解后，稍冷，置于冰浴中冷却，待甲基橙全部重新结晶析出后，抽滤收集结晶。用氯化钠饱和溶液冲洗烧杯两次，每次用 10 mL，并用这些冲洗液洗涤产物。

若要得到较纯的产物，可将滤饼连同滤纸移到装有 75 mL 热水的烧杯中，微微加热并且不断搅拌，滤饼几乎全溶后，取出滤纸让溶液冷却至室温，然后置于冰浴中再冷却，待甲基橙结晶全部析出后，抽滤。依次用少量乙醇、乙醚洗涤产物。产物干燥后，称量，产量 2.5 g(产率 75%)。

产物没有明确的熔点，因此不必测定其熔点。

溶解少许产物于水中，加几滴稀盐酸，然后用稀氢氧化钠溶液中和，观察溶液的颜色有何变化。

五、思考题

(1) 什么是偶联反应？试结合本实验讨论偶联反应的条件。

(2) 在本实验中，制备重氮盐时为什么要把对氨基苯磺酸变成钠盐？

(3) 本实验如改成下列操作步骤：先将对氨基苯磺酸与盐酸混合，再滴加亚硝酸钠溶液进行重氮化反应，可以这样做吗？为什么？

(4) 试解释甲基橙在酸碱介质中变色的原因，并用反应式表示。

六、注意事项

(1) 对氨基苯磺酸是两性化合物，酸性比碱性强，以酸性内盐存在，所以它能与碱作用成盐而不能与酸作用成盐。

(2) 用淀粉-碘化钾试纸检验时，若试纸不显蓝色，则需补充亚硝酸钠溶液。

(3) 制备重氮盐冷却时，往往析出对氨基苯磺酸的重氮盐。这是因为重氮盐在水中可以解离，形成中性内盐，在低温时难溶于水而形成细小晶体析出。

(4) 偶联反应时，若反应物中含有未反应的 *N*,*N*-二甲基苯胺乙酸盐，加入氢氧化钠后就会有难溶于水的 *N*,*N*-二甲基苯胺析出，影响产物的纯度。

(5) 湿的甲基橙在空气中受光的照射后，颜色很快变深，所以一般得到紫红色粗产物。

(6) 重结晶操作应迅速，因为产物呈碱性，在温度高时易变质，颜色变深。用乙醇、乙醚洗涤的目的是使其迅速干燥。

实验 30　肉桂酸的制备

一、实验目的

(1) 通过肉桂酸的制备学习并掌握珀金(Perkin)反应的原理及操作。

(2) 进一步掌握水蒸气蒸馏的原理、用途和操作。

(3) 掌握固体有机化合物的提纯方法。

二、实验原理

珀金反应是由不含α-H 的芳香醛(如苯甲醛)在强碱弱酸盐(如碳酸钾、乙酸钾等)的催化下，与含有α-H 的酸酐(如乙酸酐、丙酸酐等)发生缩合反应，生成α, β-不饱和羧酸盐，后者经酸性水解即可得到α, β-不饱和羧酸。肉桂酸(PhCH=CHCO$_2$H)就是利用该原理合成，反应式如下：

主反应：

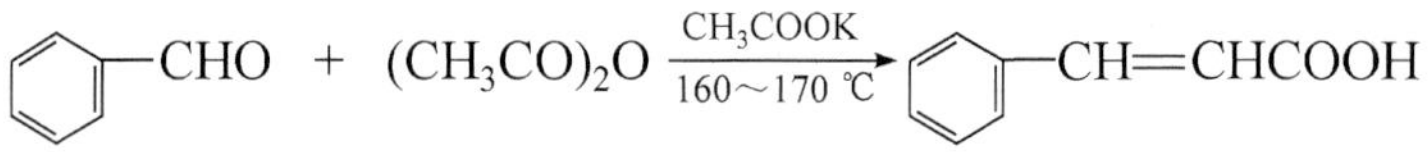

肉桂酸

副反应：

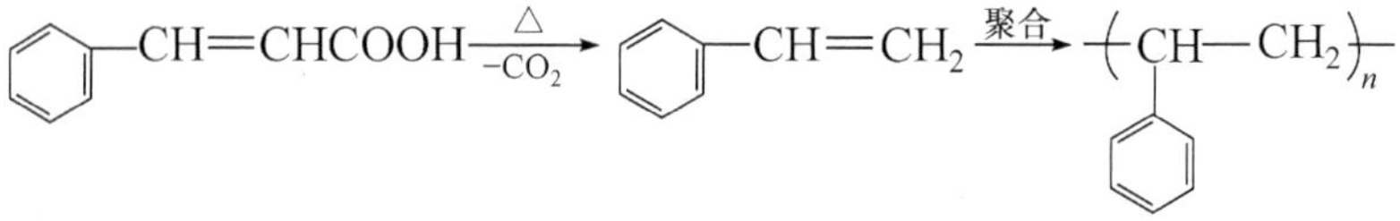

棕红色树脂状物

需要说明的是，本反应要求无水，所有溶剂均经过处理。本实验按照 Kalnin 所提出的方法，用碳酸钾代替珀金反应中的乙酸钾，反应时间短，产率高。

实验装置如图 4-1 所示。

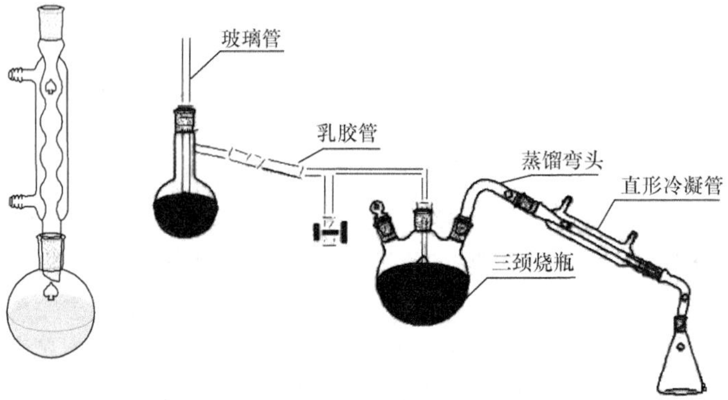

图 4-1　实验装置示意图

三、实验用品

圆底烧瓶、球形冷凝管、三颈烧瓶、水蒸气发生器、T 形管、烧杯、直形冷凝管、真空接引管、蒸馏头、抽滤瓶、布氏漏斗。

苯甲醛、乙酸酐、无水碳酸钾、10%氢氧化钠溶液、浓盐酸。

四、实验步骤

在 100 mL 三颈烧瓶中放入 3 mL 新蒸馏过的苯甲醛、8 mL 新蒸馏过的乙酸酐及研细的 4.4 g 无水碳酸钾。在石棉网上加热回流 0.5 h，由于有二氧化碳放出，初期有泡沫产生。

待反应物冷却后，加入 20 mL 温水，改为水蒸气蒸馏装置，蒸馏出未反应完的苯甲醛，直至无油状物产生，停止蒸馏。将烧瓶冷却，加入 20 mL 10%氢氧化钠溶液，以保证所有的肉桂酸成钠盐溶解。抽滤，将滤液倾入 250 mL 烧杯中，冷却至室温，在搅拌下用浓盐酸酸化至刚果红试纸变蓝。冷却、抽滤，用少量水洗涤沉淀，抽干。粗产物在空气中晾干，产量约 1.5 g(产率约 68%)。粗产物可用 5∶1(体积比)的水-乙醇重结晶。

纯肉桂酸(反式)为白色片状晶体，熔点为 133 ℃。

本实验需 6～8 h。

五、思考题

(1) 用酸酸化时，能否用浓硫酸?

(2) 苯甲醛和丙酸酐在无水碳酸钾的存在下相互作用后得到什么产物?

(3) 具有哪种结构的醛能进行珀金反应?

(4) 用水蒸气蒸馏能除去什么?

实验 31　香豆素-3-羧酸的制备

一、实验目的

(1) 进一步巩固珀金反应的原理及操作。

(2) 掌握固体有机化合物的提纯方法。

二、实验原理

香豆素又名 1, 2-苯并吡喃酮，白色结晶粉末，存在于许多天然植物中，最早是 1820 年从香豆的种子中发现的，熏衣草和桂皮的精油中也含有香豆素。香豆素气味甜而有香茅草的香气，是重要的香料，常用于配制香水、花露水。香豆素的衍生物除用作香料外，还可用作农药、医药和杀鼠剂等。

天然植物中香豆素含量少，一般通过化学方法大量合成。1868 年，珀金用邻羟基苯甲醛(水杨醛)与乙酸酐、乙酸钾一起加热制得香豆素，称为珀金合成法。

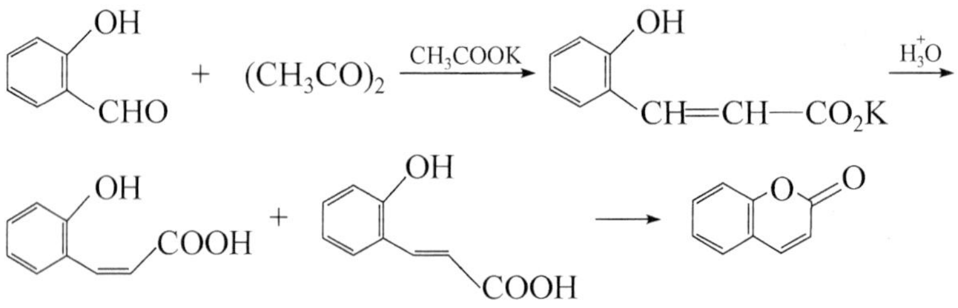

水杨醛和乙酸酐首先在碱性条件下缩合，经酸化后生成邻羟基肉桂酸，然后在酸性条件下闭环生成香豆素。

本实验采用水杨酸和丙二酸酯在有机碱的催化下，可在较低的温度合成香豆素的衍生物。水杨醛与丙二酸酯在六氢吡啶催化下，缩合生成中间体香豆素-3-甲酸乙酯。后者加碱水解，不但酯基而且内酯也被水解，然后酸化再次闭环酯化，最后生成香豆素-3-羧酸。反应式如下：

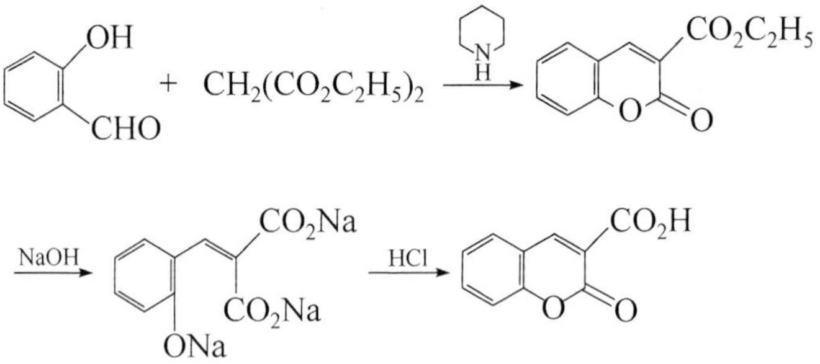

三、实验用品

圆底烧瓶、直形冷凝管、干燥管、锥形瓶、烧杯、布氏漏斗、抽滤瓶。

水杨醛、丙二酸酯、无水乙醇、六氢吡啶、冰醋酸、95%乙醇、氢氧化钠、浓盐酸、无水氯化钙。

四、实验步骤

1. 香豆素-3-甲酸乙酯的合成

在干燥的 100 mL 圆底烧瓶中加入 4.2 mL 水杨醛、6.2 mL 丙二酸酯、25 mL 无水乙醇、0.5 mL 六氢吡啶和 2 滴冰醋酸，放入几粒沸石后，装上回流冷凝管，冷凝管上口接一氯化钙干燥管。在水浴上加热回流 2 h，稍冷后将反应物转移到锥形瓶中，加入 30 mL 水，置于冰浴中冷却。结晶完全后，过滤，晶体每次用 2～3 mL 50%冰冷过的乙醇洗涤两三次，得到白色粗产物，熔点 92～93 ℃。粗产物可用 25%乙醇水溶液重结晶。

2. 香豆素-3-羧酸的合成

将 4 g 香豆素-3-甲酸乙酯、3 g 氢氧化钠、20 mL 95%乙醇和 10 mL 水放入圆底烧瓶，加入几粒沸石，装上回流冷凝管，水浴加热至酯溶解后，继续回流 15 min。稍冷后，在搅拌下将反应混合物加到装有 10 mL 浓盐酸和 50 mL 水的烧杯中，立即有大量白色晶体析出。冰浴冷却使结晶完全，抽滤，用少量冰水洗涤晶体，压干，得到产物，熔点为 188 ℃。产物可用水重结晶。

本实验需 6～8 h。

五、思考题

(1) 反应中加入冰醋酸的目的是什么？

(2) 如何利用香豆素-3-羧酸制备香豆素？

实验 32　苯甲醇和苯甲酸的制备

一、实验目的

(1) 掌握用苯甲醛制备苯甲醇和苯甲酸的原理和方法。

(2) 加深对坎尼扎罗(Cannizzaro)反应的理解和认识。

二、实验原理

意大利化学家坎尼扎罗通过用草木灰处理苯甲醛得到了苯甲酸和苯甲醇，首先发现了这个反应，反应名称也由此得来。反应实质是无α-氢的醛在强碱作用下发生分子间氧化还原反应，生成一分子羧酸和一分子醇的有机歧化反应。

坎尼扎罗反应中常用的醛有芳香醛(如苯甲醛)和甲醛。苯甲醛与浓氢氧化钾溶液作用，发生自身氧化还原反应的方程式如下：

$$2C_6H_5CHO \xrightarrow{\text{浓KOH}} C_6H_5CH_2OH + C_6H_5CO_2K$$

坎尼扎罗反应的实质是羰基的亲核加成。反应涉及羟基负离子对一分子芳香醛的亲核加成，加成物的负氢向另一分子苯甲醛的转移和酸碱交换反应，其机理可表示如下：

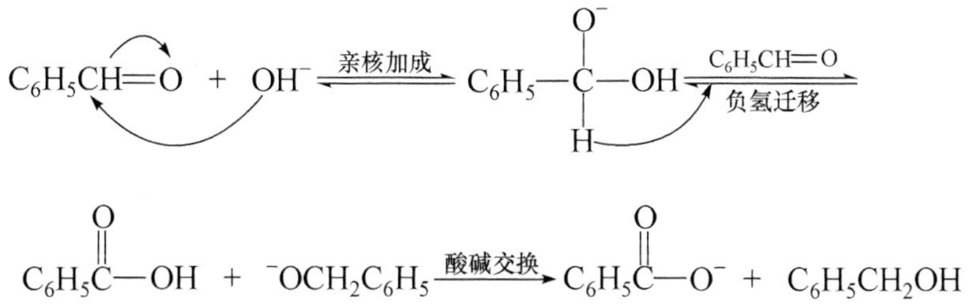

在坎尼扎罗反应中，通常使用 50%的浓碱，其中碱的物质的量比醛的物质的量多一倍以上，否则反应不完全，未反应的醛与生成的醇混在一起，通过蒸馏很难分离。

三、实验用品

锥形瓶、分液漏斗。

苯甲醛(新蒸)、氢氧化钾、无水硫酸镁、乙醚、10%碳酸钠溶液、浓盐酸、硫酸氢钠饱和溶液、刚果红试纸。

四、实验步骤

在 125 mL 锥形瓶中配制 18 g 氢氧化钾和 18 mL 水的溶液，冷至室温后，加入 20 mL 新蒸馏的苯甲醛。用橡皮塞塞紧瓶口，用力振摇，使反应物充分混合，最后成为白色糊状物，放置 24 h 以上。

向反应混合物中逐渐加入足够量的水(约 60 mL)不断振摇，使其中的苯甲酸盐全部溶解。将溶液倒入分液漏斗，每次用 20 mL 乙醚萃取三次(萃取出什么？)。合并乙醚萃取液，依次用 5 mL 硫酸氢钠饱和溶液、10 mL 10%碳酸钠溶液及 10 mL 水洗涤，最后用无水硫酸镁或无水碳酸钾干燥。

干燥后的乙醚溶液，先蒸去乙醚，再蒸馏苯甲醇，收集 204～206 ℃的馏分，产量约 8 g。

纯苯甲醇的沸点为 205.35 ℃，折光率 $n_D^2 = 1.5396$ 。

乙醚萃取后的水溶液，用浓盐酸酸化至刚果红试纸变蓝。充分冷却使苯甲酸析出完全，抽滤，粗产物用水重结晶，得苯甲酸 8～9 g，熔点 121～122 ℃。

纯苯甲酸的熔点为 122.4 ℃。

本实验约需 8 h。

五、思考题

(1) 试比较坎尼扎罗反应与羟醛缩合反应中醛的结构有何不同。

(2) 本实验中两种产物是根据什么原理分离提纯的？用硫酸氢钠饱和溶液及 10%碳酸钠溶液洗涤的目的是什么？

(3) 乙醚萃取后的水溶液，用浓盐酸酸化到中性是否最合适？为什么？不用试纸或试剂检验，怎样知道酸化已经恰当？

(4) 写出下列化合物在浓碱存在下发生坎尼扎罗反应的产物。

① 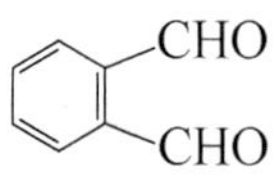

② OHC—CHO

③ 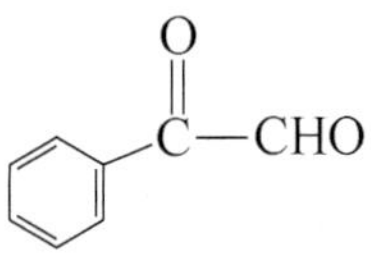

实验 33　呋喃甲醇和呋喃甲酸的制备

一、实验目的

(1) 掌握由呋喃甲醛制备呋喃甲醇和呋喃甲酸的原理和方法。

(2) 熟悉分步纯化过程和萃取、蒸馏、重结晶等基本操作。

(3) 了解坎尼扎罗反应的特点。

二、实验原理

坎尼扎罗反应：在浓的强碱作用下，不含α-活泼氢的醛类可以发生分子间自身氧化还原反应，其中一分子醛被氧化成酸，另一分子醛被还原为醇。反应式如下：

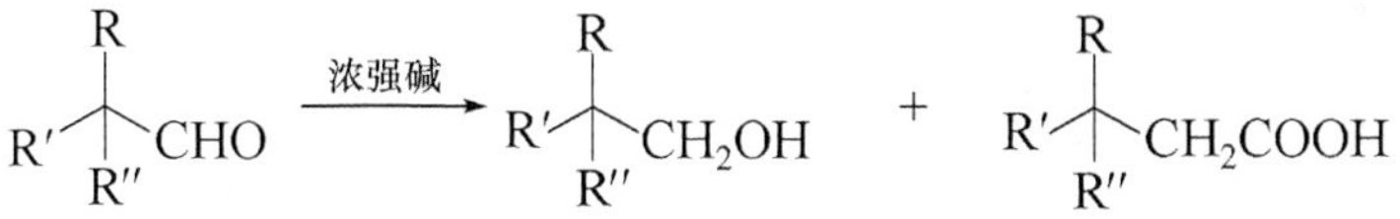

R，R′，R″不为氢

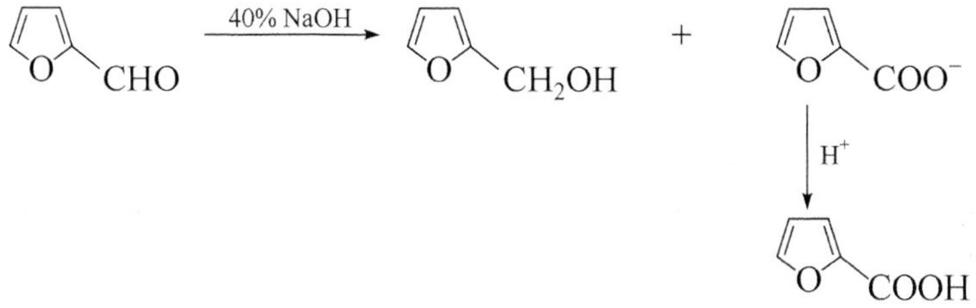

在碱的催化下，反应结束后产物为呋喃甲醇和呋喃甲酸钠盐。容易看出，呋喃甲酸钠盐更易溶于水，而呋喃甲醇更易溶于有机溶剂。因此，利用萃取的方法可以方便地分离二组分。有机层通过蒸馏得到呋喃甲醇，水层通过盐酸酸化即得到呋喃甲酸。

三、实验用品

磁力搅拌器、三颈烧瓶、分液漏斗、蒸馏装置、小烧杯。

呋喃甲醛(新蒸)、43%氢氧化钠溶液、乙醚、1∶1 盐酸、无水硫酸镁、刚果红试纸。

四、实验步骤

(1) 混合反应：将 6 mL 43%氢氧化钠溶液置于小烧杯中，将小烧杯置于冰水浴中冷却至约 5 ℃，不断搅拌下滴加 6.6 mL 新蒸馏的呋喃甲醛(约用 10 min)，反应温度控制在 8～12 ℃。滴加完毕，继续于冰水中搅拌约 20 min，反应即可完成，得奶黄色浆状物。

(2) 分离收集呋喃甲醇：在搅拌下约加入 10 mL 水至固体全溶，将溶液转入分液漏斗中，用 30 mL 乙醚分三次(15 mL、10 mL、5 mL)萃取，合并有机层(保留水层进行后续步骤)，加无水硫酸镁干燥后，用电热套低温蒸馏乙醚，蒸完乙醚后，升温蒸呋喃甲醇，收集 169～172 ℃的馏分。

(3) 制备呋喃甲酸：经乙醚萃取后的水溶液用约 14 mL 1∶1 盐酸酸化至 pH 为 2～3，则析出晶体，充分冷却后抽滤，并用少量水洗涤一两次得粗产物。

(4) 粗产物加入适量的水和活性炭重结晶，抽滤，干燥得纯呋喃甲酸。

五、思考题

(1) 乙醚萃取后的水溶液用盐酸酸化，为什么要用刚果红试纸？如不用刚果红试纸，怎样知道酸化是否恰当？

(2) 本实验根据什么原理分离呋喃甲酸和呋喃甲醇？

六、注意事项

(1) 本反应是在两相中进行，必须充分搅拌。

(2) 加碱反应要控制好温度，若温度高于 12 ℃，则反应难控制，副反应增多，颜色变深红色；若温度低于 8 ℃，则反应过慢，体系内不断积累氢氧化钠，一旦发生反应即可能使温度猛烈升高。

(3) 加水不宜太多，否则会损失产物。

(4) 酸要加够，以保证 pH=3 左右，使呋喃甲酸充分游离出来，这是保证呋喃甲酸产率的关键。

(5) 重结晶呋喃甲酸可不用加活性炭，直接回流溶解、冷却结晶即可。注意回流时间不能太长，否则产物会分解。

实验 34　喹啉的制备

一、实验目的

(1) 学习斯克劳普(Skraup)反应原理及方法，合成喹啉。

(2) 巩固水蒸气蒸馏等基本操作。

二、实验原理

斯克劳普反应是合成杂环化合物喹啉及其衍生物最重要的方法。它是用芳胺与无水甘油、浓硫酸及弱氧化剂硝基化合物或砷酸等一起加热制备。为避免反应过于激烈，常加入少量硫酸亚铁作为氧载体。浓硫酸的作用是使甘油脱水成丙烯醛，随后芳胺与丙烯醛加成，产物脱水成环。硝基化合物则将 1, 2-二氢喹啉氧化成喹啉，本身被还原成芳胺，参与缩合反应。斯克劳普反应中所用的硝基化合物要与芳胺的结构相对应，否则将产生混合物。也可用碘作氧化剂，这样可缩短反应周期，并使反应平稳进行。喹啉形成的可能过程如下所示：

$$\underset{OH}{CH_2}-\underset{OH}{CH}-\underset{OH}{CH_2} \xrightarrow{H_2SO_4} CH_2=CH-CHO + H_2O$$

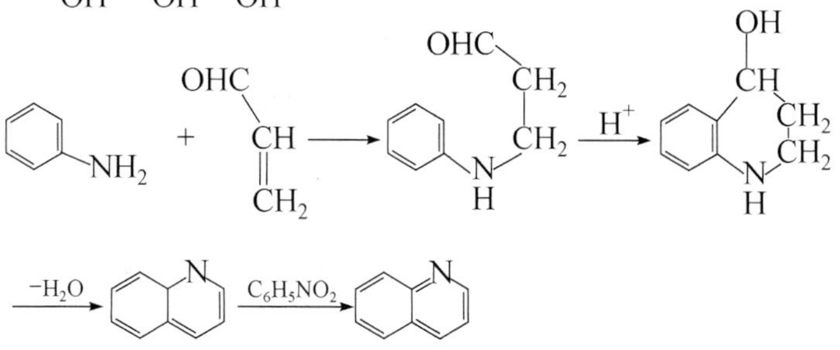

三、实验用品

圆底烧瓶、直形冷凝管、水蒸气蒸馏装置、烧杯、空气冷凝管。

苯胺、无水甘油、硝基苯、硫酸亚铁、浓硫酸、亚硝酸钠、淀粉-碘化钾试纸、乙醚、氢氧化钠。

四、实验步骤

在 500 mL 圆底烧瓶中加入 38 g 无水甘油，再依次加入 4 g 研磨成粉的硫酸亚铁、9.3 mL 苯胺及 6.7 mL 硝基苯，充分混合后在搅拌下加入 18 mL 浓硫酸。装上回流冷凝管，在石棉网上用小火加热。当溶液刚开始沸腾时，立即移去火源(如反应太剧烈，可用湿布敷于烧瓶上冷却)。待反应缓和后，再用小火加热，保持反应回流约 2 h。

待反应物稍冷后，向烧瓶中慢慢加入 30%氢氧化钠溶液，使混合物呈强碱性。然后进行水蒸气蒸馏，蒸出喹啉和未反应的苯胺及硝基苯，直至馏出液不显浑浊为止(约需收集 100 mL)。

馏出液用浓硫酸酸化(约需 10 mL)成强酸性后，用分液漏斗将不溶的黄色油状物分出。剩余的水溶液倒入 500 mL 烧杯中，置于冰浴中冷却至 5 ℃左右。慢慢加入 3 g 亚硝酸钠和 10 mL 水配成的溶液，直至取出的溶液使淀粉-碘化钾试纸变蓝。然后将混合物在沸水浴上加热 15 min，直至无气体放出为止。冷却后，向溶液中加入 30%氢氧化钠溶液，使其呈强碱性，再进行水蒸气蒸馏。从馏出液中分出油层，水层每次用 25 mL 乙醚萃取两次。合并油层及乙醚萃取液，用固体氢氧化钠干燥后，先在水浴上蒸去乙醚，再改用冷凝管在石棉网上加热蒸出喹啉，收集 234～238 ℃的馏分，产量 8～10 g。

纯喹啉为无色透明液体，沸点 238.05 ℃，折光率 $n_D^{20}=1.6268$。

本实验约需 8 h。

五、思考题

(1) 本实验中，为了从喹啉中除去未反应的苯胺和硝基苯，采用了什么方法？用反应式表示加入亚硝酸钠后所发生的变化。

(2) 在斯克劳普合成中，用对甲基苯胺和邻甲基苯胺代替苯胺作原料，应得到什么产物?

实验 35　第尔斯-阿尔德反应

一、实验目的

(1) 学习环戊二烯与对苯醌或马来酸酐的第尔斯-阿尔德(Diels-Alder)加成反应。

(2) 熟悉过滤、干燥等操作。

二、实验原理

第尔斯-阿尔德反应是 1928 年由德国化学家第尔斯和他的学生阿尔德发现的，他们因此获得 1950 年诺贝尔化学奖。

第尔斯-阿尔德反应又称双烯加成反应，是由共轭双烯与烯烃或炔烃反应生成六元环的反应，是有机化学合成中非常重要的形成碳碳键的手段之一，也是现代有机合成中常用的反应之一。在这类反应中，与共轭双烯作用的烯烃或炔烃称为亲双烯体，亲双烯体上的吸电子取代基(如羰基、氰基、硝基、羧基等)和共轭双烯上的给电子取代基都有使反应加速的作用。

环戊二烯与对苯醌或马来酸酐的加成反应是第尔斯-阿尔德反应的典型实例，反应结果生成环状产物。反应式如下：

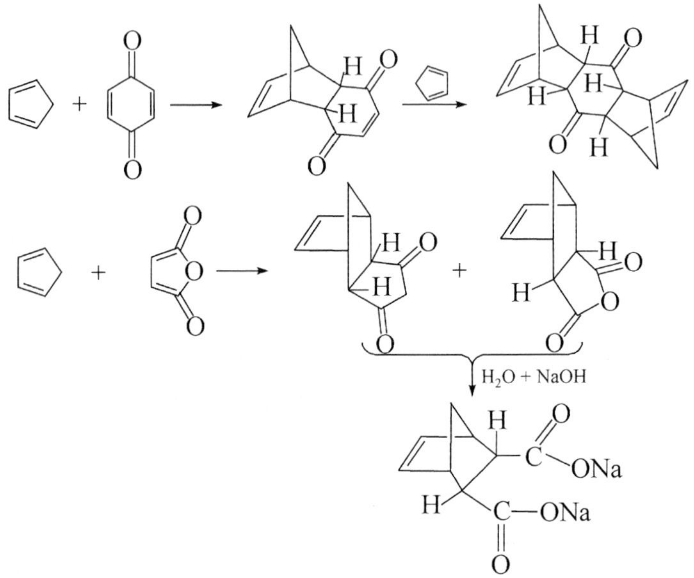

三、实验用品

烧杯、水浴锅、抽滤瓶、布氏漏斗、三颈烧瓶、圆底烧瓶、球形冷凝管。

环戊二烯、对苯醌、乙醇、甲苯、丙酮、马来酸酐、乙酸乙酯、石油醚。

四、实验步骤

1. 环戊二烯与对苯醌的加成

在 100 mL 烧杯中加入 1.8 g(0.017 mol)对苯醌和 7 mL 乙醇，混成悬浮液。将其置于冰浴中冷却至 0～5 ℃。将 1.2 g(1. 5mL，0.018 mol)新蒸馏的环戊二烯快速加入上述悬浮液中，轻轻摇匀后置于冰浴中 15 min，随后室温放置 45 min。然后在冷却状态下抽滤，得到淡黄色固体 1.3 g(产率 44%)。

2. 环戊二烯与马来酸酐的加成

将 6 g(0.061 mol)马来酸酐加入 125 mL 三颈烧瓶中，加入 20 mL 乙酸乙酯，置于水浴中加热使其溶解，再加入 20 mL 石油醚(沸点 60～90 ℃)，稍冷后(不得析出晶体)，向此混合液中加入 4.8 g(6 mL，0.073 mol)新蒸馏的环戊二烯。振荡，直至反应不再放热。加成物为白色固体，熔点为 164～165 ℃，产量 7.2 g(产率 72%)。此加成产物还保留有双键，能使高锰酸钾溶液或溴的四氯化碳溶液褪色。

将 4 g 上述产物和 25 mL 蒸馏水加入 125 mL 三颈烧瓶中，加热至沸腾，边加热边振荡，直至油状物全部溶解。室温冷却，结晶，抽滤，晾干后即为上述加成产物的二元酸，熔点为 180～182 ℃。

五、思考题

(1) 本实验中环戊二烯和对苯醌的物质的量比是多少？若加多环戊二烯，会产生什么结果？

(2) 对苯二酚氧化制备对苯醌应注意什么问题？

实验 36　己内酰胺的制备

一、实验目的

(1) 学习环己酮肟的制备方法。

(2) 学习通过贝克曼(Beckmann)重排反应制备己内酰胺的方法。

二、实验原理

贝克曼重排反应是一个由酸催化的重排反应，反应物肟在酸的催化作用下重排为酰胺。若起始物为环肟，产物则为内酰胺。此反应由德国化学家贝克曼发现并由此得名。

脂肪酮和芳香酮都可以与羟胺作用生成肟。肟在酸性催化剂如硫酸、五氯化磷或多聚磷酸作用下，发生分子重排生成酰胺，反应机理如下所示：

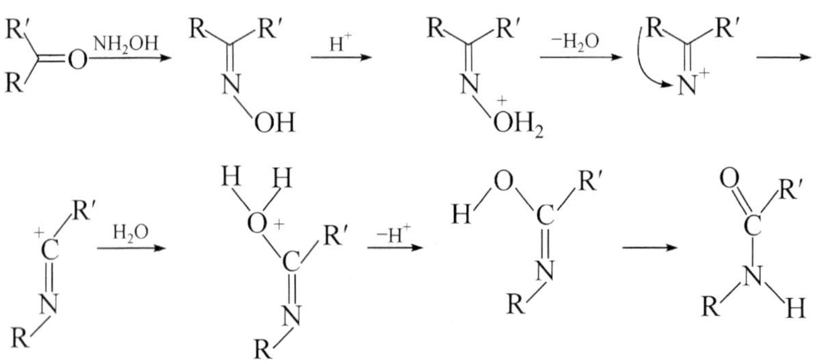

在上述重排反应中，重排的结果是羟基和它处于反位的基团对调位置(反式位移)。

贝克曼重排可用来测定酮的结构，在有机合成上也有实用价值。本实验是用环己酮肟经贝克曼重排制备己内酰胺，己内酰胺开环聚合可得到聚己内酰胺(尼龙-6)，它是一种性能优良的高分子材料。己内酰胺的制备反应式如下：

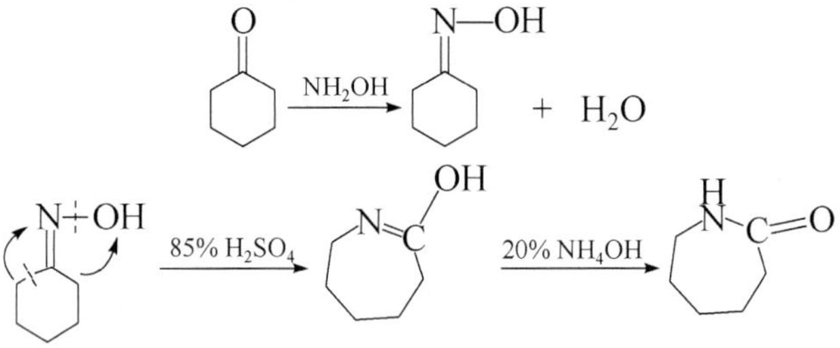

三、实验用品

三颈烧瓶、移液管、烧杯、温度计、磁力搅拌器、恒压滴液漏斗、布氏漏斗、抽滤瓶、分液漏斗、锥形瓶。

乙酸钠、盐酸羟胺、环己酮、85%硫酸、20%氨水、二氯甲烷、无水硫酸镁。

四、实验步骤

1. 环己酮肟的制备

将 9.8 g 盐酸羟胺和 14 g 结晶乙酸钠加入 250 mL 三颈烧瓶中，加入 30 mL 水溶解，水浴加热使温度升至 35～40 ℃。分批加入 10.5 mL 环己酮，每次 2 mL，边加边振荡，即有白色粉末状固体析出。加完后，用橡皮塞塞紧瓶口，剧烈振荡，有白色粉末状结晶析出表明反应完全。冷却后，抽滤，用少量冷水洗涤沉淀。抽干后在滤纸上挤压，晾干，得环己酮肟白色晶体，产量 10.5 g，熔点为 89～90 ℃。

2. 环己酮肟重排制备己内酰胺

将 10 g 环己酮肟和 10 mL 85%硫酸加入 400 mL 烧杯中，转动烧杯使其充分混溶。烧杯内放置一支 200 ℃温度计，小火加热，开始冒气泡时(110～120 ℃)立即移去火源，此时反应强烈放热，温度迅速上升，反应瞬间完成，生成棕色略黏稠的液体。稍冷后，将此溶液转移到 250 mL 三颈烧瓶中，冰浴冷却。三颈烧瓶装上搅拌器、温度计和恒压滴液漏斗。当溶液温度降至 0～5 ℃时，在搅拌下小心滴加 20%氨水。控制温度在 12 ℃以下，以免已内酰胺在较高温度下发生水解，直至溶液用石蕊试纸检验呈碱性(约 40 mL 20%氨水，大约 1 h 加完)。

将粗产物倒入分液漏斗，分去水层。油层转入 25 mL 三颈烧瓶，加 1 g 无水硫酸镁干燥，减压蒸馏，收集 137～140 ℃/1.6 kPa 或 140～144 ℃/1.86 kPa 的馏分。馏出物在接收瓶中固化成无色晶体，熔点为 67～70 ℃，产量 5～6 g。已内酰胺易吸潮，应储于密闭容器中。

五、思考题

(1) 制备环己酮肟时，为什么要加乙酸钠？

(2) 某肟发生贝克曼重排后得到化合物 C_3H_7—CO—$NHCH_3$，试推测该肟的结构。

实验 37　邻氨基苯甲酸的制备

一、实验目的

(1) 学习通过霍夫曼(Hofmann)重排反应制备邻氨基苯甲酸的方法。

(2) 进一步巩固有机化合物的提纯方法。

二、实验原理

酰胺与氯或溴在碱溶液中反应，生成少一个碳原子的伯胺，称为霍夫曼重排，这是由酰胺制备少一个碳原子伯胺的重要方法。反应机理如下所示：

$$R-\overset{\displaystyle O}{\overset{\|}{C}}-NH_2 + 4OH^- + Br_2 \longrightarrow RNH_2 + 2Br^- + CO_3^{2-} + 2H_2O$$

反应是通过活性中间体烯氮进行的，原理如下：

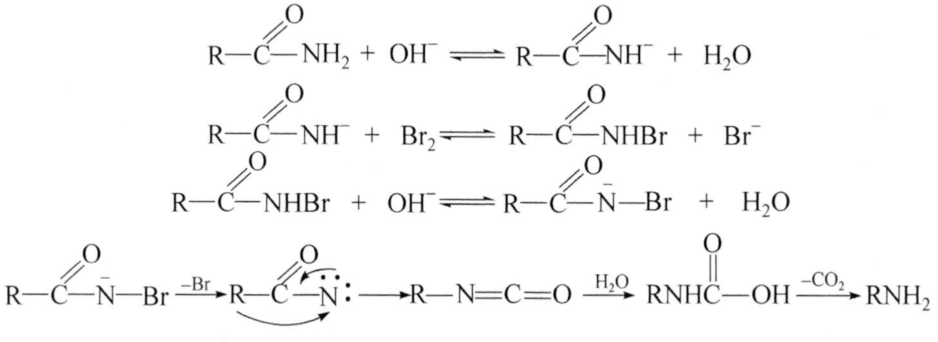

用邻苯二甲酰亚胺进行霍夫曼降解反应是工业上制备染料中间体邻氨基苯甲酸较

好的方法。邻氨基苯甲酸是两性化合物，从碱溶液中酸化析出邻氨基苯甲酸时要掌握好酸的加入量，使酸的加入量接近邻氨基苯甲酸的等电点。由邻苯二甲酰亚胺制备邻氨基苯甲酸的反应式如下：

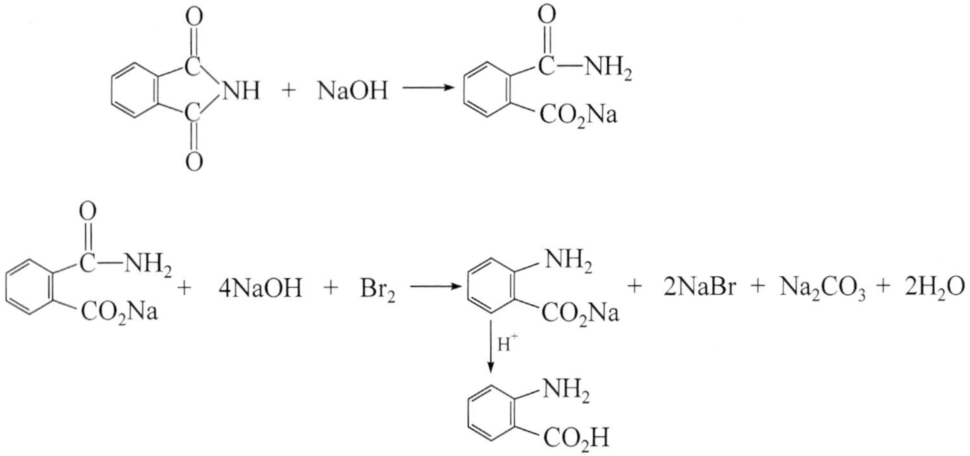

三、实验用品

锥形瓶、抽滤瓶、布氏漏斗、烧杯、滴定管。

邻苯二甲酰亚胺、溴、氢氧化钠、浓盐酸、冰醋酸、亚硫酸氢钠饱和溶液。

四、实验步骤

将 7.5 g 氢氧化钠置于 125 mL 锥形瓶中，用 30 mL 水溶解，冰浴冷至 0～5 ℃。加入 2.3 mL 溴，振荡锥形瓶，使溴转化成次溴酸钠溶液，置于冰浴中冷却备用。另取一锥形瓶，在其中加入 5.5 g 氢氧化钠，用 20 mL 水溶解，置于冰浴中冷却备用。冰浴下向上述次溴酸钠溶液中慢慢加入 6 g 粉状的邻苯二甲酰亚胺，加完后再迅速加入预先配制好的冷氢氧化钠溶液，室温振摇，并在 15～20 min 内使温度逐渐上升到 20～25 ℃(必要时加以冷却，尤其在 18 ℃左右往往有温度的突变)，该温度下保持 10 min，随后升温至 25～30 ℃继续反应 0.5 h，此时邻苯二甲酰亚胺可完全溶解。整个反应过程需不断振荡，使反应物充分混合。然后水浴加热至 70 ℃(约 2 min)，加入 2 mL 亚硫酸氢钠饱和溶液，振荡后抽滤。将滤液转入烧杯中，置于冰浴中冷却。搅拌下慢慢加入浓盐酸使溶液呈中性(用试纸检验，约需 15 mL)，然后慢慢加入 6～6.5 mL 冰醋酸，使邻氨基苯甲酸完全析出。抽滤，用少量冷水洗涤。粗产物用热水重结晶，并加入少量活性炭脱色，干燥后得到白色片状晶体，熔点 144～145 ℃。

本实验需 5～6 h。

五、思考题

(1) 本实验中，溴和氢氧化钠的量不足或有较大过量有什么不好？

(2) 邻氨基苯甲酸的碱性溶液，加盐酸使其中和成中性后，为什么不再加盐酸，而是加适量冰醋酸使邻氨基苯甲酸完全析出？

六、注意事项

(1) 溴应在通风橱内用滴定管准确量取。

(2) 邻氨基苯甲酸即能溶于碱又能溶于酸，故过量的盐酸会使产物溶解。若加入了过量的盐酸，需再用氢氧化钠溶液中和至中性。

(3) 邻氨基苯甲酸的等电点为 3～4，为使产物完全析出，需加入适量的冰醋酸。

实验 38　苯频哪醇的光化学合成

一、实验目的

(1) 学习二苯甲酮光化学还原制备苯频哪醇的原理和方法。

(2) 了解光化学反应的基本概念及实验方法。

二、实验原理

光化学反应又称光化作用，一般情况下是指物质在可见光或紫外光的辐照下而产生的化学反应，是由物质的分子吸收光子后所引发的反应。

目前，有机合成中常见的光化学反应有光氧化反应、光还原反应、光聚合反应和光取代反应等。光氧化反应是在光照射和光敏剂作用下，有机化合物分子与氧分子的加成反应。光氧化反应条件温和，不需要化学试剂和重金属催化剂，在药物、香料、洗涤剂和染料等精细化学品的合成方面屡见报道。

光取代反应常见的是脂肪烃的光卤代制卤代烃，如甲烷氯代为一氯甲烷、二氯甲烷、氯仿和四氯化碳。通过光取代反应可制备多种清洁剂、杀虫剂、抗氧剂和中间体，这些反应具有条件温和、回收率高和选择性好等特点，有的产物甚至只有通过光化学反应才能产生，因而在工业生产上极具潜力。

光还原反应是在光催化下，有机化合物分子从供氢体中抽取氢分子而发生的还原反应。目前研究较多的是羰基化合物的光还原反应。例如，本实验中二苯甲酮在异丙醇中发生的光还原反应，生成一种不溶性的二聚体——苯频哪醇，反应式如下：

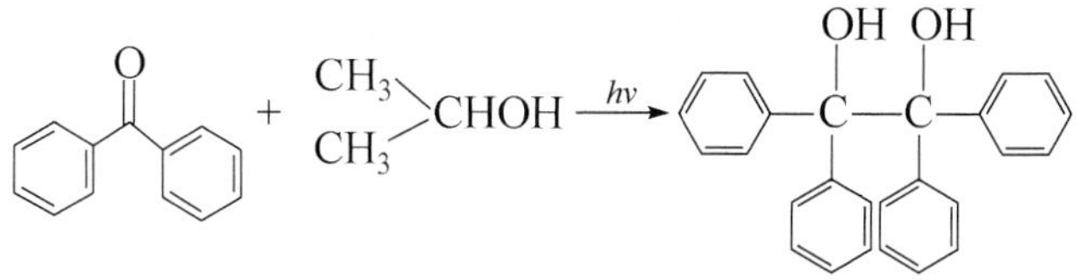

还原过程是一个包含自由基中间体的单电子反应：

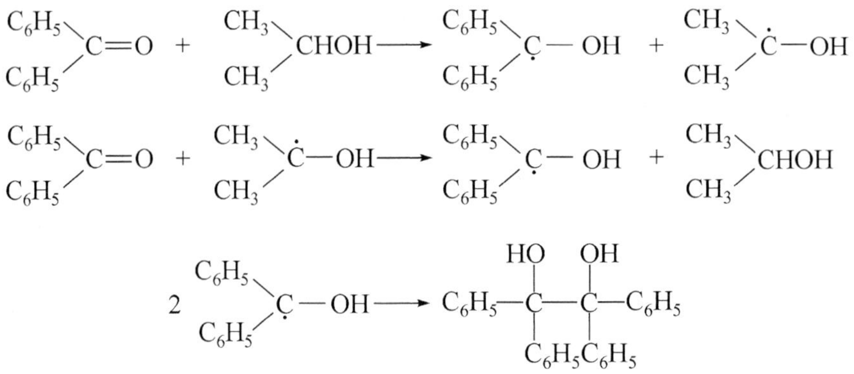

三、实验用品

试管、紫外灯、橡皮塞。

二苯酮、异丙醇、冰醋酸。

四、实验步骤

在一支 36 mL 试管中加入 1.8 g 二苯甲酮，加入 2 mL 异丙醇温热溶解。再加入 1 滴冰醋酸后，将异丙醇加满试管，以排除空气，用橡皮塞塞紧。然后置于紫外灯下照射，约 0.5 h 后有无色晶体析出。继续照射 3 h，放置一周后，收集产物。将产物过滤、洗涤、干燥后即为苯频哪醇晶体，熔点 173～174 ℃。

五、思考题

(1) 试论述二苯甲酮光化学还原机理。

(2) 光化学反应实验中，如果试管口没有加塞，对反应有什么影响？

(3) 反应前，若没有滴加冰醋酸，对实验有什么影响？

实验 39　1,2-二苯乙烯的合成

一、实验目的

(1) 掌握维蒂希(Wittig)反应合成烯烃的原理和方法。

(2) 巩固分液操作。

二、实验原理

羰基化合物与三苯基膦叶立德(ylide，分子内两性离子)反应生成烯烃，称为维蒂希反应(叶立德反应)。这是一个非常有价值的合成方法，用于直接将醛、酮转变成烯烃。

本反应是由仲烃基溴(较典型)与三苯基膦作用生成磷叶立德，后者与醛或酮反应(维蒂希反应)，生成烯烃和氧化三苯基膦，反应式如下：

$$R_2CHX \xrightarrow{(C_6H_5)_3P} R_2CH\overset{+}{P}(C_6H_5)_3X^- \xrightarrow{n\text{-}C_4H_9Li}$$

$$R_2\overset{-}{C}{=}\overset{+}{P}(C_6H_5)_3 \xrightarrow{R_2'C{=}O} R_2'C{=}CR_2$$

叶立德

在维蒂希反应中，叶立德中带负电的碳进攻羰基碳原子，生成不稳定的环状化合物，后者迅速分解成烯烃和氧化三苯基膦，反应机理如下所示：

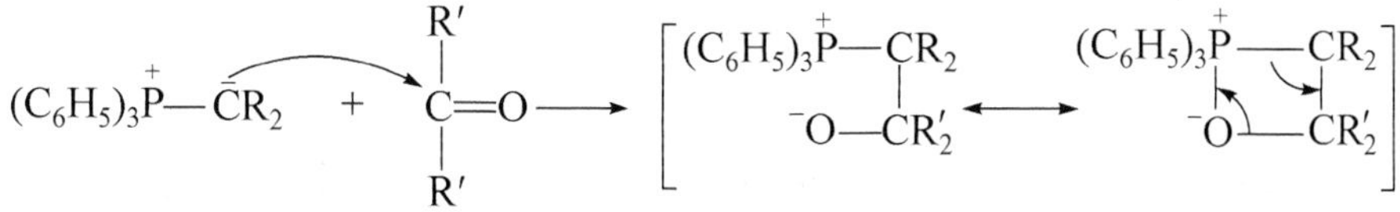

$$\longrightarrow (C_6H_5)_3P{=}O \;+\; R_2C{=}CR_2'$$

维蒂希反应是在分子内导入烯键的重要方法，可以用来合成一些用其他方法难以得到的化合物。反应条件温和，产率高，并且形成氢键时不产生烯烃的异构体，可以用来合成一些对酸敏感的烯烃和共轭烯烃。

本实验通过苄氯与三苯基膦作用，生成三苯基苄基氯化鏻，然后在碱存在下与苯甲醛作用，制备 1,2-二苯乙烯。反应式如下：

$$(C_6H_5)_3P \;+\; ClCH_2C_6H_5 \xrightarrow{\triangle} (C_6H_5)_3\overset{+}{P}CH_2C_6H_5Cl^- \xrightarrow{NaOH}$$

$$(C_6H_5)_3P{=}CHC_6H_5 \xrightarrow{C_6H_5CH{=}O} C_6H_5CH{=}CHC_6H_5 \;+\; (C_6H_5)_3PO$$

三、实验用品

圆底烧瓶、直形冷凝管、干燥管、磁力搅拌器、分液漏斗、抽滤瓶、布氏漏斗。

三苯基膦、苄氯、苯甲醛、氯仿、二甲苯、无水硫酸镁、乙醚、二氯甲烷、50%氢氧化钠溶液、95%乙醇、甲醇、乙酸乙酯。

四、实验步骤

1. 三苯基苄基氯化鏻的制备

在 50 mL 圆底烧瓶中依次加入 3 g 苄氯、6.2 g 三苯基膦和 20 mL 氯仿，装上带氯化钙干燥管的回流冷凝管，水浴上搅拌回流 3 h。反应完成后用蒸馏装置蒸出氯仿。向烧瓶中加入 5 mL 二甲苯，充分振荡摇匀后抽滤，用少量二甲苯洗涤，晶体置于 110 ℃烘箱中干燥后，保存于干燥器中备用。产量约 7 g，熔点 310～312 ℃。

2. 1,2-二苯乙烯的制备

在 50 mL 圆底烧瓶中依次加入 5.8 g 三苯基苄基氯化鏻、1.6 g 苯甲醛和 10 mL 二氯甲烷，装上回流冷凝管。在剧烈搅拌下从冷凝管顶端逐滴加入 7.5 mL 50%氢氧化钠溶液，加完后继续搅拌 40 min。

将反应混合物转入分液漏斗，分别用 10 mL 水和 10 mL 乙醚洗涤圆底烧瓶，洗液并入分液漏斗，充分振摇后分出有机层，水层用 10 mL 乙醚萃取两次。合并有机相，并用 10 mL 水洗涤三次，然后用无水硫酸镁干燥。先在水浴上蒸去乙醚和二氯甲烷，残余物用 9～10 mL 95%乙醇加热溶解后置于冰水浴中冷却，析出反 1,2-二苯乙烯晶体。抽滤，用少量等体积冷甲醇-水混合物洗涤晶体，干燥后约得产物 0.9 g(产率 33%)，熔点 124～125 ℃，进一步纯化可用乙醇-乙酸乙酯重结晶。

纯反-1,2-二苯乙烯的熔点为 125 ℃。

五、思考题

(1) 试比较用格氏试剂与醛、酮作用后的产物经脱水生成烯烃与用维蒂希反应制备烯烃的优缺点。

(2) 用维蒂希反应制备下列烯烃时，需用什么卤代烃和羰基化合物为原料？

① $C_6H_5CH{=}CHOCH_3$　② $C_6H_5C(CH_3){=}CHCH_3$　③ $C_2H_5C(CH_3){=}CH_2$

(3) 为什么在维蒂希反应中所用原料醛中不应含有羧酸？

(4) 三苯基亚甲基膦[$(C_6H_5)_3P{=}CH_2$]能与水发生反应，三苯基亚苄基膦[$(C_6H_5)_3P{=}CHC_6H_5$]则可在水存在下与肉桂酸反应生成二烯。比较二者的亲核活性，并从结构上说明。

实验 40　7,7-二氯双环[4.1.0]庚烷的合成

一、实验目的

(1) 学习制备 7,7-二氯双环[4.1.0]庚烷的原理和方法。

(2) 学习相转移催化剂的使用，进一步巩固提纯有机化合物的操作方法。

二、实验原理

1. 卡宾的制备和应用

卡宾的通式为 R_2C:，其中碳原子与两个原子或基团以σ键相连，另外还有一对非键电子。最简单的卡宾是亚甲基(:CH_2)，二卤卡宾(:CX_2)是最常见的取代卡宾。由于碳原子周围只有六个外层电子，卡宾具有很强的亲电性。

卡宾最典型的反应是与碳碳双键发生加成反应，生成环丙烷及其衍生物，这是合成三元环的主要方法。反应机理如下所示：

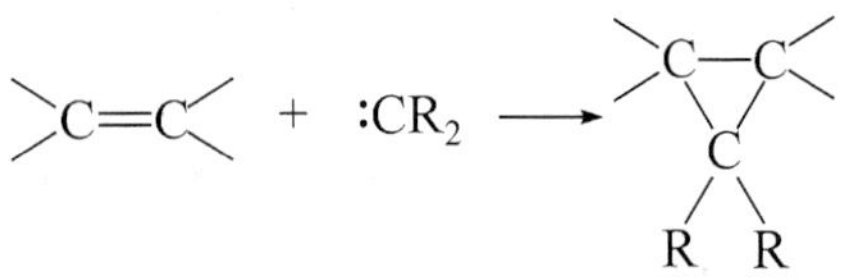

也可以与碳氢键进行插入反应，如下所示：

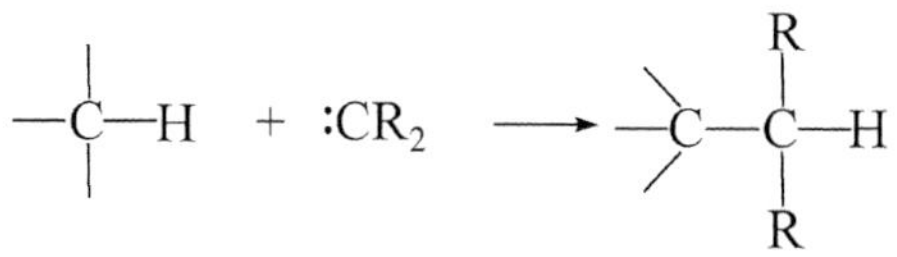

但二卤卡宾不能发生这一反应。

制备卡宾的方法较多，实验室常采用两种方法。一种是重氮化合物的光或热分解，如下所示：

$$\left[R_2C{=}\overset{+}{N}{=}\overset{-}{N} \longleftrightarrow R_2\overset{-}{C}{-}\overset{+}{N_2}\right] \xrightarrow{\text{光或热}} :CR_2 + N_2\uparrow$$

另一种是通过α-消除反应，如三卤甲烷在强碱作用下生成三卤甲基碳负离子，随后脱去一个卤负离子，生成二卤卡宾，如下所示：

$$HCCl_3 + HO^- \rightleftharpoons H_2O + :\overset{-}{C}Cl_3$$

$$:\overset{-}{C}Cl_3 \rightleftharpoons :\overset{-}{C}Cl_2 + Cl^-$$

由于重氮化合物不稳定，有爆炸危险，所以实验室常采用α-消除反应制备卡宾。

2. 相转移催化剂的应用

相转移催化剂是自 20 世纪末 60 年代起有机合成中日趋广泛应用的一种新的合成方法。在有机合成中，常遇到水溶性的无机负离子和不溶于水的有机化合物之间的反应。在通常条件下，这种非均相反应速率慢、产率低，甚至很难发生。但如果用水溶解无机盐，用极性小的有机溶剂溶解有机化合物，并加入少量(一般 0.05 mol 以下)季铵盐或季鏻盐，反应则很容易进行。这些促使反应发生的在两相之间转移负离子的盐称为相转移催化剂。常用的季铵盐有：三乙基苄基氯化铵(TEBA)、四丁基硫酸氢铵(TBAB)和三辛基甲基氯化铵等，结构式如下所示：

$$\underset{\text{TEBA}}{C_6H_5CH_2\overset{+}{N}(CH_2CH_3)_3Cl^-} \qquad \underset{\text{TBAB}}{(CH_3CH_2CH_2CH_2)_4\overset{+}{N}HSO_4^-} \qquad \left[CH_3(CH_2)_6CH_2\right]_3\overset{+}{N}CH_3Cl^-$$

这些化合物均能同时在水相和有机相溶解，其中烃基是油溶性基，带正电荷的氮是水溶性基。烃基的碳原子总数一般不少于 13，以保证具有足够的油溶性。季铵盐中的正、负离子在水中形成离子对，可以将负离子从水相转移到有机相，而在有机相中，负离子无溶剂化作用，而且由于正离子体积大，正、负离子之间的距离也大，彼此间作用弱，负离子可以看作是裸露的，因而反应活性大大提高。相转移催化剂转移离子的过程可表示如下：

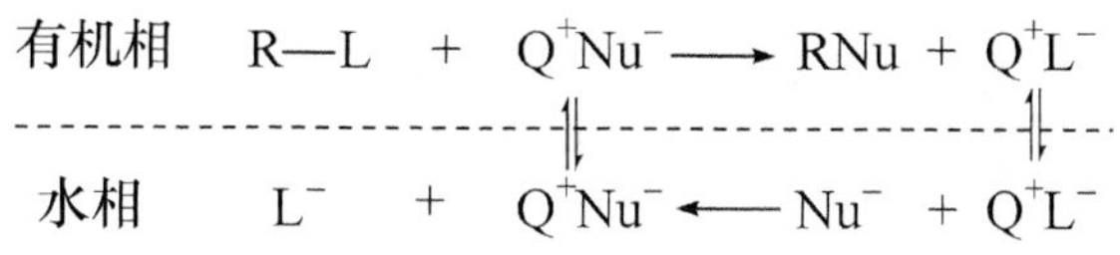

其中，Q^+代表季铵盐或季鏻盐离子。

除鏻盐外，冠醚如 18-冠-6、二苯并-18-冠-6 等也可作为相转移催化剂。冠醚具有与某些金属离子络合的能力而溶于有机相，因而与络合离子形成离子对的负离子也随之进入有机相，相转移过程如下所示：

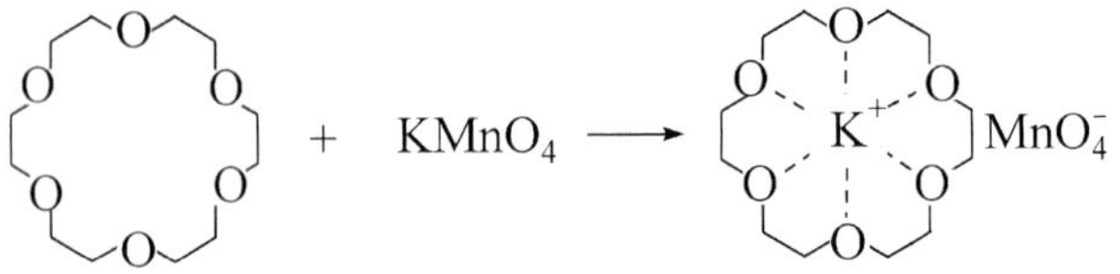

相转移催化剂能有效地加速许多反应。这些反应比非催化反应操作简便，时间缩短，而且避免了使用价格较贵的非质子性溶剂，如威廉姆逊(Williamson)反应、腈化反应、用高锰酸钾的氧化反应、酰化反应及维蒂希反应等。本实验列举了 7,7-二氯双环[4.1.0]庚烷的合成反应，说明相转移催化剂的应用。

3. 7,7-二氯双环[4.1.0]庚烷的合成

二卤卡宾制备三元环的一般方法是在无水叔丁醇中用叔丁醇钾与氯仿反应，需要较长时间且要求体系无水。但在少量相转移催化剂存在下，可用氢氧化钠水溶液代替叔丁醇钾，且反应时间明显缩短，产率较高。7,7-二氯双环[4.1.0]庚烷制备过程的反应式如下：

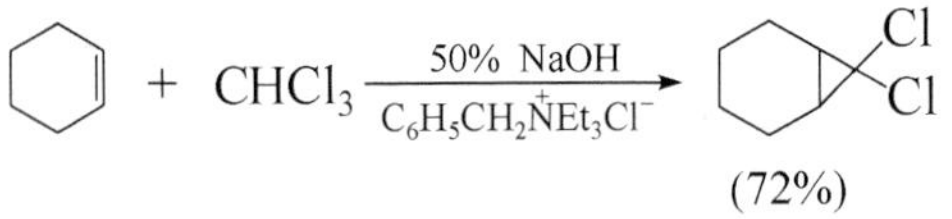

三、实验用品

锥形瓶、三颈烧瓶、直形冷凝管、磁力搅拌器、温度计、分液漏斗。

环己烯、氯仿、TEBA、50%氢氧化钠溶液、乙醚、无水硫酸镁。

四、实验步骤

称取 18 g 氢氧化钠置于 125 mL 锥形瓶中，用 18 mL 蒸馏水溶解，冰浴冷却至室温。

在装有搅拌器、回流冷凝管和温度计的 250 mL 三颈烧瓶中加入 10.1 mL 环己烯、0.5 g TEBA 和 30 mL 氯仿。开动搅拌器，由冷凝管上口以较慢的速度滴加配制好的 50%氢氧化钠溶液，约需要 15 min。反应放热使瓶内温度逐渐上升至 50～60 ℃，反应物的颜色逐渐变为橙黄色。滴加完成后，在水浴中继续搅拌加热回流 45～60 min。

将反应混合物冷却至室温，加入 60 mL 水稀释后转入分液漏斗，分出有机层(若两层界面上有较多的乳化物，可过滤)，水层用 25 mL 乙醚萃取一次，合并醚萃取液和有机层，用等体积的水洗涤两次，用无水硫酸镁干燥。水浴蒸去溶剂，然后常压蒸馏，收集 190～198 ℃的馏分。

本实验需 6～8 h。

五、思考题

(1) 写出二氯卡宾的产生过程。
(2) 本实验中为什么要剧烈搅拌反应混合物?
(3) 本实验中为什么要使用大大过量的氯仿?

六、注意事项

(1) TEBA 可通过下述步骤制备：在装有搅拌器、回流冷凝管的三颈烧瓶中加入 5.5 mL 苄氯、7 mL 三乙胺和 19 mL 1,2-二氯乙烷，回流搅拌 1.5 h。将反应物冷却，析出晶体，抽滤，用少量二氯甲烷或无水乙醚洗涤，干燥后将产物置于干燥器中保存(季铵盐易潮解)。

(2) 可用磁力搅拌代替电动搅拌，效果更好。相转移反应是非均相反应，搅拌须充分。

(3) 浓碱液较黏稠，腐蚀性很强，应小心操作。盛放碱液的玻璃器皿应及时清洗，以免被腐蚀黏结。

实验 41　扁桃酸的制备

一、实验目的

(1) 学习扁桃酸的制备方法。
(2) 巩固卡宾参与的反应过程和相转移催化剂的使用。

二、实验原理

扁桃酸又称苦杏仁酸，是有机合成的中间体和口服治疗尿路感染的药物。它含有一个不对称碳原子，化学方法合成得到的是外消旋体，用旋光性的碱如麻黄碱可拆分为具有旋光性的组分。

扁桃酸常规的制备方法是扁桃腈[$C_6H_5CH(OH)CN$]和α, α-二氯苯乙酮($C_6H_5COCHCl_2$)的水解，但合成路线长、操作不便且不安全。本实验采用相转移催化剂，一步可得到产物。反应中生成的二氯卡宾对苯甲醛的羰基加成，再经重排及水解得扁桃酸。反应机理如下所示：

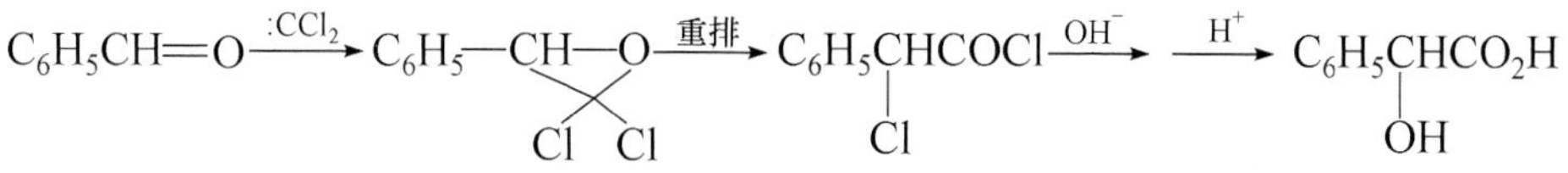

三、实验用品

锥形瓶、三颈烧瓶、直形冷凝管、磁力搅拌器、温度计、分液漏斗、抽滤瓶、布氏漏斗。

苯甲醛(新蒸)、氯仿、TEBA、氢氧化钠、乙醚、50%硫酸、甲苯、无水硫酸钠、无水乙醇、石油醚。

四、实验步骤

称取 13 g 氢氧化钠置于锥形瓶中，用 13 mL 水溶解，水浴冷至室温。在装有搅拌器、回流冷凝管和温度计的 100 mL 三颈烧瓶中加入 6.8 mL 苯甲醛、TEBA 和 12 mL 氯仿。启动搅拌，水浴加热，当温度上升到 50～60 ℃时，自冷凝管上口慢慢滴加配制好的氢氧化钠溶液。滴加过程中控制反应温度在 60～65 ℃，需要 45～60 min 加完。加完后，在此温度下继续搅拌 1 h。

向反应混合物中加入 140 mL 水，用 15 mL 乙醚萃取两次，倒入指定容器回收乙醚。水层为黄色透明状，用 50%硫酸酸化至 pH 为 1～2 后，用 30 mL 乙醚萃取两次，合并乙醚萃取液，用无水硫酸钠干燥。水浴蒸去乙醚，随后旋转蒸干，得到粗产物。

将粗产物用甲苯-无水乙醇(体积比 8∶1)进行重结晶(每克粗产物约需 3 mL)，加热溶解，趁热过滤，母液室温下放置使晶体慢慢析出。冷却后抽滤，用少量石油醚(30～60 ℃)洗涤，晾干。产品为白色晶体，熔点 118～119 ℃。

本实验需要 6～8 h。

五、思考题

(1) 本实验中，酸化前后两次用乙醚萃取的目的是什么？

(2) 根据相转移催化反应原理，写出本反应中离子的转移和二氯卡宾的产生及反应过程。

(3) 本实验反应过程中为什么需要充分搅拌？

六、注意事项

(1) 反应终点时溶液的 pH 应接近中性，可用 pH 试纸测试，否则应适当延长反应时间。

(2) 粗产物提纯时可用甲苯重结晶(每克约需要 1.5 mL)。

实验 42　从茶叶中提取咖啡因

一、实验目的

(1) 学习从茶叶中提取咖啡因的原理和方法。

(2) 学习脂肪提取器的作用和使用方法。

(3) 进一步巩固蒸馏浓缩、焙炒的基本操作，学会升华法纯化物质。

二、实验原理

茶叶中含有多种生物碱，其中以咖啡碱(又称咖啡因)为主，占 1%～5%，此外还含有 11%～12%单宁酸(又称鞣酸)、0.6%的色素、纤维素、蛋白质等。咖啡因是弱碱性化合物，易溶于氯仿(12.5%)、水(2%)及乙醇(2%)等。在苯中的溶解度为 1%(热苯为 5%)。单宁酸易溶于水和乙醇，但不溶于苯。

咖啡因是杂环化合物嘌呤的衍生物，它的化学名称是 1,3,7-三甲基-2,6-二氧嘌呤，其结构式如下：

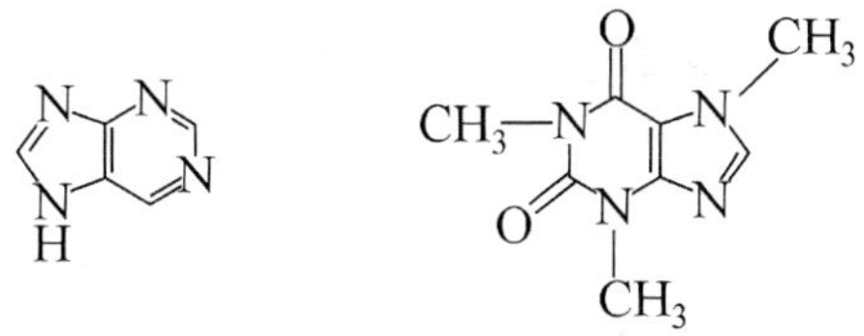

嘌呤　　咖啡因

含结晶水的咖啡因是无色针状晶体，味苦，能溶于水、乙醇、氯仿等。在 100 ℃时即失去结晶水，并开始升华，120 ℃时升华显著，178 ℃升华最快。无水咖啡因的熔点为 234.5 ℃。

为了提取茶叶中的咖啡因，往往利用适当的溶剂(氯仿、乙醇、苯等)在脂肪提取器中连续抽提，然后蒸去溶剂，即得粗咖啡因。粗咖啡因还含有其他一些生物碱和杂质，利用升华可进一步提纯。

工业上，咖啡因主要通过人工合成制得。它具有刺激心脏、兴奋大脑神经和利尿等作用，因此可作为中枢神经兴奋药，是复方阿司匹林等药物的组分之一。

三、实验用品

烧杯、分液漏斗、玻璃漏斗、锥形瓶、旋转蒸发仪。

茶叶、碳酸钠、二氯甲烷、无水硫酸镁、丙酮、石油醚(60～90 ℃)。

四、实验步骤

在 600 mL 烧杯中将 20 g 碳酸钠溶于 250 mL 蒸馏水。称取 25 g 茶叶，用纱布包好后放入该烧杯，置于石棉网上小火煮沸 0.5 h，注意勿使溶液暴沸。冷至 50 ℃左右，将溶液倾入另一烧杯中，冷至室温，转入 500 mL 分液漏斗。加入 50 mL 二氯甲烷振摇 1 min，静置分层，此时在两相界面处产生乳化层。取一小玻璃漏斗，颈口放置一小团棉花，棉花上放置约 1 cm 厚的无水硫酸镁，将前一分液漏斗的下层有机相直接倾入该漏斗，取一干燥锥形瓶收集滤液，用 2～3 mL 二氯甲烷冲洗干燥剂。水相再用 50 mL

二氯甲烷萃取，相同操作再执行一次。如过滤后的有机相混有少量水，可重复上述操作一次，收集的有机相应是清澈透亮的。

将干燥后的萃取液旋转蒸发除去二氯甲烷。含咖啡因的残渣用丙酮-石油醚重结晶。操作过程是：将除去二氯甲烷的残渣溶于少量丙酮中，向其中慢慢加入石油醚(60～90 ℃)，至溶液刚好浑浊，冷却结晶，抽滤收集产物。干燥后称量，计算产率。

五、思考题

(1) 提取咖啡因时用到的碳酸钠起什么作用？

(2) 从茶叶中提取出的粗咖啡因有绿色光泽，为什么？

(3) 蒸馏回收二氯甲烷时，馏出液为什么出现浑浊？

实验 43　番茄红素和β-胡萝卜素的提取分离及含量测定

一、实验目的

(1) 掌握番茄红素和β-胡萝卜素的提取分离方法。

(2) 熟悉用薄层扫描法测定番茄红素和β-胡萝卜素的含量。

二、实验原理

番茄红素和β-胡萝卜素都属于萜类化合物，两者在结构上非常相似。用乙醇和二氯甲烷可以从番茄中提取得到番茄红素和β-胡萝卜素，用柱层析法可分离番茄红素和β-胡萝卜素，用薄层层析法可将番茄红素和β-胡萝卜素在展开剂中展开，用荧光薄层扫描法可定量测定番茄红素和β-胡萝卜素的含量。番茄红素和β-胡萝卜素的分子结构如下所示：

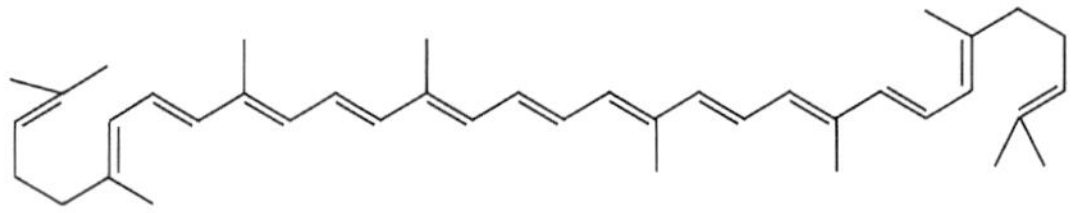

番茄红素

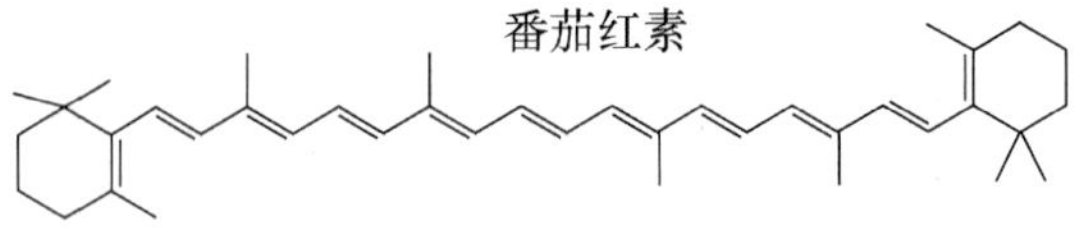

β-胡萝卜素

三、实验用品

烧瓶、分液漏斗、玻璃漏斗、层析柱、铁架台、烧杯、硅胶板、紫外灯、薄层扫描仪。

番茄酱、95%乙醇、二氯甲烷、环己烷、石油醚(60～90 ℃)、苯、氯化钠饱和溶液、无水硫酸钠。

四、实验步骤

1. 番茄红素和β-胡萝卜素的提取

取5 g番茄酱加入250 mL烧瓶，加入20 mL 95%乙醇，回流5～10 min，冷却后减压过滤，滤液保存于250 mL三颈烧瓶中。再将固体残渣用20 mL二氯甲烷回流提取两次，每次回流5～8 min。将三次滤液合并后倒入分液漏斗中，加15 mL氯化钠饱和溶液萃取。静置分层后，弃去下层，将上层萃取液经过颈部塞有疏松棉塞、上面铺一层1 cm厚的无水硫酸钠的漏斗，除去其中的水分。

2. 番茄红素和β-胡萝卜素的分离

取一支洁净干燥的层析柱固定在铁架台上，柱下端放一小团脱脂棉并压紧。然后经漏斗慢慢加入氧化铝，并轻轻敲打柱身使吸附剂装填紧密均匀，至柱内氧化铝高度约8 cm停止加入氧化铝，平整氧化铝表面，上端盖上与柱内径相同的滤纸片。

将1～2 mL番茄提取液放入烧杯中，加入1 g氧化铝，搅拌后置于水浴上加热蒸干(此过程中需不断搅拌，防止氧化铝由烧杯中溅出)。小心将拌有样品的氧化铝加入柱上端，并盖一滤纸片。先用滴管加少量石油醚于柱上，待氧化铝表面的石油醚快干时，加入石油醚洗脱。黄色的β-胡萝卜素很快随石油醚向下流动，而红色的番茄红素则移动较慢。β-胡萝卜素全部被洗出后，更换苯洗脱液进行洗脱。分别收集洗脱液、回收溶剂至体积1～2 mL备用。

3. 番茄红素和β-胡萝卜素含量的测定

取两块硅胶板，距板边缘一端1.5 cm处分别点上上述分离后的番茄红素和β-胡萝卜素及未经柱层析分离的番茄提取液三个样点，点间距2 cm左右。分别放入盛有环己烷和苯(体积比9∶1)混合液的层析缸中展开。当溶剂前沿距基线8～10 cm时，从层析缸中取出硅胶板，画出溶剂前沿，紫外灯下观察荧光，计算番茄红素和β-胡萝卜素的R_f值。

精确称取标准品番茄红素和β-胡萝卜素各1 mg分别置于2个1 mL容量瓶中，加入二氯甲烷溶解后稀释至刻度，配成标准溶液。

将番茄红素和β-胡萝卜素混合液与两种标准溶液同时点样在另一块硅胶板上，点样量5 μL，用环己烷和苯(9∶1)展开剂展开，方法同上。结束后取出晾干，紫外灯下(参考波长350 nm)线性扫描，狭缝宽0.5 mm，扫描速度20 nm/min，线性参数SX=3。

分别计算各斑点面积的积分值，按下述公式计算样品质量：

$$样品质量=(样品峰面积/标准品峰面积)\times标准品质量$$

五、思考题

(1) 做番茄红素和β-胡萝卜素薄层层析时，用环己烷和环己烷-苯展开剂展开后的结果(R_f值)是否相同？为什么？

(2) 用柱层析法分离番茄红素和β-胡萝卜素时，首先用苯冲洗是否可以？

(3) 展开后的硅胶板在紫外灯下观察荧光时发现，除番茄红素和β-胡萝卜素外，还有若干种具有荧光性的物质。根据实验条件和观察结果，用柱层析法能否将它们完全分开？

(4) 薄层扫描法定量分析与薄层层析法定性分析用的薄层板、样品溶液、点样方法有什么不同？

六、注意事项

本实验要用到薄层扫描仪。

实验 44　提勒管法测定几种常见有机化合物的熔点

一、实验目的

(1) 了解有机化合物熔点的概念及测定原理。

(2) 掌握微量法测定熔点的操作技术。

二、实验原理

见 2.1 节“熔点的测定及温度计的校正”。

三、实验用品

毛细管、酒精灯、提勒管、温度计。

尿素、肉桂酸、苯甲酸。

四、实验步骤

(1) 样品填装(研碎迅速，填装结实，2～3 mm 为宜)。

(2) 毛细管安装在温度计精确位置，再固定在 b 形管中心位置。

(3) 加热升温测定，注意观察，做好记录。

(4) 加热升温速度：开始时可快些，约 5 ℃/min；接近熔点 15 ℃时，1～2 ℃/min；接近熔点时，0.2～0.3 ℃/min。

(5) 每个样品至少填装三支毛细管，平行测定三次。

五、实验内容

(1) 测定尿素的熔点(m.p. 132.7 ℃)。

(2) 测定肉桂酸的熔点(m.p. 133 ℃)。

(3) 测定苯甲酸的熔点(m.p. 122.4 ℃)。

(4) 未知物判定：提供一两个未知物，测定熔点并鉴定化合物。

(5) 数据记录和处理(表 4-2)。

表 4-2　数据记录

样品熔点	1 次	2 次	3 次
肉桂酸/℃			
尿素/℃			
苯甲酸/℃			

六、注意事项

(1) 熔点管本身要干净，管壁不能太厚，封口要均匀。初学者容易出现的问题是，封口一端发生弯曲和封口端壁太厚。所以在毛细管封口时，一端在火焰上加热时要尽量让毛细管接近垂直方向，火焰温度不宜太高，最好用酒精灯，断断续续地加热，封口要圆滑，以不漏气为原则。

(2) 样品一定要干燥，并要研成细粉末。往毛细管内装样品时，一定要反复冲撞夯实，管外样品要用卫生纸擦干净。

(3) 用橡皮圈将毛细管缚在温度计旁，并使装样部分和温度计水银球处在同一水平位置，同时使温度计水银球处于 b 形管两侧管中心部位。

(4) 升温速度不宜太快，特别是当温度将要接近该样品的熔点时，升温速度更不能快。一般情况是，开始升温时速度可稍快些(5 ℃/min)，但接近该样品熔点时，升温速度要慢[(1～2)℃/min]。对未知物熔点的测定，第一次可快速升温，测定化合物的大概熔点。

(5) 熔点温度范围(熔程、熔点、熔距)的观察和记录。注意观察时，样品开始萎缩(塌落)并非熔化开始的指示信号，实际的熔化开始于能看到第一滴液体时，记下此时的温度，到所有晶体完全消失呈透明液体时再记下这时的温度，这两个温度即为该样品的熔点范围。

(6) 熔点的测定至少要有两次重复的数据，每一次测定都必须用新的熔点管，装新样品。进行第二次测定时，要等浴温冷至其熔点以下约 30 ℃再进行。

(7) 使用硫酸作加热浴液(加热介质)要特别小心，不能让有机化合物碰到浓硫酸，否则使溶液颜色变深，影响熔点的观察。若出现这种情况，可加入少许硝酸钾晶体共热后使其脱色。采用浓硫酸作热浴，适合于测熔点在 220 ℃以下的样品。若要测熔点在 220 ℃以上的样品，可用其他热浴液。

(8) 毛细熔点管：将内径为 1 mm、厚度均匀的毛细管用瓷片或小砂轮截割成 6～8 cm

长、管口平整的小段，手持毛细管与酒精灯火焰成 45°，不断旋转下用外焰将毛细管一端熔封成红色小球，放烧杯中待用。

实验 45　微量法测定液体有机化合物的沸点

一、实验目的

(1) 了解有机化合物沸点的概念及测定原理。

(2) 掌握微量法测定沸点的操作技术。

二、实验原理

液体在一定温度下具有一定的蒸气压，当液态物质受热时，其蒸气压增大。当液体的蒸气压增大到与外界液面的总压力(通常是大气压)相等时，开始有气泡不断从液体内部逸出，即液体沸腾，这时的温度称为该液体的沸点。

三、实验步骤

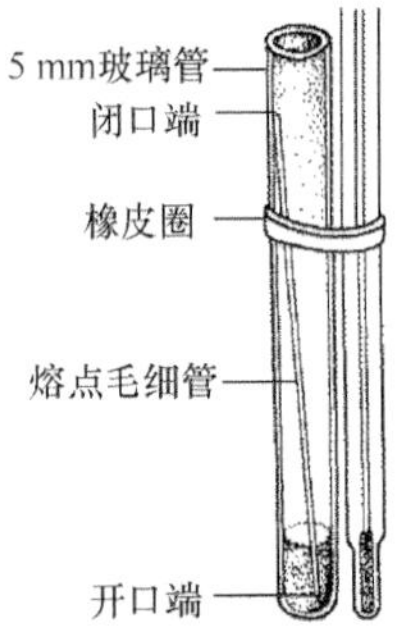

图 4-2　微量法测定液体的沸点

取一根内径 2～4 mm、长 8～9 cm 的玻璃管，用小火封闭其一端，作为沸点管的外管，放入欲测定沸点的样品 4～5 滴。在此管中放入一根长 7～8 cm、内径约 1 mm 的上端封闭的毛细管，即开口处浸入样品中(图 4-2)。加热，由于气体膨胀，内管中断断续续有小气泡冒出，到达样品沸点时，将出现一连串小气泡。此时应停止加热，使油浴温度下降，气泡逸出的速度即渐渐减慢。仔细观察，最后一个气泡出现而刚欲缩回管内的瞬间温度就表示毛细管内液体蒸气压与大气压平衡时的温度，亦即该液体的沸点。

四、思考题

(1) 用微量法测定沸点，把最后一个气泡刚欲缩回管内的瞬间温度作为该化合物的沸点，为什么?

(2) 如果液体具有恒定的沸点，能否说明它一定是纯净物质?

五、注意事项

实验存在一定的偏差，这是由于：①实验仪器本身就有的仪器误差；②实验操作不规范或者有错误而没有发现，使实验结果产生偏差；③操作者的个人原因，如温度计读数时的判断。

实验 46　液体有机化合物折光率的测定

一、实验目的

(1) 了解液体有机化合物折光率的概念及测定原理。
(2) 掌握阿贝折光仪的使用方法。

二、实验原理

见 2.3 节“液体化合物折光率的测定”。

三、实验步骤

1. 仪器校正

(1) 准备：从箱中取出仪器(图 4-3)，放在工作台上，在温度计套中插入温度计，通入恒温水，当温度恒定后，松开棱镜锁紧扳手，分开棱镜，在光滑镜面上滴加 2 滴丙酮(或乙醚、乙醇等有机溶剂)，合上棱镜，使上、下棱镜润湿，洗去镜面污物，再打开棱镜锁紧扳手，用擦镜纸擦干镜面或晾干。

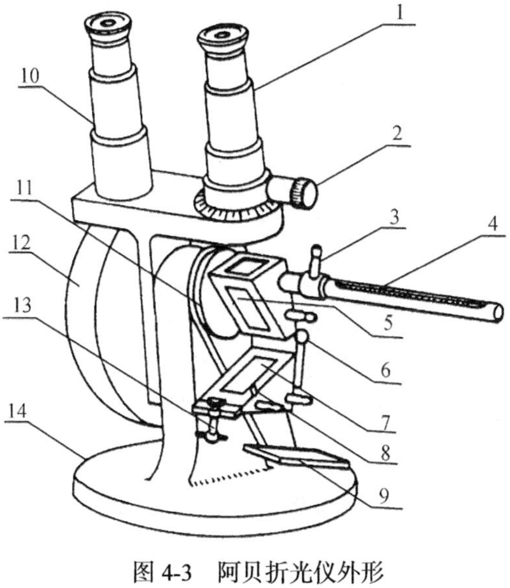

图 4-3　阿贝折光仪外形

1. 测量镜筒；2. 阿米西棱镜手轮；3. 恒温器接头；4. 温度计；5. 测量棱镜；6. 铰链；7. 辅助棱镜；8. 加样品孔；9. 反射镜；10. 读数镜筒；11. 转轴；12. 刻度盘；13. 棱镜锁紧扳手；14. 底座

(2) 校正：将棱镜锁紧扳手打开，用少许 1-溴萘将标准玻璃块(没有刻度的一面)黏附于测量棱镜面上，标准玻璃块另一个抛光面应向上，以接受光线，转动棱镜手轮，使读数镜内标尺读数等于标准玻璃块上的刻示值(读数时打开小反射镜)。然后观察望远目镜中明暗分界线是否在十字交叉点上，如有偏差，调节刻度盘，使明暗分界线在十字交叉点处，校正工作结束。

2. 样品折光率测定

打开棱镜，用滴管滴加 2～3 滴待测液体于磨砂镜面上，使其分布均匀，合上棱镜，锁紧棱镜锁紧扳手，调节底部反射镜，使目镜内视场明亮，调节望远镜使视场清晰。转动手轮，直到在目镜中看到明暗分界的视场，如有彩色光带，转动阿米西棱镜手轮，使彩色消去，视场内明暗分界十分清晰。继续转动棱镜手轮，使明暗分界线在十字交叉处(X 形准丝交点)，如图 4-4 所示。在读数镜筒中读取折光率数值(记住打开小反射镜)。再让分界线上下移动重新调到十字交叉点处，读取读数，重复操作 3～5 次，取读数平均值作为样品的折光率。

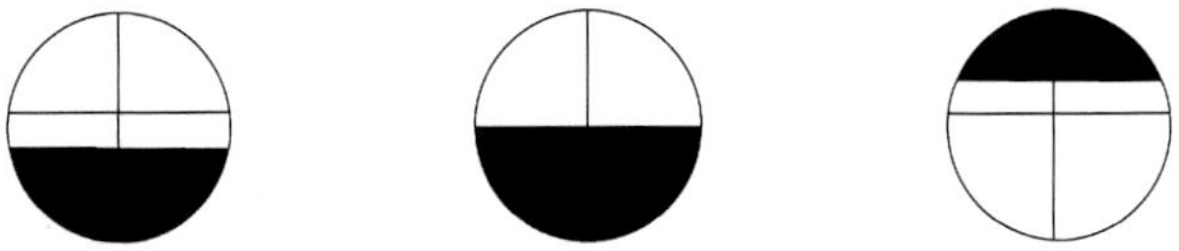

(a) 非临界视场　　(b) 临界视场　　(c) 非临界视场

图 4-4　目镜观察图像变化

测量完毕，打开棱镜，用丙酮洗净棱镜面，擦干或晾干后，合上棱镜，锁紧棱镜锁紧扳手，将仪器放好。

四、思考题

(1) 影响折光率测定数值的因素有哪些？

(2) 滴加样品量过少将会产生什么后果？

五、注意事项

(1) 阿贝折光仪在使用前后均需用丙酮洗净，用擦镜纸吸干液体。

(2) 要特别注意保护棱镜镜面，不能用手接触镜面，加液体时防止滴管口划伤镜面。

(3) 每次擦拭镜面时，只能用擦镜纸轻擦，测试完毕，也要用丙酮洗净镜面，待干燥后才能合上棱镜。

(4) 不能放在日光直射或靠近热源的地方。

(5) 不能测量酸性、碱性或腐蚀性液体。

(6) 测量完毕，拆下连接恒温槽的橡皮管，棱镜夹套内的水要排尽。

(7) 若无恒温槽，所得数据要加以修正。

(8) 折光仪不用时应放在箱内，放入干燥剂，放在空气流通的室内。

实验 47　有机化合物傅里叶红外光谱的测定

一、实验目的

(1) 了解红外光谱仪的基本原理。
(2) 掌握红外光谱仪测定有机化合物结构的方法。

二、实验原理

见 2.5 节“红外光谱”。

三、实验用品

红外光谱仪(AVATAR 360 FT-IR)、漫反射附件、多次衰减全反射附件、压片机、玛瑙研钵。

溴化钾、待测样品。

四、实验步骤

以 AVATAR 360 FT-IR 红外光谱仪为例。

1. 开机

(1) 打开总电源开关。

(2) 打开计算机和 AVATAR 360 FT-IR 红外光谱仪开关，在计算机屏幕上双击带“EZOMNICE. S. P. 5. 2”的图标，进入工作软件。此时仪器默认的实验状态为透射光谱法(Transmission E. S. P)。

2. 薄膜样品的红外测试

(1) 设置参数：在“Collect”(收集)主菜单下选择“Experiment Setup”(实验参数的设置)：扫描次数选择 16 次，分辨率选择 4，最终谱图格式选择透射百分比(%)，背景处理(background handing)选择背景收集在 100 min 后，其余实验参数为默认值。

(2) 收集背景谱图：点击“Col Bkg”按钮，然后在确认对话框中选择“Yes”。

(3) 将仪器上部的滑动仓门打开，把薄膜样品插入样品支架中，合上仓门。

(4) 收集样品谱图：点击“Col Smp”按钮，然后在确认对话框中选择“Yes”。

(5) 点击“背景谱图”，使其变为红色，按“Clear”按钮以清除背景谱图。

(6) 按“Find Pks”按钮，标记样品谱图中峰的位置，点击“Replace”按钮，回到前一页面。

(7) 打印谱图

(8) 在“Analyze”(分析)主菜单下选择“Library Setup”(起用谱库)，选择“相应谱库”，确认。

(9) 点击“Search”按钮，仪器自动鉴定未知化合物。

(10) 退出工作软件，关闭计算机，关闭红外光谱仪，关闭打印机，填写仪器使用登记簿。

3. 漫反射法定性分析固体粉末样品

(1) 打开样品仓取出样品支架，安装漫反射附件。仪器自动识别并检验安装状态是否正确，然后给出相应提示，按“OK”确认。

(2) 将溴化钾粉末在玛瑙研钵中研成细粉，倒入小烧杯中备用。同样，在玛瑙研钵中放入待测样品，研成细粉后，加入溴化钾粉末，研磨均匀。

(3) 将纯溴化钾粉末放入样品支架的第一个样品帽中刮平，溴化钾和样品混合粉末放入第二个样品帽中刮平，周围用脱脂棉擦净，将样品支架插入到漫反射附件中。

(4) 在“收集”主菜单下选择“实验参数的设置”：扫描次数选择 32 次，分辨率选择默认值，最终谱图格式选择“Kubelka-Munk”，其余实验参数为默认值；收集背景谱图：使装有纯溴化钾粉末的样品盘位于光路中，点击“Col Bkg”按钮，收集背景谱图，然后在确认对话框中选择“Yes”；收集样品谱图：使装有溴化钾和样品混合粉末的样品盘位于光路中，点击“Col Smp”按钮，收集样品谱图，然后在确认对话框中选择“Yes”。

(5) 点击“背景谱图”，使其变为红色，按“Clear”按钮以清除背景谱图。

(6) 按“Find Pks”按钮，标记样品谱图中峰的位置，点击“Replace”按钮，回到前一页面。

(7) 打印谱图。

(8) 在“Analyze”(分析)主菜单下选择“Library Setup”(起用谱库)，选择“相应谱库”，确认。

(9) 点击“Search”按钮，仪器自动鉴定未知化合物。

(10) 取出漫反射附件，装入透射样品支架，盖上样品仓门。

(11) 退出工作软件，关闭计算机，关闭红外光谱仪，关闭打印机。

(12) 填写仪器使用登记簿。

五、思考题

(1) 红外光谱仪能否直接对混合物进行定性分析？为什么？

(2) 总结多次衰减全反射法、漫反射法和透射光谱法各适用于什么样品的分析。

实验 48 紫外分光光度法测定混合物中非那西汀和咖啡因的含量

一、实验目的

(1) 掌握二组分混合物的吸收峰相互重叠时，测各组分含量的分析方法。

(2) 学会 UV-1200 型紫外-可见分光光度计的使用方法。

二、实验原理

当混合物两组分 B_1 及 B_2 的吸收光谱不重叠时，则只要分别在波长 λ_1 和 λ_2 处测定样品溶液的吸光度，就可得到其相应的含量。溶液中两种组分不发生反应，即没有相互作用时，二组分溶液的总吸光度等于两种组分各自吸光度之和，这就是吸光度加和原理。

如果二组分混合物中各组分的吸收带互相重叠，只要它们能符合朗伯-比尔定律，根据吸光度加和原理，对两个组分即可在两个适当波长下进行两次吸光度测定，然后解两个联立方程计算两个组分的浓度。

$$A_{\lambda_1}^{B_1+B_2} = A_{\lambda_1}^{B_1} + A_{\lambda_1}^{B_2} = \varepsilon_{\lambda_1}^{B_1} c_{B_1} b + \varepsilon_{\lambda_1}^{B_2} c_{B_2} b$$

$$A_{\lambda_2}^{B_1+B_2} = A_{\lambda_2}^{B_1} + A_{\lambda_2}^{B_2} = \varepsilon_{\lambda_2}^{B_1} c_{B_1} b + \varepsilon_{\lambda_2}^{B_2} c_{B_2} b$$

$$c_{B_1} = \frac{A_{\lambda_1}^{B_1+B_2} \varepsilon_{\lambda_2}^{B_2} - A_{\lambda_2}^{B_1+B_2} \varepsilon_{\lambda_1}^{B_2}}{\varepsilon_{\lambda_1}^{B_1} \varepsilon_{\lambda_2}^{B_2} - \varepsilon_{\lambda_2}^{B_1} \varepsilon_{\lambda_1}^{B_2}}$$

$$c_{B_2} = \frac{A_{\lambda_1}^{B_1+B_2} - \varepsilon_{\lambda_1}^{B_1} c_{B_1}}{\varepsilon_{\lambda_1}^{B_2}}$$

式中，A 为吸光度；ε 为摩尔吸光系数，L/(mol · cm)；c 为浓度，mol/L；b 为光程长度，cm(若使用 1 cm 比色皿，即 $b = 1$ cm，则 b 省略)；B_1、B_2 为不同组分；λ为波长。

在非那西汀和咖啡因的二组分混合物中，两组分的分别测定就属于上面这种情况。在水溶液中，非那西汀和咖啡因的吸收曲线(吸光度随波长变化的曲线)如图 4-5 所示。

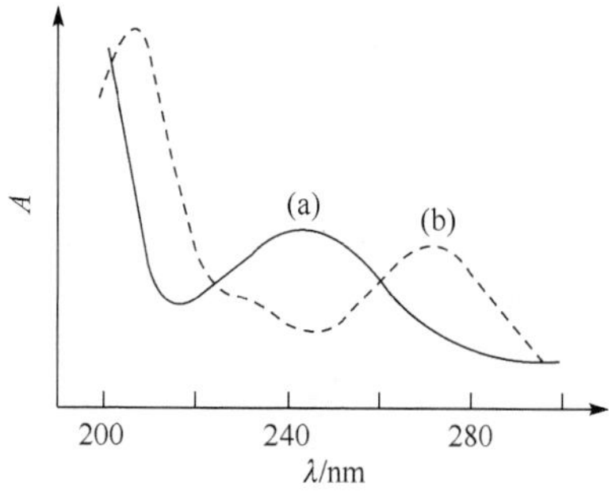

图 4-5　非那西汀(a)和咖啡因(b)的吸收曲线

非那西汀在 244 nm 处有一吸收峰，而咖啡因在 272 nm 处有一吸收峰。经实验测得，在水溶液中，非那西汀：ε_{244}=11212 L/(mol · cm)，ε_{272} = 2364 L/(mol · cm)；咖啡因：ε_{244}=2790 L/(mol · cm)，ε_{272}=8744 L/(mol · cm)。

在 244 nm 和 272 nm 处分别测定非那西汀和咖啡因混合液的吸光度值 A_{244} 及 A_{272}，然后利用前面的关系式求算 $c_{非}$ 及 $c_{咖}$。

同一种物质对不同波长光的吸光度不同，吸光度最大处对应的波长称为最大吸收波长 λ_{max}。不同浓度的同一种物质，其吸收曲线形状相似，λ_{max} 不变。而对于不同物质，它们的吸收曲线形状和 λ_{max} 则不同。吸收曲线可以提供物质的结构信息，并作为物质定性分析的依据之一。不同浓度的同一种物质，在某一定波长下的吸光度 A 有差异，在λ_{max}处吸光度 A 的差异最大，此特性可作为物质定量分析的依据。在λ_{max}处吸光度随浓度变化的幅度最大，所以测定最灵敏。吸收曲线是定量分析中选择入射光波长的重要依据。

三、实验用品

紫外-可见分光光度计、石英比色皿、容量瓶、吸量管、烧杯。

未知样品溶液。

四、实验步骤

1. 标准溶液的配制

非那西汀标准溶液(100 μg/mL)：准确称取 0.0500 g 非那西汀于小烧杯中，加少许乙醇溶解，转移到 500 mL 容量瓶中，用蒸馏水稀释至刻度，摇匀备用。

咖啡因标准溶液(150 μg/mL)：准确称取 0.0750 g 咖啡因于小烧杯中，加蒸馏水溶解，转移到 500 mL 容量瓶中，用蒸馏水稀释至刻度，摇匀备用。

标准溶液可由实验室预先准备。

2. 吸收曲线的绘制

分别移取 5.00 mL 非那西汀和咖啡因标准溶液于两个 50 mL 容量瓶中，用蒸馏水稀释至刻度，摇匀，则非那西汀溶液的质量浓度为 10 μg/mL，咖啡因溶液的质量浓度为 15 μg/mL。

在紫外-可见分光光度计上，以蒸馏水为空白，从 300 nm 至 200 nm，分别对非那西汀和咖啡因进行扫描，绘出两者的吸收曲线，选出两者的最大吸收波长。

若不采用自动扫描，则对非那西汀从 215 nm 至 290 nm，对咖啡因从 240 nm 至 295 nm，每隔 5 nm 测定一个吸光度值。然后以吸光度 A 为纵坐标，波长λ为横坐标绘制两者的吸收曲线。

3. 样品分析

移取未知样品 10.00 mL($\rho_{非}$=40～60 μg/mL，$\rho_{咖}$=60～90 μg/mL)于 50 mL 容量瓶中，用蒸馏水稀释至刻度，摇匀。分别在两者的最大吸收波长处测定其吸光度值 A。

五、数据处理

(1) 绘制吸收曲线，选出咖啡因和非那西汀的最大吸收波长。

(2) 计算未知样品中咖啡因和非那西汀的浓度(μg/mL)。

六、思考题

(1) 紫外光谱、可见光谱、红外光谱分析所用比色皿的材料有什么不同？

(2) 用解方程组的方法测定二组分混合物的含量，该体系必须具备什么性质？

实验 49　有机化合物的核磁共振谱的测定

一、实验目的

(1) 了解有机化合物核磁共振的基本原理。

(2) 掌握一维 ^{1}H、^{13}C NMR 谱图分析方法。

(3) 初步了解二维谱图。

二、实验原理

见 2.7 节“核磁共振波谱”。

三、实验用品

核磁共振波谱仪(图 4-6)、标准核磁共振样品管(简称样品管)、注射器、滴管。

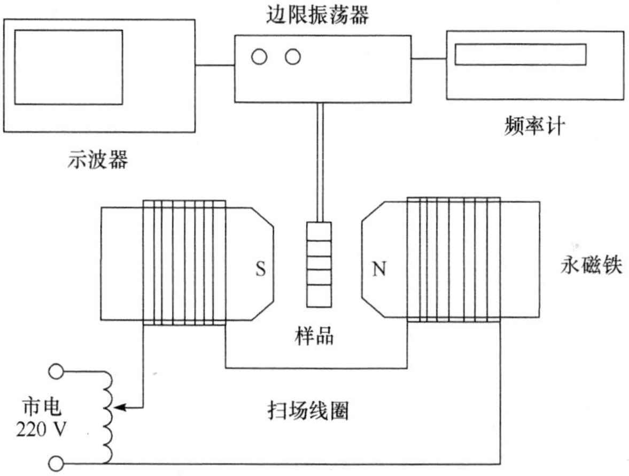

图 4-6　核磁共振波谱仪示意图

氘代溶剂。

四、实验步骤

1. 样品的准备

被测物质应为纯净物，并且能够完全溶解在所选氘代溶剂中，浓度大于 10%，体积约为 0.5 mL。用注射器将被测物质加入干净、无裂痕的样品管中，待测。

2. 核磁共振波谱仪的操作程序

(1) 打开数据转换器、工作站电源，使其处于稳定状态。启动空气压缩机，打开过滤器，保证有一定压力的干净、干燥气体进入磁体，其目的在于产生空气浮力以保证样品管处于悬浮状态，同时能够使样品管匀速旋转。

(2) 调谐，其目的在于调整磁场使其与所测的原子核频率匹配。

(3) 设定实验参数。实验参数包括实验类型(氢谱、碳谱等)、溶剂种类、扫场次数、谱宽等。将样品管插入转子中，符合量规地测量长度；打开气路，将转子置于气路中；关闭气路，转子携带样品管沉入磁体中，此时样品管已进入探头的检测区域。根据需要使样品管处于旋转(20 Hz)或静止状态。

(4) 调节探头的发射功率、接收功率、相位等参数，以溶剂中氘原子的核磁信号锁定磁场，称为“锁场”。

(5) 调节 z 方向的参数，使锁定的磁场范围强度均匀，称为“匀场”。

(6) 启动采集数据程序，进入实验的测试过程。

(7) 数据处理，包括相位校正、基线直流校正，得到谱图。然后根据溶剂的峰位给定标尺，给定积分值，确定氢的个数，标峰位，打印谱图。

(8) 弹出转子，取下样品管，退出实验程序，关闭空气压缩机。洗净样品管。

五、数据处理

根据谱图提供的化学位移、分裂峰的个数、积分值及偶合常数，解析样品的结构。

六、思考题

(1) 300 MHz 核磁共振波谱仪适合测量哪类样品？

(2) 测定前为什么把样品溶解在氘代溶剂中？

实验 50　质谱法测定甲醇的结构

一、实验目的

(1) 了解质谱分析的基本原理和测试方法。

(2) 初步掌握利用质谱图推测化合物结构的基本技能。

二、实验原理

质谱法是利用电磁学原理，采用高速电子束撞击气态分子，将分解出的阳离子加速导入质量分析器中，然后按质荷比(m/z)的大小顺序进行收集和记录，即得到质谱图，根据质谱图峰的位置，可以进行定性和结构分析；根据峰的强度，可以进行定量分析。

根据质量分析器的工作原理，可将质谱仪分为动态仪器和静态仪器两大类。静态质谱仪的质量分析器为稳定的电磁场，它是按照空间位置将 m/z 不同的离子分开；动态质谱仪的质量分析器则采用变化的电磁场，按照时间和空间区分不同 m/z 的离子。例如，由单聚焦和双聚焦质量分析器组成的质谱仪属于静态质谱仪，而飞行时间和四极滤质器组成的质谱仪属于动态质谱仪。在一张质谱图中，可得到许多峰，这些峰的位置和相对强度除与分子结构有关外，还与离子化电位、样品所受压力和仪器结构有关。质谱峰可归纳为以下几种：分子离子峰、碎片离子峰、重排离子峰、同位素离子峰、亚稳离子峰及多电荷离子峰。各种化合物在一定能量的离子源中按照一定规律进行裂解而形成各种碎片离子，表现为一定的质谱图，所以可根据裂解后形成的各种离子峰鉴定物质的组成和结构。

三、实验用品

质谱仪(电子轰击离子源 EI)。

甲醇(优质纯或提纯)、未知试样(白酒)。

四、实验步骤

(1) 四极杆质谱仪工作原理：

进样 → 气化 → 色谱柱分离 → 离子化 → 检测分析 → 记录并放大信号 → 读数

(2) 按操作规程使质谱仪正常工作，并调节至下列实验条件(仅供参考)：

a. 电子轰击源：70 eV。

b. 进样口温度：250 ℃，接口温度：250 ℃。

c. 离子源温度：230 ℃。

d. 扫描方式：scan。

e. 电子倍增器电压：1.0～1.5 kV。

(3) 对甲醇标样、未知试样分别进样检测，记录质谱图。

五、结果与讨论

(1) 根据甲醇的质谱图，将各离子峰特征归纳至表 4-3。

表 4-3　离子峰特征

质荷比 m/z	相应的离子	离子特征和产生的裂解过程

(2) 总结未知化合物的各离子峰特征，与标准质谱图比较，判断未知物的结构。

六、思考题

(1) 以四极杆质谱仪为例，说明组成仪器各主要部分的作用及原理。

(2) 有机化合物在电子轰击离子源中有可能产生哪些类型的离子？从这些离子的质谱峰中可以得到一些什么信息？

七、注意事项

(1) 质谱仪属大型精密仪器，实验中应严格按操作规程进行操作，以防损坏仪器。

(2) 仪器在未达到规定的真空度之前，禁止开机进行操作。

第 5 章　研究型开放实验

实验 51　超临界二氧化碳流体萃取茶叶中的茶多酚

一、实验目的

(1) 学习超临界流体萃取操作。
(2) 学习茶多酚的制备方法。

二、实验原理

超临界流体萃取(supercritical fluid extraction，SFE 或 SCFE)是 20 世纪 70 年代迅速发展起来的一种新型分离技术，是用超临界状态下的流体作为萃取剂，由液体或固体中萃取出所需成分的一种分离方法。在超临界状态(操作温度超过临界温度和压力超过临界压力状态)下的流体，具有接近液体的密度和类似液体的溶解能力，同时还具有类似气体的高扩散性、低黏度、低表面张力等特性。因此，超临界流体具有良好的溶剂特性，很多固体或液体物质都能被其溶解。常用的超临界流体有二氧化碳、乙烯、乙烷、丙烯、丙烷和氨等。其中以二氧化碳最为常用，二氧化碳在温度高于临界温度 T_c=31.26 ℃、压力高于临界压力 p_c=7.2 MPa 的状态下，性质会发生变化，其密度接近液体，黏度接近气体，扩散系数为液体的 100 倍，因而具有惊人的溶解能力。超临界流体在溶解能力、传递能力和溶剂回收等方面具有特殊的优点，用它可溶解多种物质，然后提取其中的有效成分，避免了常用有机溶剂的污染问题。

目前，超临界流体萃取技术已逐步由实验室研究走向工业化，如在食品工业中用于茶叶、咖啡豆脱咖啡因；植物色素的萃取；植物及动物油脂的萃取。在医药工业中用于动植物体内药物成分的萃取；糖类与蛋白质的分离及脱溶剂脂肪类混合物的分离精制等。在化妆品工业中用于天然香料的萃取、精制。超临界流体萃取技术在食品工业中的应用发展迅速，并已取得了稳固的地位。现在国内外市场上已出现了由该技术制取的具有高附加值的天然香料、色素和风味物质等高质量的食品添加剂系列，具有广泛的应用前景。

本实验采用超临界流体萃取技术对海南地区绿茶进行提取制备、茶多酚含量测定和清除 DPPH 自由基生物活性测定，让学生初步了解天然活性成分的提取、制备及生物活性研究方法。

三、实验用品

超临界流体萃取仪、分析天平、中药粉碎机、二氧化碳钢瓶、常用玻璃仪器(烧杯、药勺、量筒等)。

市售绿茶茶叶、乙醇。

四、实验步骤

本实验采用一次加料、一级萃取、一级减压分离，其工艺流程如图 5-1 所示。

本实验直接将粉碎好的茶叶 5.0 g 过筛(40～80 目)，装填于萃取管中，并加入 5%的共溶剂乙醇，充分浸泡润湿，拧紧盖子密封。依次打开超临界流体系统，至所设定的萃取温度 50 ℃，萃取压力 30 MPa 达到平衡，开始计算萃取时间。50 min 后，释压并控制泄压流速，待压力泄除完毕，收集萃取釜与解析釜萃取出的共溶剂，浓缩回收溶剂得茶多酚萃取物，称量，计算产率。

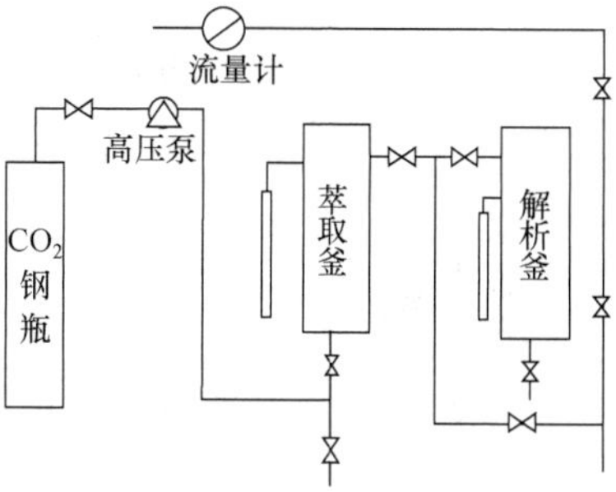

图 5-1　超临界流体萃取实验基本流程图

五、思考题

(1) 除乙醇外，还有哪些试剂可用作共溶剂(夹带剂或助溶剂)，提高萃取效率？

(2) 还有哪些方法可以用于茶多酚的提取？试列举两三个，并对它们的优缺点加以简要说明。

六、注意事项

本实验采用一次加料、一级萃取、一级减压分离的静态萃取，还可以通过设定起始的操作条件，如茶叶添加量、共溶剂乙醇的添加量、萃取压力、萃取温度、萃取时间、萃取流速与泄压流速等，开展探索性对比研究工作，获取最佳萃取工艺条件。

在超临界状态下，二氧化碳流体兼有气、液两相的双重特点，既具有与气体相当的高扩散系数和低黏度，又具有与液体相近的密度和良好的溶解能力。其密度对温度和压力变化十分敏感，且与溶解能力在一定压力范围内成比例，所以可通过控制温度和压力改变物质的溶解度，同时可以加入乙醇、甲醇等极性溶剂作为夹带剂，有利于提高极性成分的萃取效率。

实验 52　绿茶中茶多酚总量的测定

一、实验目的

(1) 熟悉紫外-可见分光光度计的使用。

(2) 学习绿茶中茶多酚含量的测定方法。

二、实验原理

茶多酚(tea polyphenols)是茶叶中多酚类物质的总称，包括黄烷醇(儿茶素)类、花色苷类、黄酮类、黄酮醇类和酚酸类等。其中主要为黄烷醇类，占 60%～80%，是形成茶叶色香味的主要成分之一，也是茶叶中有保健功能的主要成分之一。研究表明，茶多酚等具有解毒和抗辐射作用，能有效地阻止放射性物质侵入骨髓，被医学界誉为“辐射克星”“养生之宝”。

三、实验用品

紫外-可见分光光度计、容量瓶、烧杯。

茶多酚标准品、65%乙醇、硫酸亚铁、酒石酸钾钠、磷酸氢二钠、磷酸二氢钾，均为分析纯。

四、实验步骤

1. 茶多酚标准曲线的绘制

称取 0.0250 g 茶多酚标准品，加入 65%乙醇溶解定容至 250 mL，混匀，配制成浓度为 0.1 mg/mL 的茶多酚标准溶液，备用。

分别吸取茶多酚标准溶液(0.1 mg/mL)0.0 mL、2.0 mL、4.0 mL、6.0 mL、8.0 mL、10.0 mL 于 6 个 50 mL 容量瓶中。各补加 65%乙醇至 10 mL，再加入酒石酸亚铁溶液 5 mL，加入 pH 为 7.5 的磷酸缓冲液标定至刻度，混匀。然后用石英比色皿，以空白试剂作对照，在波长为 540 nm 处测定吸光度(A)值，绘出标准曲线，建立回归方程。结果见图 5-2。

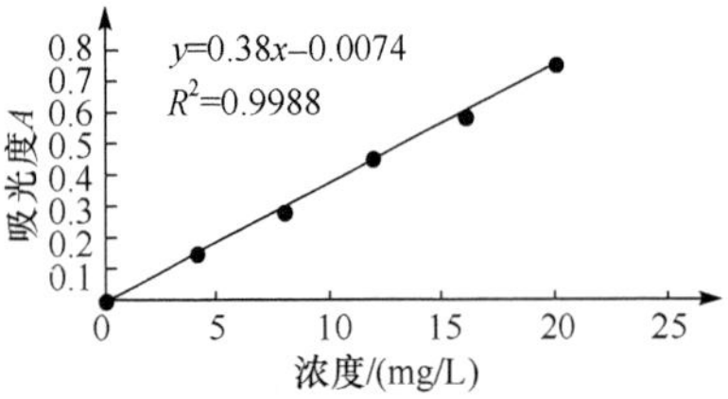

图 5-2　茶多酚标准曲线

2. 绿茶中茶多酚总量的测定

准确称取 10 mg 收集的超临界二氧化碳萃取物，用乙醇溶解并定容于 250 mL 容量瓶中。取溶液测定吸光度值(方法同上)，根据标准曲线得相应萃取物中茶多酚浓度值 c，由此计算出超临界二氧化碳萃取物中茶多酚含量和绿茶中茶多酚总量。

绿茶中茶多酚提取率的计算方法：

$$萃取物中茶多酚含量=c\times25\times100\%$$

式中，c 为茶多酚浓度，mg/mL。

$$绿茶中茶多酚总量=萃取物中茶多酚含量\times萃取物总量$$

注：酒石酸亚铁溶液的配制：1.00 g 硫酸亚铁($FeSO_4 \cdot 7H_2O$)和 5.00 g 酒石酸钾钠($C_4H_4O_6NaK \cdot 4H_2O$)混合后加蒸馏水溶解，定容至 1000 mL。

五、思考题

茶多酚的含量测定，除了本实验用的紫外分光光度法外，还有高锰酸钾直接滴定法，试解释其实验原理。

六、注意事项

茶多酚是白色粉末，易溶于热水，易氧化变色，略有吸水性，因此要保存在干燥密封的环境中。

实验 53　茶多酚清除 DPPH 自由基生物活性研究

一、实验目的

(1) 进一步熟悉紫外-可见分光光度计的使用。

(2) 学习清除 DPPH 自由基的测定方法。

二、实验原理

1,1-二苯基-2-三硝基苯肼(1,1-diphenyl-2-picrylhydrazyl，DPPH)，结构如图 5-3 所示，是一种很稳定的氮中心的自由基。它的稳定性主要来自 3 个苯环的共振稳定作用及空间障碍，使夹在中间的氮原子上不成对的电子不能发挥其应有的电子成对作用。

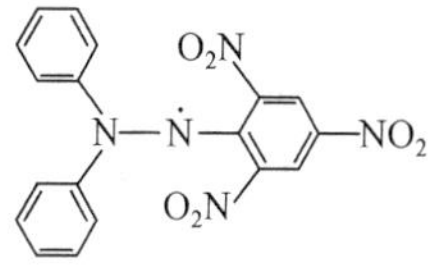

图 5-3　DPPH 结构式

自由基清除率越大，表明抗氧化能力越强。为了更直观地表明样品的抗氧化能力，一般选用其他常见的抗氧化剂作为对照，如维生素 C。可以通过绘制维生素 C 浓度与清除率之间的工作曲线，用维生素 C 浓度表示样品清除自由基的能力。

三、实验用品

紫外-可见分光光度计。

绿茶茶多酚样品、维生素 C、DPPH、无水乙醇。

四、实验步骤

(1) 用无水乙醇配制 0.1 mmol/L DPPH 溶液，避光保存。配制 0.5 mg/mL 维生素 C 溶液(作为对照)。将测试样品稀释至不同浓度。

(2) 将 2 mL 测试样品溶液及 2 mL DPPH 溶液加入同一试管中，摇匀，室温下暗处静置 30 min，然后测定其 517 nm 处吸光度 A_s(sample)，同时测定 2 mL DPPH 溶液与 2 mL 溶剂(蒸馏水或相应的缓冲溶液)混合后的吸光度 A_c(control)，作为控制组；以及 2 mL 测试样品溶液与 2 mL 无水乙醇混合后的吸光度 A_b(blank)，作为空白组。相同条件下测定维生素 C 的吸光度值。

$$\text{DPPH 自由基清除率}=[1-(A_s-A_b)/A_c]/100\%$$

五、附注

DPPH 法于 1958 年被提出，广泛用于定量测定生物试样和食品的抗氧化能力。此法是根据 DPPH 自由基有单电子，在 517 nm 处有一强吸收，其醇溶液呈紫色的特性。当有自由基清除剂存在时，由于与其单电子配对而使其吸收逐渐消失，其褪色程度与其接受的电子数量成定量关系，因而可用分光光度计进行快速的定量分析。

自由基，化学上也称为“游离基”，是指化合物的分子在光、热等外界条件下，共价键发生均裂而形成的具有不成对电子的原子或基团(共价键不均匀裂解时，两原子间的共用电子对完全转移到其中的一个原子上，其结果是形成了带正电和带负电的离子，这种断裂方式称为键的异裂)。在书写时，一般在原子或原子团符号旁边加上一个“·”表示没有成对的电子，如氢自由基(H·)、氯自由基(Cl·)、甲基自由基(CH_3·)。中国有机化学家刘有成院士在自由基化学领域做出了杰出贡献。

自由基无处不在，自由基对人体攻击的途径是多方面的，既有来自体内的，也有来自外界的。当人体中的自由基超过一定的量并失去控制时，这些自由基就会攻击细胞膜，与血清抗蛋白酶发生反应，甚至跟基因抢电子，对人体造成各种伤害，产生各种疑难杂症。自由基是客观存在的，对人类来说，无论是体内的还是体外的，自由基还在不断地以前所未有的速度被制造出来，与自由基有关的疾病发病率也呈加速上升的趋势。既然人类无法逃避自由基的包围和夹击，就只有想方设法降低自由基的危害。

实验 54　海洋微生物中生物碱类成分的分析

一、实验目的

(1) 了解微生物的培养发酵过程。

(2) 了解微生物代谢产物的提取浓缩。

(3) 了解微生物粗样柱色谱分离和生物碱成分的分析。

二、实验原理

微生物为适应环境生存的需要，能够代谢合成结构多种多样的次生代谢产物。结合有机化学学科的相关知识，可以定性分析粗样中含有哪些类型的结构。本实验拟通过生物碱的显色反应检测微生物的代谢产物中是否含有生物碱成分。

三、实验用品

培养皿、锥形瓶、分液漏斗、电炉、石棉网、镊子、色谱柱。

微生物菌株、土豆、葡萄糖、琼脂、乙酸乙酯、氯仿、丙酮、甲醇、碱式硝酸铋、冰醋酸、碘化钾、生物碱标准品。

四、实验步骤

(1) 配制固体斜面培养基：取 200 g 土豆切成小块，洗净去皮切碎，放入水中煮沸 0.5 h，用纱布过滤除去土豆渣，定容至 1000 mL，再加 20 g 葡萄糖和 20 g 琼脂，充分溶解后分装试管，每试管 5～10 mL(视试管大小而定)，121 ℃灭菌 25 min 后取出试管摆斜面，冷却后储存备用。

(2) 从冰箱中取出 5 株红树林内生真菌，用竹签或接种环接种到新鲜斜面培养基，放入 30 ℃恒温培养箱中培养，进行活化复苏。

(3) 配制液体培养基：同上(不加琼脂)。

(4) 养发酵：把活化的菌株接种到液体培养基，30 ℃静置发酵培养 20 d，观察生长状况。

(5) 提取浓缩：把发酵液通过纱布过滤，分别得到菌体和菌液，菌体加入丙酮并用超声波破碎，菌液用乙酸乙酯萃取，丙酮和乙酸乙酯提取物合并浓缩。用薄层色谱分析。

(6) 柱色谱分离：装柱(粗样和硅胶比例约 1∶10，质量比)，粗样与 200～300 目硅胶拌样(1∶1，质量比)，用氯仿和丙酮混合液洗脱，按氯仿 0%、10%、20%、30%、40%、50%、70%、100%梯度洗脱，最后用甲醇冲柱，收集馏分，浓缩。

(7) 馏分用薄层色谱分析，用碘化铋钾显色，以生物碱标准品作对照。

五、思考题

(1) 碘化铋钾显色的原理是什么?

(2) 柱色谱分离的原理是什么?

六、注意事项

(1) 配制培养基的试管口要塞好，防止染菌。

(2) 接种实验要严格按照无菌操作进行。

(3) 浓缩时旋转蒸发仪要防止掉瓶和倒吸。

实验 55　水溶液体系中自由基光聚转化率的测定

一、实验目的

(1) 了解自由基光聚合的原理。

(2) 了解自由基光聚合的实施过程。

(3) 了解自由基光聚合转化率的测定方法。

二、实验原理

光聚合或光固化技术是在光的作用下，液态的聚合单体和低聚体经过交联聚合而形成固态产物的过程。它具有生产效率高、污染少、节能和固化产物性能优异等特点，是一种环境友好的绿色生产加工技术。光固化体系包括以下三种主要组分：①低聚物(或称预聚物、树脂)，赋予材料基本的物理化学性能；②单体，又称为活性稀释剂，主要用于调节体系的黏度，对固化速率和材料的性能也有影响；③光引发剂，用于产生引发聚合反应的活性种(自由基或阳离子)。

根据光聚合引发活性种的不同,光固化技术可分为自由基光聚合与阳离子光聚合。其中，自由基聚合光固化技术发展相对成熟，阳离子光固化技术出现较晚。虽然阳离子聚合具有单体转化率高、无氧阻等优点，但其固化速率较慢，光固化树脂价格较贵，至今尚未得到广泛的工业化应用。

根据光引发剂产生自由基活性种的机理，光引发剂分为单分子裂解Ⅰ型光引发剂和光敏剂与助引发剂组成的Ⅱ型光引发体系。前者吸收光能后跃迁至激发态，分子发生均裂，产生自由基活性种引发聚合；后者中的光敏剂吸收光能跃迁至激发态，与助引发剂发生光诱导电子转移/氢转移反应，助引发剂上产生自由基活性种引发聚合。

本实验以樟脑醌为光敏剂，对二甲基氨基苯甲酸乙酯为助引发剂，两者组成可见光引发体系，于可见光辐照下引发水溶液中不饱和单体丙烯酰胺发生自由基光聚合，光聚合过程如下：

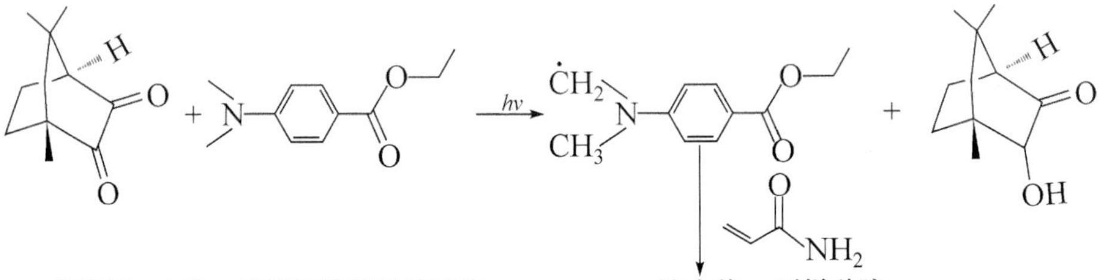

通过对聚合产物进行称量，计算聚合转化率来评价光引发剂的光引发效率。

三、实验用品

试管、150 W 金卤灯、烧杯、高精度天平、滤纸、漏斗、移液器、量筒。

樟脑醌、对二甲基氨基苯甲酸乙酯、丙烯酰胺、甲醇。

四、实验步骤

分别称取 0.02 g 樟脑醌和 0.02 g 对二甲基氨基苯甲酸乙酯置于 50 mL 烧杯中，加入 4 mL 30%(质量分数)丙烯酰胺水溶液，充分溶解得到光聚合前驱液。取三支洁净试管，用移液器分别向其中加入 1 mL 光聚合前驱液，用橡皮塞塞紧管口，置于 150 W 金卤灯下辐照 10 min，使到达样品表面的光强为 20 mW/cm^2。光照结束后，向每支试管中各加入 10 mL 甲醇，使生成的聚丙烯酰胺充分析出，滤纸过滤，再次量取 10 mL 甲醇洗涤产物。真空干燥箱干燥，称量聚合产物质量，称量反应前驱液质量计算聚合单体质量，根据称量结果计算光聚合转化率，取三次实验的平均值。

五、思考题

(1) 光聚合产物用甲醇洗涤后，作为光敏剂的樟脑醌能否被洗掉？助引发剂对二甲基氨基苯甲酸乙酯去了哪里？

(2) 在本实验的条件下，如何进一步提高光聚合转化率？
(3) 烘干后的聚丙烯酰胺牢固黏附于滤纸上，要称量该聚合产物，应如何解决？

实验 56　苯腙基乙酰乙酸乙酯的制备

一、实验目的

(1) 学习和掌握重氮盐制备及偶联反应。
(2) 学习和了解偶氮类化合物的制备方法。

二、实验原理

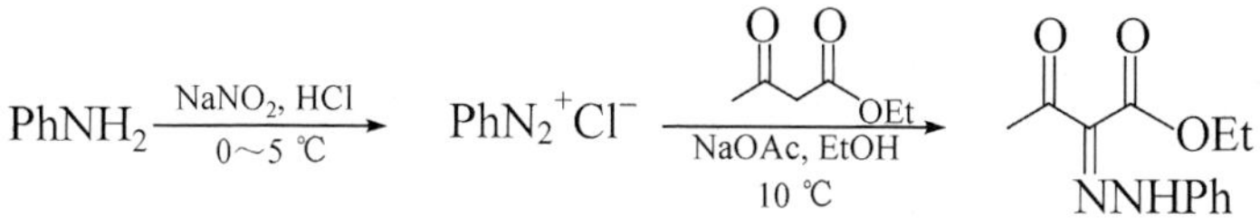

三、实验用品

三颈烧瓶、锥形瓶、温度计、磁力搅拌器。
苯胺、亚硝酸钠、浓盐酸、乙酸钠、乙酰乙酸乙酯、乙醇。

四、实验步骤

将 1.86 g 苯胺加入 100 mL 三颈烧瓶中，再依次加入 21.0 mL 水、6.7 mL 浓盐酸，充分振摇后外置冰盐浴，将反应液冷却到 0 ℃备用。称取 1.40 g 亚硝酸钠，溶于 6.0 mL 水中，将该溶液缓慢滴加至盛有原料的三颈烧瓶中，保持反应温度低于 5 ℃，滴加完毕后继续保温搅拌 20 min。

在 500 mL 烧杯中加入 9.10 g 乙酸钠、16.0 mL 水、62 mL 乙醇和 2.60 g 乙酰乙酸乙酯。烧杯置于冰水浴中冷却至 10 ℃，将上述重氮盐溶液 2 min 内滴入该悬浮液中。滴加完毕，黄色的结晶物开始析出，继续搅拌 20 min，加入几滴水使结晶完全，于室温下放置 20 h。过滤收集晶体，用 1∶1 的乙醇-水洗涤，室温自然风干，得到黄色粉末。产量约 4.20 g，产率 90%，熔点 68～70 ℃。

五、思考题

(1) 制备重氮盐时，盐酸溶液的作用是什么？
(2) 重氮盐的偶联反应中，为什么需要加入大量的乙酸钠？

六、注意事项

(1) 苯胺易氧化变质，本实验所用苯胺需要使用前重新蒸馏。
(2) 制备重氮盐的反应是放热反应，因此反应中需要缓慢滴加亚硝酸钠溶液，并保持溶液温度不高于 5 ℃，否则重氮盐会部分分解，增加副产物。

(3) 重氮盐溶液易被氧化或分解，放置时间不能过长，应现制现用。

实验 57　5-甲基-2-苯基-1,2,3-三唑-4-甲酸的制备

一、实验目的

(1) 学习和掌握 1,2,3-三唑环的环合成方法。

(2) 学习和了解铜催化的氧化反应。

二、实验原理

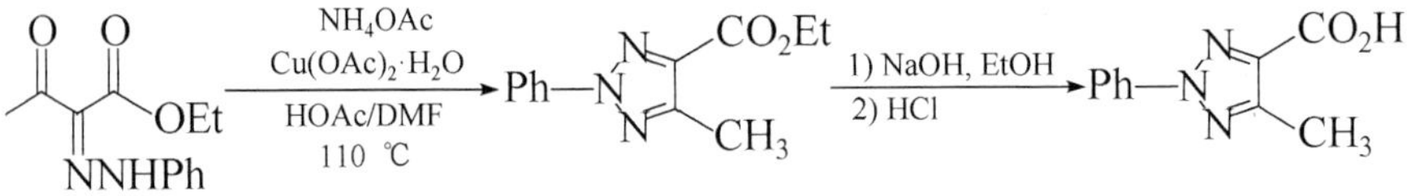

三、实验用品

圆底烧瓶、抽滤瓶、布氏漏斗、分液漏斗。

苯腙基乙酰乙酸乙酯、乙酸铵、水合乙酸铜、冰醋酸、DMF、乙酸乙酯、乙醇、氢氧化钠、10%盐酸、氯化钠饱和溶液、无水硫酸钠。

四、实验步骤

在 25 mL 圆底烧瓶中依次加入 2.34 g 苯腙基乙酰乙酸乙酯、3.08 g 乙酸铵、0.20 g 水合乙酸铜、1.0 mL 冰醋酸和 10.0 mL DMF，搅拌，将烧瓶置于油浴中加热至 110 ℃，搅拌 3 h。反应结束后，待反应液冷却至室温，将其倒入 100 mL 分液漏斗中，加入 30 mL 乙酸乙酯，后用水洗涤三次，再用氯化钠饱和溶液洗涤一次。有机相用无水硫酸钠干燥，滤出干燥剂，有机相常压蒸馏至溶剂蒸干，然后用水泵减压进一步脱除溶剂。在蒸馏后的圆底烧瓶中加入 2 mL 乙醇、10 mL 水、1.0 g 氢氧化钠，回流 1 h。然后冷却至室温，外置冷水浴，滴加 10%盐酸，调节 pH 至 1，有大量白色沉淀析出，过滤，滤渣用水洗涤两次，自然干燥，得白色固体 1.95 g，产率 90%，熔点 202～204 ℃。

五、思考题

(1) 本实验中真实的氧化剂是什么？铜盐的作用是什么？

(2) 若不需要测定 pH，如何判断盐酸已经加入足够量？

六、注意事项

(1) 实验需要搅拌，以促进反应的进行。

(2) 乙酸乙酯尽量除尽，否则需要更多的氢氧化钠。

实验 58　苯甲酸(邻乙酰基)苯酚酯的制备

一、实验目的

学习和掌握酚的酯化方法。

二、实验原理

三、实验用品

圆底烧瓶、磁力搅拌器、电热套、温度计、抽滤瓶、布氏漏斗。

邻羟基苯乙酮、苯甲酰氯、无水吡啶、甲酸、1 mol/L 盐酸。

四、实验步骤

在 25 mL 圆底烧瓶中加入 1.40 g 邻羟基苯乙酮和 1.5 mL 无水吡啶，在搅拌下滴加 1.40 g 苯甲酰氯，约 10 min 加完。将反应体系升高温度至 50 ℃，并保持在此温度下继续搅拌 20 min。把反应物倒入 10 g 冰和 20 mL 盐酸(1 mol/L)的混合物中，搅拌，直至析出固体，将粗产物过滤，并用水洗涤两次。用 15 mL 甲酸和 3 mL 水的混合溶剂重结晶，得无色针状晶体 1.40 g，产率 60%，熔点 85～86 ℃。

五、注意事项

滴加苯甲酰氯要注意控制滴加速度。

实验 59　1-苯基-3-(2-羟基苯基)-1,3-丙二酮的制备

一、实验目的

学习和掌握酮与酯的分子内缩合反应的原理和操作。

二、实验原理

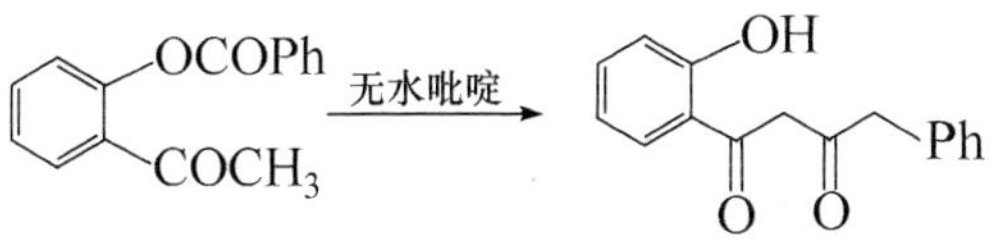

三、实验用品

圆底烧瓶、磁力搅拌器、温度计、电热套、抽滤瓶、布氏漏斗。

苯甲酸(邻乙酰基)苯酚酯、无水吡啶、氢氧化钾、10%乙酸、乙醇。

四、实验步骤

在 25 mL 圆底烧瓶中加入 1.00 g 苯甲酸(邻乙酰基)苯酚酯，溶于 1.2 mL 无水吡啶中，加热至 50 ℃。搅拌下，在 20 min 内分次加入 0.4 g 氢氧化钾粉末，溶液变为深黄色，并析出沉淀。继续搅拌 15 min，然后冷却至室温。加入 7.5 mL 10%乙酸，在冰浴中冷却析出晶体，过滤，用水洗涤两次。固体用乙醇重结晶，得到黄色针状晶体 0.70 g，熔点 118～119 ℃。

五、思考题

(1) 本实验中氢氧化钾的作用是什么?

(2) 本反应还存在哪些副反应?

六、注意事项

氢氧化钾粉末通过片状氢氧化钾研磨得到。该物质极易吸水，吸水后的氢氧化钾对反应影响很大。

实验 60　黄酮体的制备

一、实验目的

掌握和学习黄酮母环的构建方法。

二、实验原理

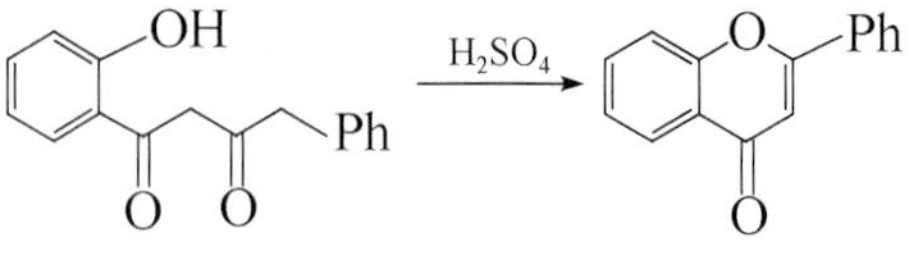

三、实验用品

圆底烧瓶、电热套、布氏漏斗、抽滤瓶。

1-苯基-3-(2-羟基苯基)-1,3-丙二酮、冰醋酸、丙酮、浓硫酸。

四、实验步骤

在 10 mL 圆底烧瓶中加入 0.5 g 1-苯基-3-(2-羟基苯基)-1,3-丙二酮、3.0 mL 冰醋酸，溶解后再滴加 3 滴浓硫酸，加热回流 1 h，反应物由黄色渐渐变为米色。自然冷却至室温，将混合物倒入 15 g 冰中，放置 30 min，有晶体析出。过滤，并用水洗涤固体至不再显酸性。固体用丙酮重结晶，得到白色针状晶体约 0.25 g，产率 55%，熔点 96～97 ℃。

五、思考题

本实验中浓硫酸的作用是什么？可以用哪些试剂替代？

实验 61　对氨基苯丁酸的制备

一、实验目的

(1) 了解对硝基苯丁酸的还原原理及其方法。

(2) 掌握回流、抽滤操作。

二、实验原理

本实验采用对硝基苯丁酸为原料，在加热条件下，以铁粉为还原剂，完成对氨基苯丁酸的制备，反应式如下：

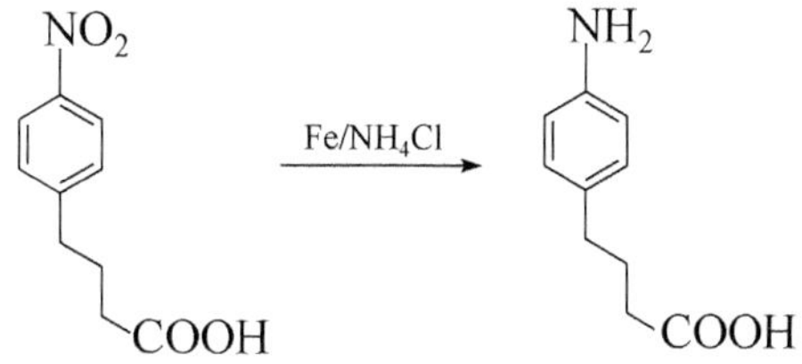

三、实验用品

烧杯、三颈烧瓶、球形冷凝管、温度计(200 ℃)、温度计套管、抽滤瓶、布氏漏斗、电热套、磁力搅拌器、pH 试纸。

对硝基苯丁酸、铁粉、氯化铵、碳酸钠、浓硫酸、浓盐酸。

四、实验步骤

将 10 g 对硝基苯丁酸溶于含 8 g 碳酸钠的 80 mL 水中，制成溶液。

在 250 mL 三颈烧瓶中加入 40 mL 水、13 g 铁粉、4 g 氯化铵、3 mL 浓盐酸，在搅拌下加热回流(110 ℃左右)1 h。缓慢滴加对硝基苯丁酸的碳酸钠溶液，保持温度 95～100 ℃，约 3 min 滴完，保温反应 3 h，停止反应。过滤，滤饼用热水洗，合并滤液。降温至 40 ℃，用浓硫酸调 pH=4～4.5。冷却至 25 ℃以下，过滤烘干并称量。

本实验需 5～6 h。

五、思考题

(1) 氯化铵和浓盐酸有什么作用?
(2) 为什么将对硝基苯丁酸和碳酸钠制成溶液，再进行反应?

六、注意事项

(1) 浓硫酸具有腐蚀性，使用时应小心。
(2) 滴加溶液时应当均匀缓慢滴加。

实验 62　对氨基苯丁酸乙酯的制备

一、实验目的

(1) 学习羧酸酯化反应的原理。
(2) 了解酯化反应中反应条件的选择与控制。
(3) 掌握薄层色谱操作及其应用。

二、实验原理

对氨基苯丁酸在强酸性条件下与乙醇发生酯化反应，生成对氨基苯丁酸乙酯，反应式如下：

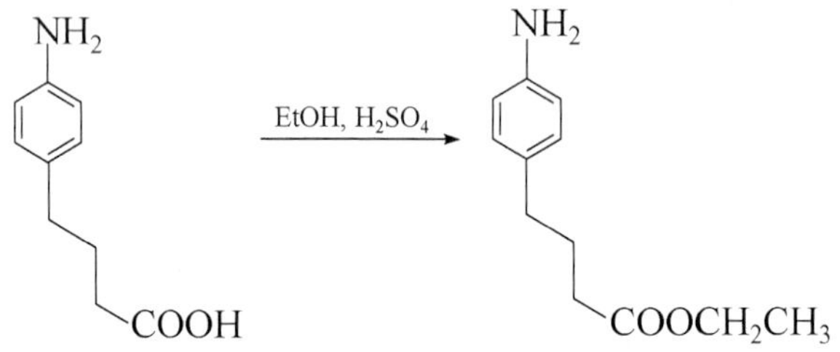

反应机理：

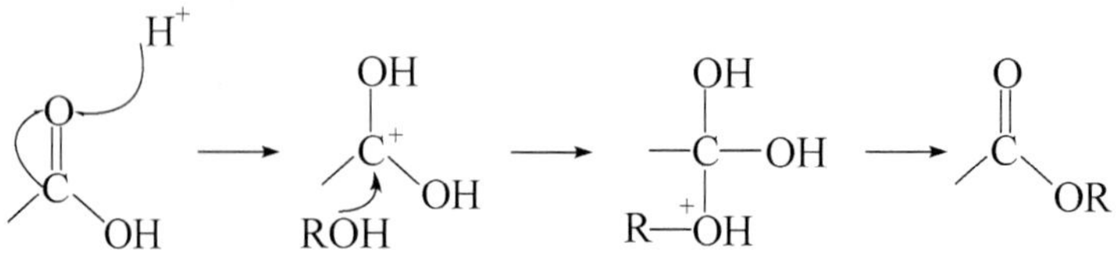

三、实验用品

烧杯、圆底烧瓶、球形冷凝管、电热套、磁力搅拌器、温度计(200 ℃)、温度计套管、抽滤瓶、布氏漏斗、pH 试纸。

对氨基苯丁酸、无水乙醇、浓硫酸、浓氨水。

四、实验步骤

在 250 mL 圆底烧瓶中加入 7 g 对氨基苯丁酸及 26 mL 无水乙醇，在搅拌下滴入 3.9 mL 浓硫酸，加热回流(110 ℃)5 h。冷却至室温后，用浓氨水调节 pH 至中性，有白色晶体析出，抽滤，晾干并称量。

本实验约需 6 h。

五、思考题

(1) 酯化反应结束后，为什么用浓氨水而不用氢氧化钠溶液中和反应?

(2) 说明浓硫酸在其中的作用，并思考有无替代品。

六、注意事项

(1) 反应需严格控制温度。

(2) 浓硫酸具有腐蚀性，使用时应小心。

(3) 浓氨水具有强烈的刺激性气味，而且对人体器官有一定危害，需在通风橱中使用。

实验 63　*N*,*N*-二(2-羟乙基)氨基苯丁酸乙酯的合成

一、实验目的

(1) 学习 *N*,*N*-二(2-羟乙基)氨基苯丁酸乙酯的合成方法。

(2) 学习柱层析纯化的原理及色谱柱的使用。

二、实验原理

环氧乙烷在酸的催化下开环，常温下就可以与苯胺(对氨基苯丁酸乙酯)反应。以乙酸和水体积比 4∶1 的混合液作反应体系，少量多次加入环氧乙烷。反应式如下：

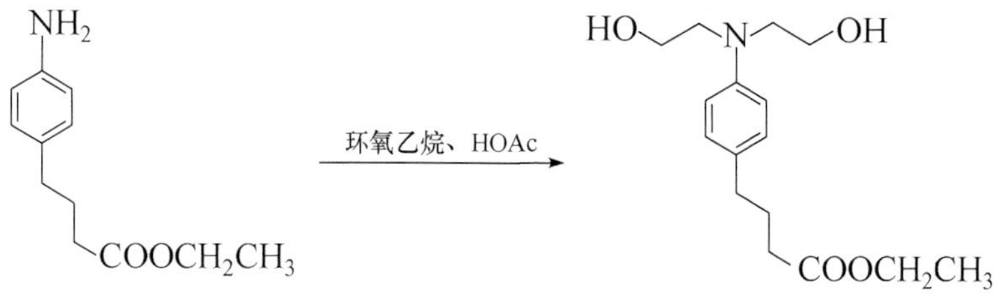

反应机理：

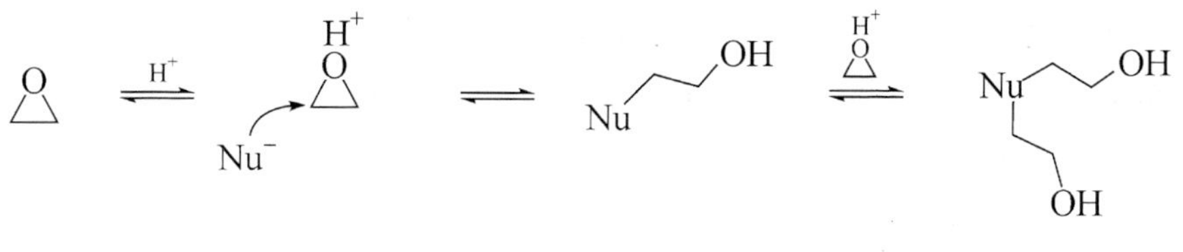

三、实验用品

圆底烧瓶、柱层析硅胶(100～200 目、200～300 目)、薄层层析硅胶 GF_{254}(10～40 μm)、254 nm 紫外灯、分液漏斗、烧杯、pH 试纸。

对氨基苯丁酸乙酯、25%乙酸、环氧乙烷、无水碳酸钠、无水硫酸镁、氯仿、乙酸乙酯。

四、实验步骤

在 100 mL 圆底烧瓶中加入 5 g 对氨基苯丁酸乙酯及 30 mL 25%乙酸，搅拌下分多次加入环氧乙烷，室温下反应，反应体系由无色变为浅黄色。TLC 检测反应完全($CHCl_3$-EtOAc，体积比 1∶1)后，倒入烧杯中，用无水碳酸钠将溶液调至弱碱性(无 CO_2 气体放出)，用乙酸乙酯萃取三次，合并萃取液并用无水硫酸镁干燥，过滤后减压蒸干，粗产物用柱层析纯化($CHCl_3$-EtOAc，体积比 2∶1)，得褐色油状液体。

五、思考题

(1) 柱层析纯化的原理是什么?

(2) 为什么将溶液调为弱碱性?

(3) 除了用无水硫酸镁干燥，还可以用哪些干燥剂干燥?

六、注意事项

(1) 环氧乙烷沸点低，常温下呈气态，故存放注意密封。

(2) 少量多次加入环氧乙烷，在密闭体系中反应，直至 TLC 检测反应完全。

实验 64　苯丁酸氮芥的制备

一、实验目的

(1) 学习苯丁酸氮芥的制备。

(2) 掌握柱层析纯化的原理及色谱柱的使用。

二、实验原理

醇的氯代反应中，使用的试剂有 PCl_3、$POCl_3$、Cl_2、$SOCl_2$、$SiCl_4$ 及 $HCl/ZnCl_2$ 等。但综合考虑实验操作的难易、试剂来源及反应产率等方面的因素，人们通常以 $POCl_3$ 和 $SOCl_2$ 为氯代试剂。童荣标等经过多次实验发现，$POCl_3$ 作氯代试剂比 $SOCl_2$ 的产率高。同时，为了使 *N*，*N*-二(2-羟乙基)氨基苯丁酸乙酯充分反应，加入了大大过量的 $POCl_3$。反应式如下：

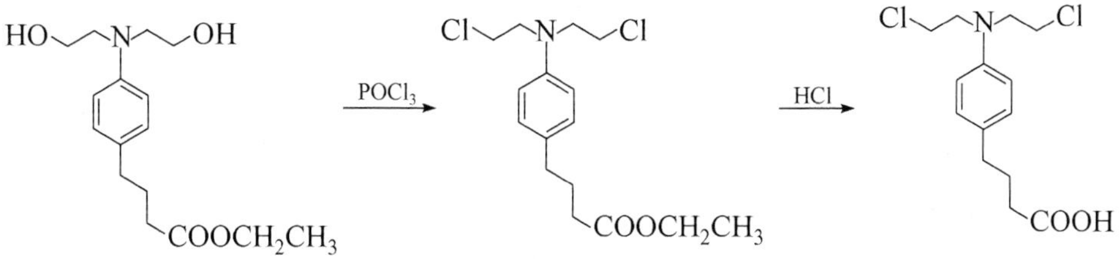

反应机理：

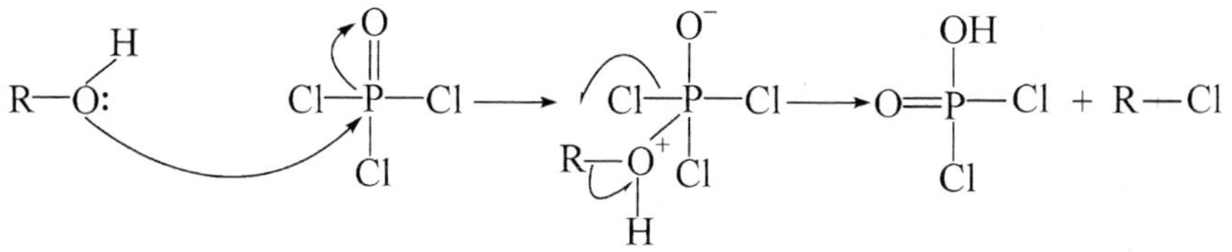

三、实验用品

烧杯、圆底烧瓶、干燥管、温度计、柱层析硅胶(100～200 目、200～300 目)、薄层层析硅胶 GF_{254}(10～40 μm)、254 nm 紫外灯、分液漏斗、烧杯、pH 试纸。

N, *N*-二(2-羟乙基)氨基苯丁酸乙酯、三氯氧磷、浓盐酸、浓氨水、氯仿、乙酸乙酯。

四、实验步骤

在 50 mL 圆底烧瓶中加入 5 g *N*, *N*-二(2-羟乙基)氨基苯丁酸乙酯置于冰盐浴中，边搅拌边慢慢滴加 6 mL 三氯氧磷，加干燥管，搅拌 1 h 后，改用 80 ℃水浴加热，直到 TLC 检测原料的点消失(约 4 h)，停止加热。

反应体系冷却至室温后，缓慢加入 16 mL 浓盐酸，加热回流(约 5 h)，用 TLC 检测反应完全($CHCl_3$-EtOAc，体积比 5∶1)，放置过夜后倒入烧杯中，缓慢加入少量水，加浓氨水调节 pH=6～7 时有固体析出，抽滤，晾干得粉色粗产物，再经柱层析纯化($CHCl_3$-EtOAc，体积比 1∶1)，得白色针状结晶，称量。

本实验约需 8 h。

五、思考题

(1) 根据化学平衡原理说明为什么要加入过量的三氯氧磷？

(2) 加入浓盐酸和浓氨水有什么目的？

六、注意事项

(1) 三氯氧磷是一种无色透明带刺激性臭味的液体，强烈发烟，有吸湿性。遇水和乙醇分解发热。相对密度(25 ℃)1.675，熔点 1.25 ℃，沸点 105.8 ℃。中等毒性，半数致死量(大鼠，经口)380 mg/kg。

(2) 使用三氯氧磷和浓氨水需在通风橱中进行。

参 考 文 献

高鸿宾. 1999. 有机化学. 北京: 高等教育出版社.

兰州大学, 复旦大学化学系有机化学教研室. 1994. 有机化学实验. 2 版. 北京: 高等教育出版社.

李文婷，车振明，罗梦莹. 2011. 超临界 CO_2 萃取绿茶中茶多酚工艺的研究. 食品工业, 7: 22-24.

刘红, 郭祀远, 肖凯军, 等. 2006. 超临界 CO_2 萃取益智油及益智油的抗氧化活性. 华南理工大学学报(自然科学版)，34(3): 54-57.

曾昭琼. 2000. 有机化学实验. 3 版. 北京: 高等教育出版社.

周科衍, 高占先. 1996. 有机化学实验. 3 版. 北京: 高等教育出版社.

J. A.米勒, E.F.诺齐尔. 1987. 现代有机化学实验. 董庭威等译. 上海: 上海翻译出版公司.

附　　录

附录 1　有机化合物手册中常见的英文缩写

缩写	英文名	中文名
1,5-HD	1,5-hexadienyl	1,5-己二烯
9-BBN	9-borabicyclo[3.3.1]nonane	9-硼二环[3.3.1]壬烷
Ac	acetyl	乙酰基
acac	acetylacetonate	乙酰丙酮基
AIBN	azo-bis-isobutryonitrile	2,2′-二偶氮异丁腈
aq.	aqueous	水溶液
BINAP	(2*R*,3*S*)-2,2′-bis(diphenylphosphino)-1,1′-binaphthyl	(2*R*,3*S*)-2,2′-双(二苯基膦基)-1,1′-联萘，简称联萘二苯磷
Bn	benzyl	苄基
BOC	*t*-butoxycarbonyl	叔丁氧羰基(常用于氨基酸氨基的保护)
Bpy	(bipy) 2,2′-bipyridyl	2,2′-联吡啶
Bu	*n*-butyl	正丁基
Bz	benzoyl	苯甲酰基
c-	cyclo	环-
CAN	ceric ammonium nitrate	硝酸铈铵
Cat.	catalytic	催化
CBz	carbobenzyloxy	苄氧羰基
COT	1,3,5-cyclooctatrienyl	1,3,5-环辛四烯
Cp	cyclopentadienyl	环戊二烯基
CSA	10-camphorsulfonic acid	樟脑磺酸
CTAB	cetyltrimethylammonium bromide	十六烷基三甲基溴化铵
Cy	cyclohexyl	环己基
Dba	dibenzylidene acetone	苄叉丙酮
DBE	1,2-dibromoethane	1,2-二溴乙烷
DBN	1,8-diazabicyclo[5.4.0]non-7-ene	1,8-二氮-二环[5.4.0]-7-壬烯
DBU	1,5-diazabicyclo[4.3.0]undec-5-ene	1,5-二氮-二环[4.3.0]-5-十一烯
DCC	1,3-dicyclohexylcarbodiimide	1,3-二环己基碳化二亚胺
DCE	1,2-dichloroethane	1,2-二氯乙烷
DDQ	2,3-dichloro-5,6-dicyano-1,4-benzoquinone	2,3-二氯-5,6-二氰-1,4-苯醌

续表

缩写	英文名	中文名
de %	diasteromeric excess	非对映体过量百分比
DEA	diethylamine	二乙胺
DEAD	diethyl azodicarboxylate	偶氮二甲酸二乙酯
Dibal-H	diisobutylaluminum hydride	二异丁基氢化铝
diphos (dppe)	1,2-bis(diphenylphosphino)ethane	1,2-双(二苯基膦基)乙烷
diphos-4 (dppb)	1,4-bis(diphenylphosphino)butane	1,2-双(二苯基膦基)丁烷
DMAP	4-dimethylaminopyridine	4-二甲氨基吡啶
DME	dimethoxyethane	二甲醚
DMF	*N,N'*-dimethylformamide	*N,N'*-二甲基甲酰胺
dppf	bis(diphenylphosphino)ferrocene	双(二苯基膦基)二茂铁
dppp	1,3-bis(diphenylphosphino)propane	1,3-双(二苯基膦基)丙烷
Dvb	divinylbenzene	二乙烯苯
EDA (en)	ethylenediamine	乙二胺
EDTA	ethylenediaminetetraacetic acid	乙二胺四乙酸
EE	1-ethoxyethyl	1-乙氧基乙基
ee %	enantiomeric excess	对映体过量百分比
Et	ethyl	乙基
FMN	flavin mononucleotide	黄素单核苷酸
Fp	flash point	闪点
FVP	flash vacuum pyrolysis	闪式真空热解法
h	hour	小时
HMPA	hexamethylphosphoramide	六甲基磷酸三胺
HMPT	hexamethylphosphorus triamide	六甲基磷酰胺
$h\nu$	irradiation with light	光照
iP	isopropyl	异丙基
LAH	lithium aluminum hydride	氢化铝锂
LDA	lithium diisopropylamide	二异丙基氨基锂
LHMDS	lithium hexamethyldisilazide	六甲基二硅氮烷锂盐
LTBA	lithium tri-tert-butoxyaluminum hydride	三叔丁基氢化铝锂
mCPBA	meta-cholorperoxybenzoic acid	间氯过氧苯甲酸
Me	methyl	甲基
MEM	2-methoxyethoxymethyl	2-甲氧基乙氧基甲基
min	minute	分钟
MOM	methoxymethyl	甲氧基甲基
Ms	methanesulfonyl	甲基磺酰基

续表

缩写	英文名	中文名
MS	molecular sieves	分子筛
MTM	methylthiomethyl	二甲硫醚
Naphth	naphthyl	萘基
NBD	norbornadiene	二环庚二烯
NBS	*N*-bromosuccinimide	*N*-溴代丁二酰亚胺
NCS	*N*-chlorosuccinimide	*N*-氯代丁二酰亚胺
Ni(R)	Raney Nickel	雷尼镍
NMO	*N*-methyl morpholine-*N*-oxide	*N*-甲基氧化吗啉
PCC	pyridinium chlorochromate	吡啶氯铬酸盐
PEG	polyethylene glycol	聚乙二醇
Ph	phenyl	苯基
PhH	benzene	苯
PhMe	toluene	甲苯
Phth	phthaloyl	邻苯二甲酰
Pip	piperidyl	哌啶基
Py	pyridine	吡啶
sBu	sec-butyl	仲丁基
sBuLi	sec-butyl lithium	仲丁基锂
TBAF	tetrabutyl ammonium fluoride	四丁基氟化铵
TBHP	*t*-butylhydroperoxide	过氧叔丁醇
TBS	*t*-butyldimethylsilyl	叔丁基二甲基硅烷基
t-Bu	tert-butyl	叔丁基
TEBA	triethylbenzyl ammonium	三乙基苄基铵
TFA	trifluoroacetic acid	三氟乙酸
TFAA	trifluoroacetic anhydride	三氟乙酸酐
THF	tetrahydrofuran	四氢呋喃
THP	tetrahydropyranyl	四氢吡喃基
TMEDA	tetramethylethylene diamine	四甲基乙二胺
TMP	2,2,6,6-tetramethyl piperidine	2,2,6,6-四甲基哌啶
TMS	trimethylsilyl	三甲基硅烷基
Tol	tolyl	甲苯基
Tr	trityl	三苯基
TRIS	triisopropylphenylsulfonyl	三异丙基苯基磺酰
Ts	*p*-toluenesulfonyl	对甲苯磺酰基

附录 2　化学试剂纯度与分级标准

中文	英文	缩写或简称
优级纯试剂	guaranteed reagent	GR
分析纯试剂	analytical reagent	AR
化学纯试剂	chemical pure	CP
实验试剂	laboratory reagent	LR
纯	pure	Purum Pur
高纯物质(特纯)	extra pure	EP
特纯	purissimum	Puriss
超纯	ultra pure	UP
精制	purifed	Purif
分光纯	ultra violet pure	UV
光谱纯	spectrum pure	SP
闪烁纯	scintillation pure	
研究级	research grade	
生化试剂	biochemical	BC
生物试剂	biological reagent	BR
生物染色剂	biological stain	BS
生物学用	for biological purpose	FBP
组织培养用	for tissue medium purpose	
微生物用	for microbiological	FMB
显微镜用	for microscopic purpose	FMP
电子显微镜用	for electron microscopy	
涂镜用	for lens blooming	FLB
工业级	technical grade	Tech
实习用	practical use	Pract

附录 3　一些特殊试剂的配制

试剂	浓度/(mol/L)	配制方法
三氯化铋 $BiCl_3$	0.1	溶解 31.6 g $BiCl_3$ 于 330 mL 6 mol/L HCl 中,加水稀释至 1 L
三氯化锑 $SbCl_3$	0.1	溶解 22.8 g $SbCl_3$ 于 330 mL 6 mol/L HCl 中,加水稀释至 1 L
氯化亚锡 $SnCl_2$	0.1	溶解 22.6 g $SnCl_2 \cdot 2H_2O$ 于 330 mL mol/L HCl 中，加水稀释至 1 L，加入数粒纯锡，以防氧化

续表

试剂	浓度/(mol/L)	配制方法
硝酸汞 $Hg(NO_3)_2$	0.1	溶解 33.4 g $Hg(NO_3)_2 \cdot H_2O$ 于 0.6 mol/L HNO_3 中，加水稀释至 1 L
硝酸亚汞 $Hg_2(NO_3)_2$	0.1	溶解 56.1g $Hg_2(NO_3)_2 \cdot 2H_2O$ 于 0.6 mol/L HNO_3 中，加水稀释至 1L，并加入少许金属汞
碳酸铵 $(NH_4)_2CO_3$	1	96 g 研细的$(NH_4)_2CO_3$溶于 1 L 2 mol/L 氨水
硫酸铵 $(NH_4)_2SO_4$	饱和	50 g$(NH_4)_2SO_4$溶于 100 mL 热水，冷却后过滤
硫酸亚铁 $FeSO_4$	0.5	溶解 69.5 g $FeSO_4 \cdot 7H_2O$ 于适量水中，加入 5 mL 18 mol/L H_2SO_4，再用水稀释至 1 L，置入数枚小铁钉
六羟基锑酸钠 $Na[Sb(OH)_6]$		溶解 12.2 g 锑粉于 50 mL 浓 HNO_3 中微热，使锑粉全部作用成白色粉末，用倾析法洗涤数次，再加入 50 mL 6 mol/L NaOH，使其溶解，稀释至 1 L
六硝基钴酸钠 $Na_3[Co(NO_2)_6]$	0.1	溶解 230 g $NaNO_2$ 于 500 mL 水中，加入 165 mL 6 mol/L HAc 和 30 g $Co(NO_3)_2 \cdot 6H_2O$ 放置 24 h，取其清液，稀释至 1 L，并保存在棕色瓶中。此溶液应呈橙色，若变成红色，表示已分解，应重新配制
硫化钠 Na_2S	2	溶解 240 g $Na_2S \cdot 9H_2O$ 和 40 g NaOH 于水中，稀释至 1 L
钼酸铵 $(NH_4)_6Mo_7O_{24} \cdot 4H_2O$	0.1	溶解 124 g$(NH_4)_6Mo_7O_{24} \cdot 4H_2O$ 于 1 L 水中，将所得溶液倒入 1 L 6 mol/L HNO_3 中，放置 24 h，取其澄清液
硫化铵 $(NH_4)_2S$	3	取一定量氨水，将其均分为两份，往其中一份通 H_2S 至饱和，然后与另一份氨水混合
铁氰化钾 $K_3[Fe(CN)_6]$		取铁氰化钾 0.7～1 g 溶解于水，稀释至 100 mL(使用前临时配制)
铬黑 T		将铬黑 T 和烘干的 NaCl 按 1：100(质量比)研细，混合均匀，储于棕色瓶中
二苯胺		将 1 g 二苯胺在搅拌下溶于 100 mL 1.84 g/cm^3 H_2SO_4 或 100 mL 1.70 g/cm^3 H_3PO_4 中(该溶液可保存较长时间)
镍试剂		溶解 10 g 镍试剂(二乙酰二肟)于 1 L 95%乙醇中
镁试剂		溶解 0.01 g 镁试剂于 1 L 1 mol/L NaOH 溶液中
铝试剂		1 g 铝试剂溶于 1 L 水中
镁铵试剂		将 100 g $MgCl_2 \cdot 6H_2O$ 和 100 g NH_4Cl 溶于水中，加 50 mL 浓氨水，用水稀释至 1 L
奈氏试剂		溶解 115 g HgI_2 和 80 g KI 于水中，稀释至 500 mL，加入 500 mL 6 mol/L NaOH 溶液，静置后，取其清液，保存在棕色瓶中
五氰氧氮合铁(Ⅲ)酸钠 $Na_2[Fe(CN)_5NO]$		溶解 10 g 亚硝酰铁氰酸钠于 100 mL 水中，保存于棕色瓶内，如果溶液变绿就不能用

续表

试剂	浓度/(mol/L)	配制方法
格里斯试剂		①在加热下溶解 0.5 g 对氨基苯磺酸于 50 mL 30% HAc 中，置于暗处保存；②将 0.4 g 1-萘胺与 100 mL 水混合煮沸，再从蓝色渣滓中倾出的无色溶液中加入 6 mL 80% HAc；③使用前将①、②两液等体积混合
打萨宗（二苯缩氨硫脲）		溶解 0.1 g 打萨宗于 1 L CCl_4 或 $CHCl_3$ 中
甲基红		1 L 60%乙醇中溶解 2 g 甲基红
甲基橙	0.1%	1 L 水中溶解 1 g 甲基橙
酚酞		1 L 90%乙醇中溶解 1 g 酚酞
溴甲酚蓝(溴甲酚绿)		0.1 g 该指示剂与 2.9 mL 0.05 mol/L NaOH 一起搅匀，用水稀释至 250 mL；或 1 L 20%乙醇中溶解 1 g 该指示剂
石蕊		2 g 石蕊溶于 50 mL 水中，静置一昼夜后过滤。在滤液中加 30 mL 95%乙醇，再加水稀释至 100 mL
氯水		在水中通入氯气直至饱和，该溶液使用时临时配制
溴水		在水中滴入液溴至饱和
碘水	0.01%	溶解 1.3 g I_2 和 5 g KI 于尽可能少量的水中，加水稀释至 1 L

附录 4　常用酸碱浓度与密度

1. 盐酸

HCl 质量分数/%	相对密度 d_4^{20}	100 mL 水中含 HCl 的质量/g	HCl 质量分数/%	相对密度 d_4^{20}	100 mL 水中含 HCl 的质量/g
1	1.0032	1.002	22	1.1083	24.38
2	1.0082	2.006	24	1.1187	26.85
4	1.0181	4.007	26	1.1290	29.35
6	1.0279	6.167	28	1.1392	31.90
8	1.0376	8.301	30	1.1492	34.48
10	1.0474	10.47	32	1.1593	37.10
12	1.0574	12.69	34	1.1691	39.75
14	1.0675	14.95	36	1.1789	42.44
16	1.0776	17.24	38	1.1885	45.16
18	1.0878	19.58	40	1.1980	47.92
20	1.0980	21.96			

2. 硫酸

H_2SO_4 质量分数/%	相对密度 d_4^{20}	100 mL 水中含 H_2SO_4 的质量/g	H_2SO_4 质量分数/%	相对密度 d_4^{20}	100 mL 水中含 H_2SO_4 的质量/g
1	1.0051	1.005	65	1.5533	101.0
2	1.0118	2.024	70	1.6105	112.7
3	1.0184	3.055	75	1.6692	125.2
4	1.0250	4.100	80	1.7272	138.2
5	1.0371	5.159	85	1.7786	151.2
10	1.0661	10.66	90	1.8144	163.3
15	1.1020	16.53	91	1.8195	165.6
20	1.1394	22.79	92	1.8240	167.8
25	1.1783	29.46	93	1.8279	170.2
30	1.2185	36.56	94	1.8312	172.1
35	1.2599	44.10	95	1.8337	174.2
40	1.3028	52.11	96	1.8355	176.2
45	1.3476	60.64	97	1.8364	178.1
50	1.3951	69.76	98	1.8361	179.9
55	1.4453	79.49	99	1.8342	181.6
60	1.4983	89.90	100	1.8305	183.1

3. 硝酸

HNO_3 质量分数/%	相对密度 d_4^{20}	100 mL 水中含 HNO_3 的质量/g	HNO_3 质量分数/%	相对密度 d_4^{20}	100 mL 水中含 HNO_3 的质量/g
1	1.0036	1.004	65	1.3913	90.43
2	1.0091	2.018	70	1.4134	98.94
3	1.0146	3.044	75	1.4337	107.5
5	1.0256	5.128	85	1.4686	124.8
10	1.0543	10.54	90	1.4826	133.4
15	1.0842	16.26	91	1.4850	135.1
20	1.0050	22.30	92	1.4873	136.8
25	1.1469	28.67	93	1.4892	138.5
30	1.1800	35.40	94	1.4912	140.2
35	1.2140	42.49	95	1.4932	141.9
40	1.2463	49.85	96	1.4952	143.5
45	1.2783	57.52	97	1.4974	145.2
50	1.3100	65.50	98	1.5008	147.1
55	1.3393	73.66	99	1.5056	149.1
60	1.3667	82.00	100	1.5129	15.3

4. 氢溴酸

HBr 质量分数/%	相对密度 d_4^{20}	100 mL 水中含 HBr 的质量/g	HBr 质量分数/%	相对密度 d_4^{20}	100 mL 水中含 HBr 的质量/g
10	1.0723	10.7	45	1.4446	65.0
20	1.1579	23.2	50	1.5173	75.8
30	1.2580	37.7	55	1.5953	87.7
35	1.3150	46.0	60	1.6787	100.7
40	1.3772	56.1	65	1.7675	114.9

5. 氢碘酸

HI 质量分数/%	相对密度 d_4^{20}	100 mL 水中含 HI 的质量/g	HI 质量分数/%	相对密度 d_4^{20}	100 mL 水中含 HI 的质量/g
20.77	1.1578	24.4	56.78	1.6998	96.6
31.77	1.2962	41.2	61.97	1.8218	112.8
42.7	1.4489	61.9			

6. 乙酸

CH_3COOH 质量分数/%	相对密度 d_4^{20}	100 mL 水中含 CH_3COOH 的质量/g	CH_3COOH 质量分数/%	相对密度 d_4^{20}	100 mL 水中含 CH_3COOH 的质量/g
1	0.9996	0.9996	65	1.0666	69.33
2	2.002	2.002	70	1.0685	74.88
3	3.008	3.008	75	1.0696	80.22
4	4.016	4.016	80	1.0700	85.60
5	5.028	5.028	85	1.0689	90.86
10	10.13	10.13	90	1.0661	95.95
15	15.29	15.29	91	1.0652	96.93
20	20.53	20.53	92	1.0643	97.92
25	25.82	25.82	93	1.0632	98.88
30	31.15	31.15	94	1.0619	99.82
35	36.53	36.53	95	1.0605	100.7
40	1.0488	41.95	96	1.0588	101.6
45	1.0534	47.40	97	1.0570	102.5
50	1.0575	52.88	98	1.0549	103.4
55	1.0611	58.36	99	1.0542	104.2
60	1.0642	63.85	100	1.0498	105.0

7. 氢氧化钠

NaOH 质量分数/%	相对密度 d_4^{20}	100 mL 水中含 NaOH 的质量/g	NaOH 质量分数/%	相对密度 d_4^{20}	100 mL 水中含 NaOH 的质量/g
1	1.0095	1.010	26	1.2848	33.40
2	1.0207	2.041	28	1.3064	36.58
4	1.0428	4.171	30	1.3279	39.84
6	1.0648	6.389	32	1.3490	43.17
8	1.1089	8.695	34	1.3696	46.57
10	1.1089	11.09	36	1.3900	50.04
12	1.1309	13.57	38	1.4101	53.58
14	1.1530	16.14	40	1.4300	57.20
16	1.1751	18.80	42	1.4494	60.87
18	1.1972	21.55	44	1.4685	64.61
20	1.2191	24.38	46	1.4873	68.42
22	1.24411	27.30	48	1.5065	72.31
24	1.26299	30.31	50	1.5253	76.27

8. 碳酸钠

Na_2CO_3 质量分数/%	相对密度 d_4^{20}	100 mL 水溶解中含 Na_2CO_3 的质量/g	Na_2CO_3 质量分数/%	相对密度 d_4^{20}	100 mL 水溶解中含 Na_2CO_3 的质量/g
1	1.0086	1.009	12	1.1244	13.49
2	1.0190	2.038	14	1.1463	16.05
4	1.0398	4.159	16	1.1682	18.55
6	1.0606	6.364	18	1.1905	21.33
8	1.0816	8.653	20	1.2132	24.26
10	1.1029	11.03			

附录 5　常用有机溶剂的沸点和相对密度

名称	沸点/℃	相对密度 d_4^{20}
甲醇	64.96	0.7914
乙醇	78.5	0.7893
正丁醇	117.25	0.8098
乙醚	34.51	0.7138
丙酮	56.2	0.7899
乙酸	117.9	1.0492
乙酸酐	139.55	1.0820

续表

名称	沸点/℃	相对密度 d_4^{20}
乙酸乙酯	77.06	0.9003
乙酸甲酯	57.00	0.9330
丙酸甲酯	79.85	0.9150
丙酸乙酯	99.10	0.8917
二氧六环	101.1	1.0337
苯	80.10	0.8787
甲苯	110.6	0.8669
二甲苯	140.0	—
硝基苯	210.8	1.2037
氯苯	132.0	1.1058
氯仿	61.70	1.4832
四氯化碳	76.54	1.5940
二硫化碳	46.25	1.2632
乙腈	81.60	0.7854
二甲亚砜	189.0	1.1014
二氯甲烷	40.00	1.3266
1,2-二氯乙烷	83.47	1.2351

附录 6　冷浴用的冰-盐混合物

浴温/℃	盐类及用量/g
−4.0	$CaCl_2 \cdot 6H_2O$(20 g)
−9.0	$CaCl_2 \cdot 6H_2O$(41 g)
−21.5	$CaCl_2 \cdot 6H_2O$(81 g)
−40.3	$CaCl_2 \cdot 6H_2O$(124 g)
−54.9	$CaCl_2 \cdot 6H_2O$(143 g)
−21.3	NaCl(33 g)
−17.7	$NaNO_3$(50 g)
−0.0	NH_4Cl(20 g)+NaCl(40 g)
−30.6	NH_4NO_3(32 g)+NH_4CNS(59 g)
−30.2	NH_4Cl(13 g)+$NaNO_3$(37.5 g)
−34.1	KNO_3(2 g)+KCNS(112 g)
−37.4	NH_4CNS(39.5 g)+$NaNO_3$(54.4 g)
−40	NH_4NO_3(42 g)+NaCl(42 g)

附录 7　常用加热用液体介质及其性质

序号	名称	熔点/℃	沸点/℃	使用的温度范围/℃	黏度/(mPa · s)
1	乙二醇	−12.3	197.2	−10～180	21.0(20 ℃)
2	润滑油	—	—	20～175	30.0(80 ℃)
3	萘($C_{10}H_8$)	80.2	217.9	80～200	0.776(100 ℃)
4	导热姆 A(73.5%二苯氧化物，26.5%联苯)	12.1	260.0	15～225	1.0(100 ℃)
5	三甘醇	−5.0	287.4	0～250	47.8(20 ℃)
6	80%H_3PO_4，20%HPO_3	<20.0	—	20～250	—
7	硅油	−48	—	−40～250	—
8	甘油(丙三醇)	—	290.0	−20～260	1069.0(20 ℃)
9	二丙甲酮	48.1	305.9	50～275	4.79(55 ℃)
10	硫酸	10.5	330.0	20～300	—
11	石蜡	约 50.0	—	60～300	—
12	蓖麻油	约 60.0	约 350.0	60～320	—
13	66.7% H_3PO_4, 33.3% H_3PO_3	—	—	125～340	—
14	汞	−38.9	356.58	−35～350	1.5(20 ℃)
15	四甲基硅酸酯	<−48.0	436.0～441.0	20～400	—
16	硫	112.8	444.6	120～400	7.1(150 ℃)
17	51.3% KNO_3, 48.7% $NaNO_3$	219.0	—	230～500	—
18	40% $NaNO_2$, 7% $NaNO_3$, 53% KNO_3	219.0	—	230～500	—
19	铅	327.4	1613.0	350～800	2.58(350 ℃)
20	焊锡(50% Pb, 50% Sn)	225.0	—	250～800	—
21	40% NaOH, 60% KOH	167.0	—	200～1000	—

附录 8　常见恒沸混合物的组成和恒沸点

组分名称		沸点/℃			质量分数/%	
Ⅰ	Ⅱ	Ⅰ	Ⅱ	混合物	Ⅰ	Ⅱ
水	乙醇	100.0	78.4	78.1	4.5	95.5
水	正丙醇	100.0	97.2	87.7	28.3	71.7
水	异丙醇	100.0	82.5	80.4	12.1	87.9
水	正丁醇	100.0	117.8	92.4	38.0	62.0
水	异丁醇	100.0	108.0	90.0	33.2	66.8

续表

组分名称		沸点/℃			质量分数/%	
Ⅰ	Ⅱ	Ⅰ	Ⅱ	混合物	Ⅰ	Ⅱ
水	仲丁醇	100.0	99.5	88.5	32.1	67.9
水	叔丁醇	100.0	82.8	79.9	11.7	88.3
水	正戊醇	100.0	137.8	96.0	54.0	46.0
水	2-甲基-1-丁醇	100.0	131.4	95.2	49.6	50.4
水	2-甲基-2-丁醇	100.0	102.3	87.4	27.5	72.5
水	2-戊醇	100.0	119.3	92.5	38.5	61.5
水	3-戊醇	100.0	115.4	91.7	36.0	64.0
水	正己醇	100.0	157.9	97.8	75.0	25.0
水	正庚醇	100.0	176.2	98.7	83.0	17.0
水	正辛醇	100.0	195.2	99.4	90.0	10.0
水	烯丙醇	100.0	97.0	88.2	27.1	72.9
水	苯甲醇	100.0	205.2	99.9	91.0	9.0
水	糠醇	100.0	169.4	98.5	80.0	20.0
水	苯	100.0	80.2	69.3	8.9	91.1
水	甲苯	100.0	110.8	84.1	19.6	80.4
水	二氯乙烷	100.0	83.7	72.0	8.3	91.7
水	二氯丙烷	100.0	96.8	78.0	12.0	88.0
水	乙醚	100.0	34.5	34.2	1.3	98.7
水	二异丙醚	100.0	68.4	62.2	4.5	95.5
水	乙基正丙基醚	100.0	63.6	59.5	4.0	96.0
水	二异丁基醚	100.0	122.2	88.6	23.0	77.0
水	二异戊基醚	100.0	172.6	97.4	54.0	46.0
水	二苯醚	100.0	259.3	99.3	96.8	3.2
水	苯乙醚	100.0	170.4	97.3	59.0	41.0
水	苯甲醚	100.0	153.9	95.5	40.5	59.5
水	间苯二酚二乙醚	100.0	235.0	99.7	91.0	9.0
水	甲酸正丙酯	100.0	80.9	71.9	3.6	96.4
水	甲酸正丁酯	100.0	106.8	83.8	15.0	85.0
水	甲酸异丁酯	100.0	98.4	80.4	7.8	92.2
水	甲酸正戊酯	100.0	132.0	91.6	28.4	71.6
水	甲酸异戊酯	100.0	123.9	89.7	23.5	76.5
水	甲酸苄酯	100.0	202.3	99.2	80.0	20.0
水	乙酸乙酯	100.0	77.1	70.4	6.1	93.9

续表

组分名称		沸点/℃			质量分数/%	
Ⅰ	Ⅱ	Ⅰ	Ⅱ	混合物	Ⅰ	Ⅱ
水	乙酸正丙酯	100.0	101.6	82.4	14.0	86.0
水	乙酸异丙酯	100.0	91.0	77.4	6.2	93.8
水	乙酸正丁酯	100.0	126.2	90.2	28.7	71.3
水	乙酸异丁酯	100.0	117.2	87.5	19.5	80.5
水	乙酸正戊酯	100.0	148.8	95.2	41.0	59.0
水	乙酸异戊酯	100.0	142.1	93.8	36.2	63.8
水	乙酸苄甲酯	100.0	214.9	99.6	87.5	12.5
水	乙酸苯酯	100.0	195.7	98.9	75.1	24.9
水	丙酸甲酯	100.0	79.9	71.4	3.9	96.1
水	丙酸乙酯	100.0	99.2	81.2	10.0	90.0
水	丙酸正丙酯	100.0	122.1	88.9	23.0	77.0
水	丙酸异丁酯	100.0	136.9	92.8	32.2	67.8
水	丙酸异戊酯	100.0	160.3	96.6	48.5	51.5
水	丁酸甲酯	100.0	102.7	82.7	11.5	88.5
水	丁酸乙酯	100.0	120.1	87.9	21.5	78.5
水	丁酸正丙酯	100.0	142.8	94.1	36.4	63.6
水	丁酸正丁酯	100.0	165.7	97.2	53.0	47.0
水	丁酸异丁酯	100.0	156.8	96.3	46.0	54.0
水	丁酸异戊酯	100.0	178.5	98.1	63.5	36.5
水	异丁酸甲酯	100.0	92.3	77.7	6.8	93.2
水	异丁酸乙酯	100.0	110.1	85.2	15.2	84.8
水	异丁酸正丙酯	100.0	133.9	92.2	30.8	69.2
水	异丁酸异丁酯	100.0	147.3	95.5	39.4	60.6
水	异丁酸异戊酯	100.0	168.9	97.4	56.0	44.0
水	异戊酸甲酯	100.0	116.3	87.2	19.2	80.8
水	异戊酸乙酯	100.0	134.7	92.2	30.2	69.8
水	异戊酸正丙酯	100.0	155.8	96.2	45.2	54.8
水	异戊酸异丁酯	100.0	168.7	97.4	55.8	44.2
水	异戊酸异戊酯	100.0	193.5	98.8	74.1	25.9
水	己酸乙酯	100.0	166.8	97.2	54.0	46.0
水	肉桂酸甲酯	100.0	261.9	99.9	95.5	4.5
水	苯甲酸甲酯	100.0	199.5	99.1	79.2	20.8
水	苯甲酸乙酯	100.0	212.4	99.4	84.0	16.0

续表

组分名称		沸点/℃			质量分数/%	
Ⅰ	Ⅱ	Ⅰ	Ⅱ	混合物	Ⅰ	Ⅱ
水	苯甲酸正丙酯	100.0	230.9	99.7	90.9	9.1
水	苯甲酸正丁酯	100.0	249.8	99.9	94.0	6.0
水	苯甲酸异丁酯	100.0	242.2	99.8	92.6	7.4
水	苯甲酸异戊酯	100.0	262.2	99.9	95.6	4.4
水	苯乙酸乙酯	100.0	228.8	99.7	91.3	8.7
水	硝酸乙酯	100.0	87.7	74.4	22.0	78.0
水	硝酸正丙酯	100.0	110.5	84.8	20.0	80.0
水	硝酸异丁酯	100.0	122.9	89.0	25.0	75.0
水	甲酸(最大值)	100.0	100.8	107.3	22.5	77.5
水	乙酸	100.0	118.1	无	无	无
水	丙酸	100.0	141.1	99.98	82.3	17.7
水	丁酸	100.0	163.5	99.4	81.6	18.4
水	异丁酸	100.0	154.5	99.3	79.0	21.0
水	硝酸(最大值)	100.0	86.0	120.5	32.0	68.0
水	高氯酸(最大值)	100.0	110.0	203.0	28.4	71.6
水	氢氟酸(最大值)	100.0	19.4	120.0	63.0	37.0
水	氢氯酸(最大值)	100.0	–84.0	110.0	79.76	20.24
水	氢溴酸(最大值)	100.0	–73.0	126.0	52.5	47.5
水	氢碘酸(最大值)	100.0	–34.0	127.0	43.0	57.0
水	甲基乙基酮	100.0	79.6	73.5	11.0	89.0
水	甲基正丙基酮	100.0	102.0	83.3	19.5	80.5
水	甲基异丁基酮	100.0	115.9	87.9	24.3	75.7
水	异丙亚基丙酮	100.0	129.5	91.8	34.8	65.2
水	双丙酮醇	100.0	166.0	98.8	87.3	12.7
水	丁醛	100.0	75.7	68.0	6.0	94.0
水	糠醛	100.0	161.5	97.5	65.0	35.0
水	吡啶	100.0	115.5	92.6	43.0	57.0
甲醇	乙酸甲酯	64.7	57.0	53.8	18.7	81.3
甲醇	乙酸乙酯	64.7	77.1	62.3	44.0	56.0
甲醇	乙酸异丙酯	64.7	91.0	64.5	80.0	20.0
甲醇	二甲基硫醚	64.7	37.3	34.0	15.0	85.0

续表

组分名称		沸点/℃			质量分数/%	
Ⅰ	Ⅱ	Ⅰ	Ⅱ	混合物	Ⅰ	Ⅱ
甲醇	二氯乙烷	64.7	83.7	61.0	32.0	68.0
甲醇	氯仿	64.7	61.1	53.5	12.6	87.4
甲醇	正己烷	64.7	68.9	50.6	28	72
甲醇	四氯化碳	64.7	76.8	55.7	20.6	79.4
甲醇	甲苯	64.7	110.0	63.8	69.0	31.0
甲醇	甲酸乙酯	64.7	54.1	51.0	16.0	84.0
甲醇	甲醛缩二甲醇	64.7	42.3	41.9	8.2	91.8
甲醇	丙酸甲酯	64.7	79.8	62.5	47.5	52.5
甲醇	正丙醚	64.7	90.4	63.8	72.0	28.0
甲醇	丙酮	64.7	56.3	55.7	12.1	87.9
甲醇	正戊烷	64.7	36.2	32.8	9.0	91.0
甲醇	正庚烷	64.7	98.5	59.1	51.5	48.5
甲醇	苯	64.7	80.2	58.3	39.6	60.4
甲醇	环己烷	64.7	80.8	54.2	37.2	62.8
甲醇	硝基甲烷	64.7	101.2	64.6	91.0	9.0
甲醇	1-氯丁烷	64.7	78.1	57.0	27.0	73.0
甲醇	1-氯丙烷	64.7	46.6	40.5	9.5	90.5
甲醇	2-氯丙烷	64.7	36.3	33.4	6.0	94.0
甲醇	溴乙烷	64.7	38.4	35.0	4.5	95.5
甲醇	1-溴丙烷	64.7	71.0	54.5	21.0	79.0
甲醇	2-溴丙烷	64.7	59.8	48.6	15.0	85.0
甲醇	溴代异丁烷	64.7	91.0	61.3	41.7	58.3
甲醇	碘代甲烷	64.7	42.6	38.0	6.5	93.5
甲醇	2-碘丙烷	64.7	89.4	61.0	38.0	62.0
甲醇	硼酸甲酯	64.7	68.7	54.6	32.0	68.0
甲醇	碳酸二甲酯	64.7	90.4	62.7	70.0	30.0
乙醇	乙酸甲酯	78.3	57.0	56.9	3.0	97.0
乙醇	乙酸乙酯	78.3	77.1	71.8	30.8	69.2
乙醇	乙酸正丙酯	78.3	101.6	78.2	85.0	15.0
乙醇	乙酸异丙酯	78.3	91.0	76.8	57.0	43.0
乙醇	乙缩醛	78.3	103.6	78.0	76.0	24.0

续表

组分名称		沸点/℃			质量分数/%	
Ⅰ	Ⅱ	Ⅰ	Ⅱ	混合物	Ⅰ	Ⅱ
乙醇	二氯乙烷	78.3	83.7	70.5	37.0	63.0
乙醇	氯仿	78.3	61.1	59.4	7.0	93.0
乙醇	正己烷	78.3	68.9	58.7	21.0	79.0
乙醇	四氯化碳	78.3	76.8	65.1	15.8	84.2
乙醇	甲苯	78.3	110.8	76.7	68.0	32.0
乙醇	甲酸正丙酯	78.3	80.8	71.8	38.0	62.0
乙醇	甲基乙基酮	78.3	79.6	74.8	40.0	60.0
乙醇	丙酸乙酯	78.3	99.2	78.0	75.0	25.0
乙醇	丙酸甲酯	78.3	79.7	72.0	33.0	67.0
乙醇	正丙醚	78.3	90.4	74.5	44.0	56.0
乙醇	正戊烷	78.3	36.2	34.3	5.0	95.0
乙醇	正辛烷	78.3	125.6	77.0	78.0	22.0
乙醇	正庚烷	78.3	98.5	70.9	49.0	51.0
乙醇	苯	78.3	80.2	68.2	32.4	67.6
乙醇	烯丙基氯	78.3	45.7	44.0	5.0	95.0
乙醇	硝酸乙酯	78.3	87.7	71.9	44.0	56.0
乙醇	氯代正丁烷	78.3	78.1	65.7	20.3	79.7
乙醇	1-氯丙烷	78.3	46.7	45.0	6.0	94.0
乙醇	2-氯丙烷	78.3	36.3	35.6	2.8	97.2
乙醇	溴代正丁烷	78.3	100.3	75.0	43.0	57.0
乙醇	溴代异丁烷	78.3	91.0	72.5	31.0	69.0
乙醇	1-溴丙烷	78.3	71.0	62.8	20.5	79.5
乙醇	2-溴丙烷	78.3	59.8	55.6	10.5	89.5
乙醇	碘代甲烷	78.3	42.6	41.2	3.2	96.8
乙醇	1-碘丙烷	78.3	102.4	75.4	44.0	56.0
乙醇	2-碘丙烷	78.3	89.4	71.5	27.0	73.0
异丙醇	乙酸乙酯	82.5	77.1	75.3	25.0	75.0
异丙醇	乙酸异丙酯	82.5	91.0	81.3	60.0	40.0
异丙醇	乙基正丙基醚	82.5	63.6	62.0	10.0	90.0
异丙醇	乙缩醛	82.5	103.6	81.3	63.0	37.0
异丙醇	二氯乙烷	82.5	83.7	74.7	43.5	56.5

续表

组分名称		沸点/℃			质量分数/%	
Ⅰ	Ⅱ	Ⅰ	Ⅱ	混合物	Ⅰ	Ⅱ
异丙醇	氯仿	82.5	61.1	60.8	4.2	95.8
异丙醇	正己烷	82.5	68.9	62.7	23.0	77.0
异丙醇	四氯化碳	82.5	76.8	69.0	18.0	82.0
异丙醇	甲苯	82.5	110.8	81.3	79.0	21.0
异丙醇	甲基乙基酮	82.5	79.0	77.5	32.0	68.0
异丙醇	丙酸甲酯	82.5	79.8	76.4	37.0	63.0
异丙醇	异丙醚	82.5	82.3	66.2	14.1	85.9
异丙醇	正戊烷	82.5	36.2	35.5	6.0	94.0
异丙醇	正庚烷	82.5	98.5	76.3	54.0	46.0
异丙醇	苯	82.5	80.2	71.9	33.3	66.7
异丙醇	烯丙基溴	82.5	70.8	66.5	20.0	80.0
异丙醇	氯代正丁烷	82.5	78.1	70.8	23.0	77.0
异丙醇	1-氯丙烷	82.5	46.7	46.4	2.8	97.2
异丙醇	1-溴丙烷	82.5	71.0	66.8	20.5	79.5
异丙醇	2-溴丙烷	82.5	59.8	57.8	12.0	88.0
异丙醇	碘代乙烷	82.5	72.3	67.1	15.0	85.0
异丙醇	1-碘丙烷	82.5	102.4	79.8	42.0	58.0
异丙醇	2-碘丙烷	82.5	89.4	76.0	32.0	68.0
正丙醇	乙酸正丙酯	97.2	101.6	94.7	51.0	49.0
正丙醇	乙缩醛	97.2	103.6	92.4	37.0	63.0
正丙醇	丁酸甲酯	97.2	102.7	94.4	49.0	51.0
正丙醇	二氯乙烷	97.2	83.7	80.7	19.0	81.0
正丙醇	正己烷	97.2	68.9	65.7	4.0	96.0
正丙醇	四氯化碳	97.2	76.8	73.1	11.5	88.5
正丙醇	甲苯	97.2	110.8	92.4	52.5	47.5
正丙醇	甲酸正丙酯	97.2	80.8	80.65	3.0	97.0
正丙醇	丙酸乙酯	97.2	99.2	93.4	48.0	52.0
正丙醇	正丙醚	97.2	90.4	85.7	30.0	70.0
正丙醇	苯	97.2	80.2	77.1	16.9	83.1
正丙醇	氯代正丁烷	97.2	78.1	74.8	18.0	82.0
正丙醇	氯苯	97.2	132.0	96.9	83.0	17.0

续表

组分名称		沸点/℃			质量分数/%	
Ⅰ	Ⅱ	Ⅰ	Ⅱ	混合物	Ⅰ	Ⅱ
正丙醇	溴代正丙烷	97.2	71.0	69.7	9.0	91.0
异丁醇	乙酸异丁酯	107.9	117.5	107.6	92.0	8.0
异丁醇	乙缩醛	107.9	103.6	98.2	20.0	80.0
异丁醇	二氯乙烷	107.9	83.7	83.5	6.5	93.5
异丁醇	间二甲苯	107.9	139.0	107.7	87.0	13.0
异丁醇	丁酸甲酯	107.9	102.7	101.3	25.0	75.0
异丁醇	正己烷	107.9	68.9	68.3	2.5	97.5
异丁醇	甲苯	107.9	110.8	100.9	44.5	55.5
异丁醇	甲酸异丁酯	107.9	97.9	97.4	12.0	88.0
异丁醇	苯	107.9	80.2	79.8	9.3	90.7
异丁醇	环己烷	107.9	80.8	78.1	14.0	86.0
异丁醇	氯代正丁烷	107.9	78.1	77.7	4.0	96.0
异丁醇	氯代异戊烷	107.9	99.8	94.5	22.0	78.0
异丁醇	氯苯	107.9	132.0	107.1	63.0	37.0
异丁醇	溴代正丁烷	107.9	100.3	95.0	21.0	79.0
异丁醇	溴代异丁烷	107.9	91.0	88.8	12.0	88.0
异丁醇	碘代异丁烷	107.9	120.4	104.0	36.0	64.0
正丁醇	乙酸正丁酯	117.8	126.2	117.2	47.0	53.0
正丁醇	乙缩醛	117.8	103.6	101.0	13.0	87.0
正丁醇	间二甲苯	117.8	139.0	116.0	80.0	20.0
正丁醇	丁酸乙酯	117.8	120.0	115.7	64.0	36.0
正丁醇	四氯化碳	117.8	76.8	76.6	2.5	97.5
正丁醇	甲苯	117.8	110.8	105.7	27.0	73.0
正丁醇	甲酸正丁酯	117.8	106.6	105.8	23.7	76.3
正丁醇	正庚烷	117.8	98.5	94.4	18.0	82.0
正丁醇	环己烷	117.8	80.8	79.8	4.0	96.0
正丁醇	氯苯	117.8	132.0	115.3	56.0	44.0
正丁醇	溴代异丁烷	117.8	91.0	90.2	7.0	93.0
正丁醇	碘代异丁烷	117.8	120.4	110.5	30.0	70.0
异戊醇	乙酸异戊酯	131.4	142.1	131.3	98.5	1.5
异戊醇	间二甲苯	131.4	139.0	127.0	53.3	46.7

续表

组分名称		沸点/℃			质量分数/%	
Ⅰ	Ⅱ	Ⅰ	Ⅱ	混合物	Ⅰ	Ⅱ
异戊醇	三聚乙醛	131.4	124.0	122.9	22.0	78.0
异戊醇	甲苯	131.4	110.8	110.0	14.0	86.0
异戊醇	甲酸异戊酯	131.4	123.8	123.7	10.0	90.0
异戊醇	氯苯	131.4	132.0	124.3	85.0	15.0
异戊醇	溴代异戊烷	131.4	120.3	116.8	21.0	79.0
异戊醇	碘代异戊烷	131.4	147.7	129.2	54.0	46.0
正戊醇	正丁醚	137.8	142.1	134.0	52.0	48.0
正戊醇	甲酸正戊酯	137.8	132.0	130.4	43.0	57.0
环己醇	间二甲苯	160.7	143.6	143.0	14.0	86.0
环己醇	异戊醚	160.7	172.6	158.8	78.0	22.0
环己醇	苯乙醚	160.7	170.4	159.2	72.0	28.0
环己醇	碘代异戊烷	160.7	147.5	147.0	10.0	90.0
环己醇	糠醛	160.7	161.4	155.6	45.0	55.0
烯丙醇	乙酸正丙酯	97.0	101.6	94.2	53.0	47.0
烯丙醇	二氯甲烷	97.0	83.7	79.9	18.0	82.0
烯丙醇	丁酸甲酯	97.0	102.7	93.8	55.0	45.0
烯丙醇	甲苯	97.0	110.8	92.4	50.0	50.0
烯丙醇	苯	97.0	80.2	76.8	17.4	82.6
烯丙醇	环己烷	97.0	80.8	74.0	20.0	80.0
烯丙醇	烯丙基碘	97.0	102.0	89.4	28.0	72.0
烯丙醇	氯苯	97.0	132.0	96.2	85.0	15.0
苯甲醇	二甲基苯胺	205.2	194.1	193.9	6.5	93.5
苯甲醇	间甲酚(最大值)	205.2	202.2	207.1	61.0	39.0
苯甲醇	萘	205.2	218.1	204.1	60.0	40.0
苯甲醇	硝基苯	205.2	210.8	204.0	58.0	42.0
苯甲醇	邻溴甲苯	205.2	181.4	181.25	7.0	93.0
苯甲醇	碘代苯	205.2	188.6	187.8	12.0	88.0
乙二醇	乙酸异戊酯	197.4	142.1	141.95	3.0	97.0
乙二醇	正丁醚	197.4	142.1	140.0	10.0	90.0
乙二醇	间二甲苯	197.4	139.0	135.6	15.0	85.0
乙二醇	二甲基苯胺	197.4	194.1	175.9	33.5	66.5

续表

组分名称		沸点/℃			质量分数/%	
Ⅰ	Ⅱ	Ⅰ	Ⅱ	混合物	Ⅰ	Ⅱ
乙二醇	二苯醚	197.4	259.3	193.1	60.0	40.0
乙二醇	1,2-二溴乙烷	197.4	131.7	129.8	4.0	96.0
乙二醇	1,3,5-三甲基苯	197.4	164.6	156.0	13.0	87.0
乙二醇	甲苯	197.4	110.8	110.2	6.5	93.5
乙二醇	邻甲酚	197.4	191.1	189.6	27.0	73.0
乙二醇	苄基氯	197.4	179.3	167.0	30.0	70.0
乙二醇	*β*-苯乙醇	197.4	219.4	194.4	69.0	31.0
乙二醇	苯乙酮	197.4	202.1	185.7	52.0	48.0
乙二醇	苯甲醇	197.4	205.1	193.1	56.0	44.0
乙二醇	苯甲酸乙酯	197.4	212.6	186.1	46.5	53.5
乙二醇	苯甲醚	197.4	153.9	150.5	10.5	89.5
乙二醇	苯胺	197.4	184.4	180.6	24.0	76.0
乙二醇	萘	197.4	218.1	183.9	51.0	49.0
乙二醇	联苯	197.4	254.9	192.0	64.0	36.0
乙二醇	硝基苯	197.4	210.9	185.9	59.0	41.0
乙二醇	氯苯	197.4	132.0	130.1	94.4	5.6
丙三醇	对二溴苯	291.0	220.3	217.1	10.0	90.0
丙三醇	二苯醚	291.0	257.7	246.3	22.0	78.0
丙三醇	苯酸正丙酯	291.0	230.9	228.8	8.0	92.0
丙三醇	苯酸正丁酯	291.0	249.8	243.0	17.0	83.0
丙三醇	萘	291.0	218.1	215.2	10.0	90.0
丙三醇	联苯	291.0	254.9	243.8	55.0	45.0
甲酸	二乙基酮(最大值)	100.8	102.2	105.4	33.0	67.0
甲酸	间二甲苯	100.8	139.0	94.2	70.2	29.8
甲酸	二硫化碳	100.8	46.3	42.6	17.0	83.0
甲酸	1,2-二氯乙烷	100.8	83.6	77.4	14.0	86.0
甲酸	1,2-二溴乙烷	100.8	131.7	94.7	51.5	48.5
甲酸	氯仿	100.8	61.2	59.2	15.0	85.0
甲酸	正己烷	100.8	68.9	60.6	28.0	72.0
甲酸	四氯化碳	100.8	76.8	66.7	18.5	81.5
甲酸	甲苯	100.8	110.8	85.8	50.0	50.0

续表

组分名称		沸点/℃			质量分数/%	
Ⅰ	Ⅱ	Ⅰ	Ⅱ	混合物	Ⅰ	Ⅱ
甲酸	甲基正丙基酮(最大值)	100.8	102.3	105.3	32.0	68.0
甲酸	正戊烷	100.8	36.2	34.2	10.0	90.0
甲酸	正辛烷	100.8	125.8	90.5	63.0	37.0
甲酸	正庚烷	100.8	98.5	78.2	43.5	56.5
甲酸	苯	100.8	80.2	71.7	31.0	69.0
甲酸	1-氯丙烷	100.8	46.7	45.6	8.0	92.0
甲酸	2-氯丙烷	100.8	34.8	34.7	1.5	98.5
甲酸	2-氯丁烷	100.8	68.9	63.0	19.0	81.0
甲酸	氯代异戊烷	100.8	99.8	80.0	33.5	66.5
甲酸	氯苯	100.8	132.0	95.0	55.0	45.0
甲酸	溴乙烷	100.8	38.4	38.2	3.0	97.0
甲酸	1-溴丙烷	100.8	71.0	64.7	27.0	73.0
甲酸	2-溴丙烷	100.8	59.4	56.0	14.0	86.0
甲酸	碘代甲烷	100.8	42.6	42.1	6.0	94.0
乙酸	间二甲苯	118.5	139.0	115.4	72.5	27.5
乙酸	1,2-二溴乙烷	118.5	131.7	114.4	55.0	45.0
乙酸	四氯化碳	118.5	76.8	76.6	3.0	97.0
乙酸	甲苯	118.5	110.8	105.0	34.0	66.0
乙酸	正辛烷	118.5	125.8	109.0	50.0	50.0
乙酸	正庚烷	118.5	98.5	92.3	30.0	70.0
乙酸	苯	118.5	80.2	80.05	2.0	98.0
乙酸	氯代异戊烷	118.5	99.8	97.2	18.5	81.5
乙酸	氯苯	118.5	132.0	114.7	58.5	41.5
乙酸	1-溴丁烷	118.5	100.4	97.6	18.0	82.0
乙酸	2-溴丁烷	118.5	91.3	90.2	12.0	88.0
乙酸	2-碘丙烷	118.5	89.2	88.3	9.0	91.0
丙酸	间二甲苯	140.9	139.0	132.7	3.5	64.5
丙酸	1,2-二溴乙烷	140.9	131.7	127.8	17.5	82.5
丙酸	苯甲醚	140.9	153.9	140.8	96.0	4.0
丙酸	氯苯	140.9	132.0	128.9	18.0	82.0

续表

组分名称		沸点/℃			质量分数/%	
Ⅰ	Ⅱ	Ⅰ	Ⅱ	混合物	Ⅰ	Ⅱ
丙酸	溴代异戊烷	140.9	120.3	119.2	10.0	90.0
丙酸	2-碘丁烷	140.9	120.4	119.5	9.0	91.0
丁酸	间二甲苯	162.5	139.0	138.3	6.0	94.0
丁酸	1,2-二溴乙烷	162.5	131.7	131.1	3.5	96.5
丁酸	苄基氯	162.5	179.3	160.8	65.0	35.0
丁酸	苯甲醚	162.5	153.9	152.9	12.0	88.0
丁酸	氯苯	162.5	132.0	131.8	2.8	97.2
丁酸	糠醛	162.5	161.5	159.4	42.5	57.5
异丁酸	间二甲苯	154.4	139.0	136.8	14.0	86.0
异丁酸	1,2-二溴乙烷	154.4	131.7	130.5	6.5	93.5
异丁酸	苄基氯	154.4	179.3	153.5	80.0	20.0
异丁酸	苯甲醚	154.4	153.9	148.5	42.0	58.0
异丁酸	氯苯	154.4	132.0	131.2	8.0	92.0
异戊酸	丁酸异戊酯	176.5	178.5	176.1	70.0	30.0
异戊酸	1,3,5-三甲基苯	176.5	164.6	162.8	20.0	80.0
异戊酸	苄基氯	176.5	179.3	171.2	36.0	64.0
异戊酸	苯乙醚	176.5	170.5	168.5	20.0	80.0
异戊酸	苯甲醛	176.5	179.2	174.5	68.0	32.0
己酸	苄基氯	205.2	179.3	179.0	3.0	97.0
己酸	萘	205.2	218.1	202.0	70.0	30.0
己酸	硝基苯	205.2	210.8	202.0	70.0	30.0
辛酸	对二溴苯	237.5	220.3	218.8	10.0	90.0
辛酸	萘	237.5	218.1	216.2	6.0	94.0
氯乙酸	对二氯苯	189.4	174.1	167.6	24.5	75.5
氯乙酸	1,3,5-三甲基苯	189.4	164.6	162.0	17.0	83.0
氯乙酸	邻甲酚	189.4	191.1	187.5	54.0	46.0
氯乙酸	苄基氯	189.4	179.3	173.8	25.0	75.0
氯乙酸	萘	189.4	218.1	187.1	78.0	22.0
苯乙酸	二苯醚	266.5	259.3	255.4	27.8	72.2
苯乙酸	肉桂酸甲酯	266.5	261.9	261.8	3.0	97.0
苯乙酸	苯甲酸异戊酯	266.5	262.0	259.9	26.0	74.0

续表

组分名称		沸点/℃			质量分数/%	
Ⅰ	Ⅱ	Ⅰ	Ⅱ	混合物	Ⅰ	Ⅱ
苯乙酸	联苯	266.5	255.9	252.2	23.3	76.7
苯乙酸	α-氯萘	266.5	262.7	255.9	30.0	70.0
苯甲酸	二苯醚	250.5	259.3	247.0	59.0	41.0
苯甲酸	对二溴苯	250.5	220.3	219.5	3.8	96.2
苯甲酸	水杨酸乙酯	250.5	234.0	233.85	6.0	94.0
苯甲酸	苯甲酸异丁酯	250.5	241.9	241.2	12.0	88.0
苯甲酸	萘	250.5	218.1	217.7	5.0	95.0
苯甲酸	对硝基甲苯	250.5	239.0	237.4	11.0	89.0
苯甲酸	联苯	250.5	255.9	245.9	50.5	49.5

注：表中给出的沸点值是在大气压(101.325 kPa)下测得的。

附录 9　水的饱和蒸气压

温度/℃	绝对压力		蒸汽的密度	焓				气化热	
				液体		蒸汽			
	/(kgf/cm^2)	/kPa	/(kg/m^3)	/(kcal/kg)	/(kJ/kg)	/(kcal/kg)	/(kJ/kg)	/(kcal/kg)	/(kJ/kg)
0	0.0062	0.6082	0.00484	0	0	595	2491.1	595	2491.1
5	0.0089	0.8731	0.00680	5.0	20.94	597.3	2500.8	592.3	2479.86
10	0.0125	1.2262	0.00940	10.0	41.87	599.6	2510.4	598.6	2468.53
15	0.0174	1.7068	0.01283	15.0	62.80	602.0	2520.5	587.0	2457.7
20	0.0238	2.3346	0.01719	20.0	83.74	604.3	2530.1	584.3	2446.3
25	0.0323	3.1684	0.02304	25.0	104.67	606.6	2539.7	581.6	2435.0
30	0.0433	4.2474	0.03036	30.0	125.60	608.9	2549.3	578.9	2423.7
35	0.0573	5.6207	0.03960	35.0	146.54	611.2	2559.0	576.2	2412.4
40	0.0752	7.3766	0.05114	40.0	167.47	613.5	2568.6	573.5	2401.1
45	0.0977	9.5837	0.06543	45.0	188.41	615.7	2577.8	570.7	2389.4
50	0.1258	12.340	0.0830	50.0	209.34	618.0	2587.4	568.0	2378.1
55	0.1605	15.743	0.1043	55.0	230.27	620.2	2596.7	565.2	2366.4
60	0.2031	19.923	0.1301	60.0	251.21	622.5	2606.3	562.5	2355.1
65	0.2550	25.014	0.1611	65.0	272.14.	624.7	2615.5	559.7	2343.4
70	0.3177	31.164	0.1979	70.0	293.08	626.8	2624.3	556.8	2331.2
75	0.393	38.551	0.2416	75.0	314.01	629.0	2633.5	554.0	2319.5
80	0.483	47.379	0.2929	80.0	334.94	631.1	2642.3	551.2	2307.8
85	0.590	57.875	0.3531	85.0	355.88	633.2	2651.1	548.2	2295.2
90	0.715	70.136	0.4229	90.0	376.81	635.3	2659.9	545.3	2283.1

续表

温度/℃	绝对压力		蒸汽的密度	焓				气化热	
				液体		蒸汽			
	/(kgf/cm²)	/kPa	/(kg/m³)	/(kcal/kg)	/(kJ/kg)	/(kcal/kg)	/(kJ/kg)	/(kcal/kg)	/(kJ/kg)
95	0.862	84.556	0.5039	95.0	397.75	637.4	2668.7	542.4	2270.9
100	1.033	101.33	0.5970	100.0	418.68	639.4	2677.0	539.4	2258.4
105	1.232	120.85	0.7036	105.1	440.03	641.3	2685.0	536.3	2245.4
110	1.461	143.31	0.8254	110.1	460.97	643.3	2693.4	533.1	2232.0
115	1.724	169.11	0.9635	115.2	482.32	645.2	2701.3	530.0	2219.0
120	2.025	198.64	1.1199	120.3	503.67	647.0	2708.9	526.7	2205.2
125	2.367	232.19	1.296	125.4	525.02	648.8	2716.4	523.5	2291.8
130	2.755	270.25	1.494	130.5	546.38	650.6	2723.9	520.1	2177.6
135	3.192	313.11	1.715	135.6	567.73	652.3	2731.0	516.7	2163.3
140	3.685	361.47	1.962	140.7	589.08	653.9	2737.7	513.2	2148.7
145	4.238	415.72	2.238	145.9	610.85	655.5	2744.4	509.7	2134.0
150	4.855	476.24	2.543	151.0	632.21	657.0	2750.7	506.0	2118.5
160	6.303	618.28	3.252	161.4	675.75	659.9	2762.9	498.5	2087.1
170	8.080	792.59	4.113	171.8	719.29	662.4	2773.3	490.6	2054.0
180	10.23	1003.5	5.145	182.3	763.25	664.6	2782.5	482.3	2019.3
190	12.80	1255.6	6.378	192.9	807.64	666.4	2790.1	473.5	1982.4
200	15.85	1554.77	7.840	203.5	852.01	667.7	2795.5	464.2	1943.5
210	19.55	1917.72	9.567	214.3	897.23	668.6	2799.3	454.4	1902.5
220	23.66	2320.88	11.60	225.1	942.45	669.0	2801.0	443.9	1858.5
230	28.53	2798.59	13.98	236.1	988.50	668.8	2800.1	432.7	1811.6
240	34.13	3347.91	16.76	247.1	1034.56	668.0	2796.8	420.8	1761.8
250	40.55	3977.67	20.01	258.3	1081.45	664.0	2790.1	408.1	1708.6
260	47.85	4693.75	23.82	269.6	1128.76	664.2	2780.9	394.5	1651.7
270	56.11	5503.99	28.27	281.1	1176.91	661.2	2768.3	380.1	1591.4
280	65.42	6417.24	33.47	292.7	1225.48	657.3	2752.0	364.6	1526.5
290	75.88	7443.29	39.60	304.4	1274.46	652.6	2732.3	348.1	1457.4
300	87.6	8592.94	46.93	316.6	1325.54	646.8	2708.0	330.2	1382.5
310	100.7	9877.96	55.59	329.3	1378.71	640.1	2680.8	310.8	1301.3
320	115.2	11300.3	65.95	343.0	1436.07	632.5	2648.2	289.5	1212.1
330	131.3	12879.6	78.53	357.5	1446.78	623.5	2610.5	266.6	1116.2
340	149.0	14615.8	93.98	373.0	1562.93	613.5	2568.6	240.2	1005.7
350	168.6	16538.5	113.2	390.8	1636.20	601.1	2516.7	210.3	880.5
360	190.3	18667.1	139.6	413.0	1729.15	583.4	2442.6	170.3	713.0
370	214.5	21040.9	171.0	451.0	1888.25	549.8	2301.9	98.2	411.1
374	225	22070.9	322.6	501.1	2098.0	501.1	2098.0	0	0